HMH

expresiones en matemáticas

Dra. Karen C. Fuson

Observa cómo cobra vida el lémur en su bosque a medida que descubres y resuelves retos matemáticos.

Descarga la aplicación *Math Worlds AR* disponible para dispositivos Android o iOs.

Grado 4

Volumen 2

This material is based upon work supported by the **National Science Foundation** under Grant Numbers ESI-9816320, REC-9806020, and RED-935373.

Any opinions, findings, and conclusions, or recommendations expressed in this material are those of the author and do not necessarily reflect the views of the National Science Foundation.

Printed in the U.S.A.

ISBN 978-1-328-51968-9

11 2026

4500927673 A B C D E F G

Unidad 5

Medición

LA GRAN IDEA 1 - Convertir medidas

LA GRAN IDEA 2 - Perímetro y área

Unidad 6 | Conceptos de fracciones y operaciones

LA GRAN IDEA 1 - Fracciones con el mismo denominador

LA GRAN IDEA 2 - Números mixtos con el mismo denominador

LA GRAN IDEA 3 - Multiplicar fracciones y números mixtos

Unidad 7 | Fracciones y decimales

LA GRAN IDEA 1 - Comparar fracciones

LA GRAN IDEA 2 - Fracciones equivalentes

LA GRAN IDEA 3 - Entender los decimales

LA GRAN IDEA 4 - Décimos, centésimos y milésimos

Unidad 8 | Geometría

LA GRAN IDEA 1 - Medir y trazar ángulos

LA GRAN IDEA 2 - Triángulos y mediciones de ángulos

LA GRAN IDEA 3 - Analizar cuadriláteros

Unidad 8 | Geometría (continuación)

LA GRAN IDEA 4 - Analizar polígonos

LA GRAN IDEA 5 - Deslizamientos, vuelcos y giros

Recursos del estudiante

Dear Family:

This Unit includes the customary and metric measurement systems. During this Unit, students will become familiar with metric Units of length, liquid volume, and mass, as well as the size of each when compared to each other.

One **meter** is about the distance an adult man can reach, or a little longer than a yard.

One **liter** is about two large glasses of liquid, or a little more than a quart.

One **gram** is about the mass of a paper clip or a single peanut.
One **kilogram** is a little more than 2 pounds.

Students will also discover that the metric system is based on multiples of 10. Prefixes in the Names of metric measurements tell the size of a measure compared to the size of the base Unit.

Units of Length

kilometer	hectometer	decameter	meter	decimeter	centimeter	millimeter
km	hm	dam	m	dm	cm	mm
10 × 1 hm	10 × 1 dam	10 × 1 m	10 × 1 dm	10 × 1 cm	10 × 1 mm	
1 km = 1,000 m	1 hm = 100 m	1 dam = 10 m		10 dm = 1 m	100 cm = 1 m	1,000 mm = 1 m

The most commonly used length Units are **kilometer, meter, centimeter,** and **millimeter.**

The most commonly used Units of liquid volume are **liter** and **milliliter.**

The most commonly used Units of mass are **gram, kilogram,** and **milligram.**

Students solve real world problems involving metric and customary measures including finding perimeter and area of rectangles.

If you have any questions or comments, please contact me.

Sincerely,
Your child's teacher

Estimada familia:

Esta unidad incluye el sistema métrico y usual de medidas. Durante esta unidad, los estudiantes se familiarizarán con unidades métricas de longitud, volumen del líquido y masa, así como con el tamaño de cada una comparada con las otras.

Un **metro** es aproximadamente la distancia que un hombre adulto puede alcanzar extendiendo el brazo, o un poco más de una yarda.

Un **litro** es aproximadamente dos vasos grandes de líquido, o un poco más de un cuarto de galón.

Un **gramo** es aproximadamente la masa de un clip o un cacahuate.
Un **kilogramo** es un poco más de 2 libras.

Los estudiantes también descubrirán que el sistema métrico está basado en múltiplos de 10. Los prefijos de los nombres de las medidas métricas indican el tamaño de la medida comparado con el tamaño de la unidad base.

Unidades de longitud

kilómetro	hectómetro	decámetro	metro	decímetro	centímetro	milímetro
km	hm	dam	m	dm	cm	mm
10 × 1 hm	10 × 1 dam	10 × 1 m	10 × 1 dm	10 × 1 cm	10 × 1 mm	
1 km = 1,000 m	1 hm = 100 m	1 dam = 10 m		10 dm = 1 m	100 cm = 1 m	1,000 mm = 1 m

Las unidades de longitud más comunes son **kilómetro, metro, centímetro** y **milímetro**.

Las unidades de volumen del líquido más comunes son **litro** y **mililitro**.

Las unidades de masa más comunes son **gramo, kilogramo** y **miligramo**.

Los estudiantes resuelven problemas del mundo real que incluyen medidas usuales y métricas para hallar el perímetro y el área de rectángulos.

Si tiene alguna pregunta o algún comentario, por favor comuníquese conmigo.

Atentamente,
El maestro de su niño

centímetro
(cm)

onzas fluidas
(oz fl)

taza (tz)

pie

decímetro
(dm)

fórmula

Unidad de volumen líquido del sistema usual de EE.UU.
8 onzas fluidas = 1 taza

Unidad de medida del sistema métrico equivalente a un centésimo de metro.
100 cm = 1 m

Unidad de longitud del sistema usual de EE.UU. equivalente a 12 pulgadas.

Unidad de volumen líquido del sistema usual de EE.UU. equivalente a 8 onzas fluidas.

Ecuación con letras o símbolos que describe una regla.

La fórmula del área del rectángulo es:

$A = l \times w$

donde *A* es el área, *l* es la longitud y *w* es el ancho.

Unidad de longitud del sistema métrico equivalente a un décimo de metro.
10 dm = 1 m

galón (gal)

kilogramo (kg)

gramo (g)

kilolitro (kL)

pulgada (pulg)

kilómetro (km)

Unidad de masa del sistema métrico equivalente a mil gramos. 1 kg = 1,000 g

Unidad de volumen líquido del sistema usual de EE.UU. equivalente a 4 cuartos.

Unidad de volumen líquido del sistema métrico equivalente a mil litros. 1 kL = 1,000 L

Unidad básica de masa del sistema métrico.

Unidad de longitud del sistema métrico equivalente a 1,000 metros. 1 km = 1,000 m

Unidad de longitud del sistema usual de EE.UU.

Ejemplo:

1 pulgada

longitud	litro (L)
diagrama de puntos	masa
volumen líquido	metro (m)

Unidad básica del volumen líquido del sistema métrico.
1 litro = 1,000 mililitros

Medida de un segmento de recta o la distancia del lado más largo de un rectángulo.

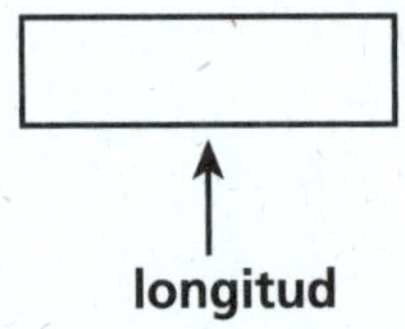

Medida de la cantidad de materia en un objeto.

Diagrama que muestra la frecuencia de los datos en una recta numérica.

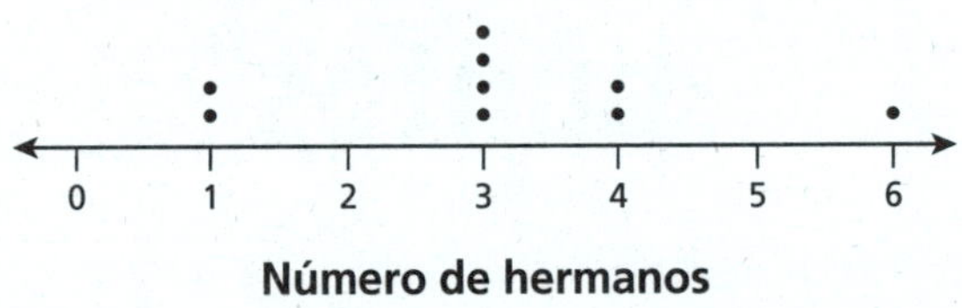

Unidad básica de longitud del sistema métrico.

Medida del espacio que ocupa un líquido.

sistema métrico	**mililitro (mL)**
milla (mi)	**milímetro (mm)**
miligramo (mg)	**onza (oz)**

Unidad de volumen líquido del sistema métrico. 1,000 mL = 1 L

Sistema de medidas en base diez.

Unidad de longitud del sistema métrico. 1,000 mm = 1 m

Unidad de longitud del sistema usual de EE.UU. que equivale a 5,280 pies.

Unidad de peso del sistema usual de EE.UU.
16 onzas = 1 libra

Unidad de volumen líquido del sistema usual de EE.UU. (también conocida como onza fluida). 8 onzas = 1 taza

Unidad de masa del sistema métrico.
1,000 mg = 1g

perímetro

cuarto (ct)

pinta (pt)

tonelada

libra (lb)

ancho

Unidad de volumen líquido del sistema usual de EE.UU. equivalente a 32 onzas fluidas o 4 tazas.

Distancia alrededor de una figura.

Unidad de peso del sistema usual de EE.UU. equivalente a 2,000 libras.

Unidad de volumen líquido del sistema usual de EE.UU. equivalente a 16 onzas fluidas.

Distancia entre los lados más cortos de un rectángulo.

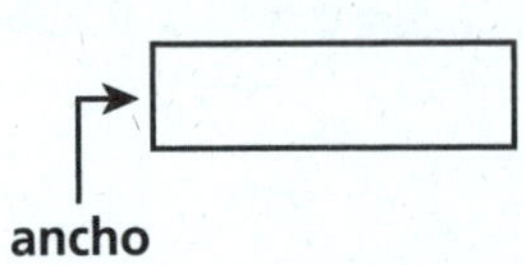

Unidad de peso del sistema usual de EE.UU.

yarda (yd)

Unidad de longitud del sistema usual de EE.UU. que equivale a 3 pies.

Nombre ______________________________

Vocabulario
milímetro
centímetro
decímetro
metro

Las partes de un metro

Halla estas unidades en tu cinta métrica.

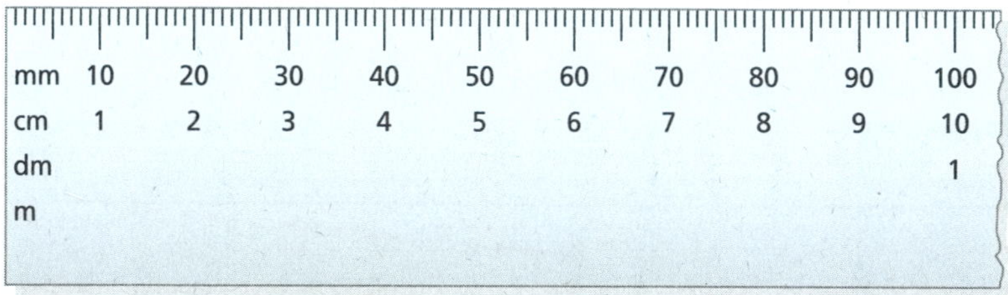

1. Halla un **milímetro** (1mm) en tu cinta. ¿Qué objetos miden aproximadamente 1 mm de ancho?

   ____

2. Halla un **centímetro** (1cm) en tu cinta. ¿Cuántos milímetros hay en 1 cm?

   ____

3. ¿Qué objetos miden aproximadamente 1 centímetro de ancho?

   ____

4. Halla un **decímetro** (1dm) en tu cinta. ¿Cuántos centímetros hay en 1 decímetro?

   ____

Este es un **metro** (1m) que se ha doblado en decímetros para que quepa en la página.

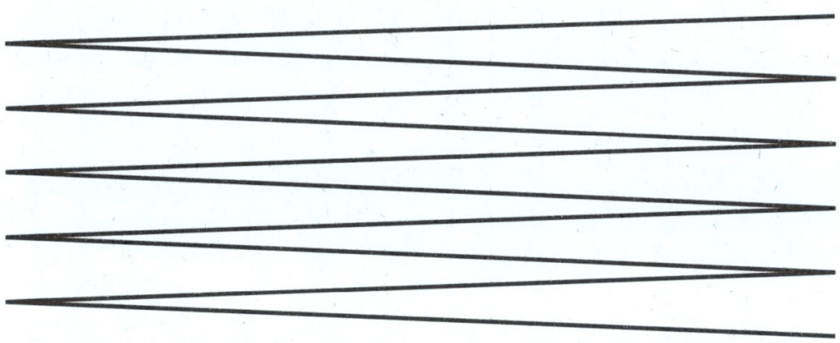

5. ¿Cuántos decímetros hay en 1 metro?

   ____

Elegir las unidades apropiadas

Anota qué unidad métrica de longitud es la mejor para medir cada objeto. Prepárate para justificar tu razonamiento en clase.

6 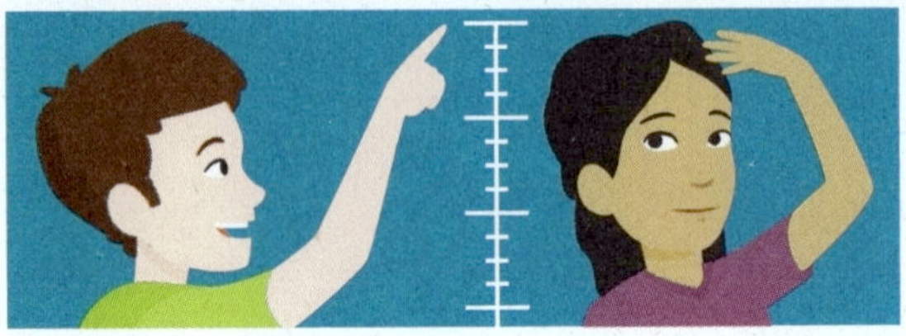

7 

8 

9 

10 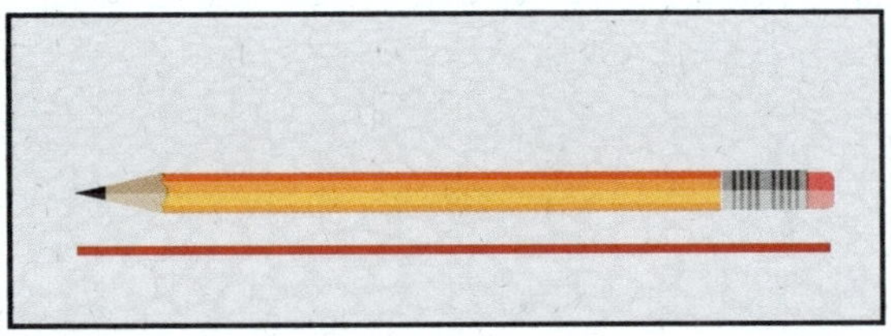

11 

12 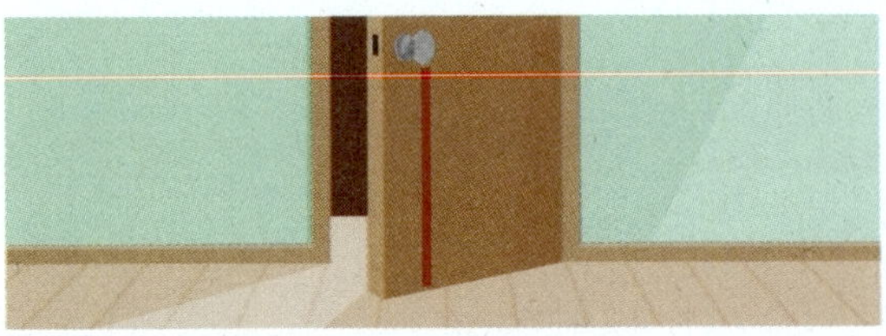

13 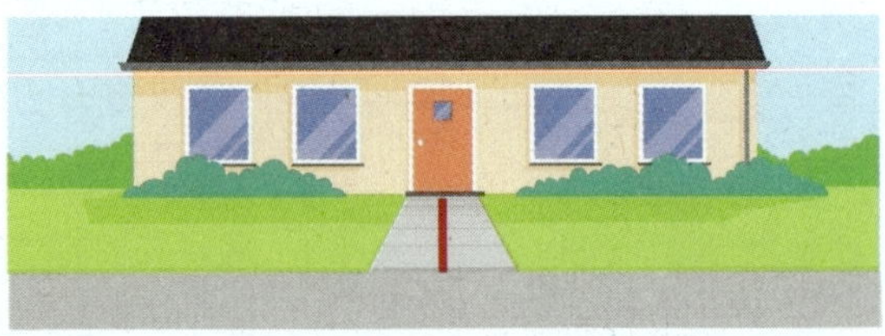

Nombre ______________________

Los prefijos métricos

VOCABULARIO
kilómetro
sistema métrico

Unidades de longitud

kilómetro	hectómetro	decámetro	metro	decímetro	centímetro	milímetro
km	hm	dam	m	dm	cm	mm
10 × 1 hm	10 × 1 dam	10 × 1 m	10 × 1 dm	10 × 1 cm	10 × 1 mm	
1 km = 1,000 m	1 hm = 100 m	1 dam = 10 m		10 dm = 1 m	100 cm = 1 m	1,000 mm = 1 m

14 ¿Qué palabras conoces que puedan ayudarte a recordar el significado de los prefijos (kilo-, hecto, deca-, deci-, centi-, mili-) en el **sistema métrico**?

____

____

____

15 ¿Cómo se relacionan entre sí las diferentes unidades de longitud?

____

____

16 ¿Cuántos metros hay en 1 **kilómetro**? ______________________

17 ¿Cuántos milímetros hay en 1 m? ______________________

18 ¿Cuántos centímetros hay en 1 m? ______________________

19 ¿Por qué es fácil de comprender el sistema métrico?

____

____

Convertir unidades métricas de medida

Puedes usar una tabla para convertir medidas.

Metros	Decímetros
2	2 × 10 = 20
4	___ × 10 = ___
6	6 × ___ = ___
8	___ = ___

20 ¿Cuántos decímetros hay en un metro? ________

21 Completa la ecuación.

1 metro = ________ decímetros

22 Completa la tabla. Explica cómo calculaste el número de decímetros que hay en 8 metros.

____

____

También puedes usar una recta numérica para convertir medidas.

23 Completa la ecuación. 1 kilómetro = ________ metros

24 Rotula la recta numérica doble para mostrar cómo se relacionan kilómetros (km) y metros (m).

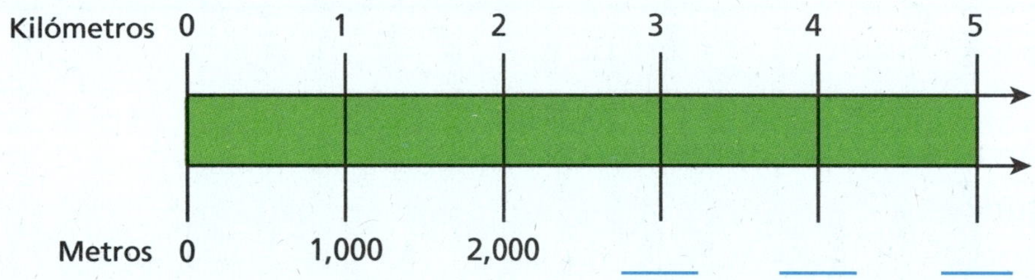

Resuelve cada problema. Rotula tus respuestas con las unidades correctas.

25 El año pasado, Marsha recorrió 6,835 kilómetros con su carro. ¿Cuántos metros recorrió Marsha el año pasado?

____

26 La televisión de John mide 160 centímetros de ancho. ¿Cuántos milímetros de ancho mide la televisión?

____

Resuelve.

27 5 m = ________ cm

28 3 hm = ________ m

29 7 km = ________ m

Comprobar la comprensión

Describe la relación entre metros y kilómetros, decímetros, centímetros y milímetros.

Nombre ______________________________

Medir volúmenes líquidos

VOCABULARIO
volumen líquido
litro
mililitro
kilolitro

La unidad métrica básica de **volumen líquido** es un **litro**.

Unidades de volumen líquido

kilolitro	hectolitro	decalitro	litro	decilitro	centilitro	mililitro
kL	hL	daL	L	dL	cL	mL
10 × 1 hL	10 × 1 daL	10 × 1 L	10 × 1 dL	10 × 1 cL	10 × 1 mL	
1 kL = 1,000 L	1 hL = 100 L	1 daL = 10 L		10 dL = 1 L	100 cL = 1 L	1,000 mL = 1 L

La Srta. Lee cortó por la mitad una botella plástica de dos litros para obtener un recipiente de un litro. Marcó la parte externa para mostrar las partes iguales.

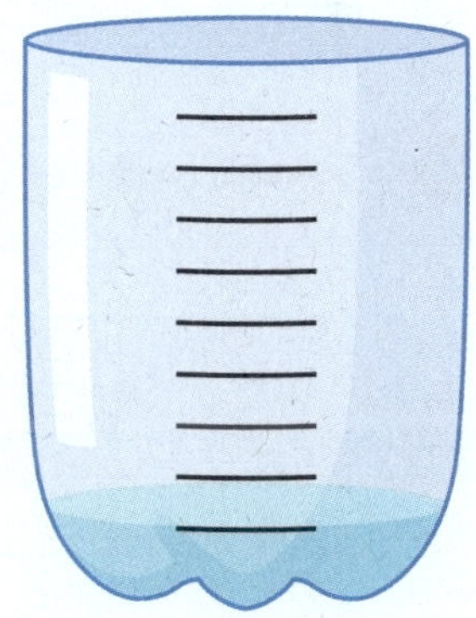

1. ¿Cuántos **mililitros** de agua puede contener el recipiente?

____

2. ¿Cuántos de estos recipientes plásticos llenarán un recipiente de un **kilolitro**? Explica por qué.

____

Puedes usar una tabla o una recta numérica doble para convertir unidades de medida de líquidos.

3. Completa la tabla.

Litros	Decilitros
3	3 × 10 = 30
5	___ × 10 = ___
7	7 × ___ = ___
12	________ = ___

4. Rotula la recta numérica doble para mostrar cómo se relacionan litros (L) y mililitros (mL).

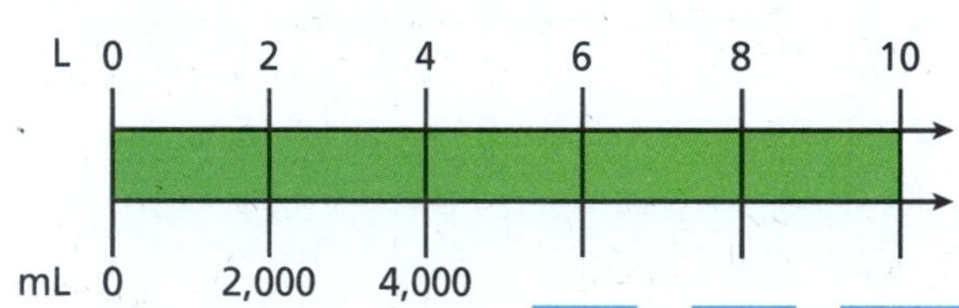

¿Cuál es el error?

Estimados estudiantes de matemáticas:

Hoy tuve que resolver este problema.

Meredith quería preparar ponche para una fiesta. La receta para preparar ponche requería 3 litros de jugo de fruta, 2 litros de jugo de manzana y 1 litro de jugo de uva. ¿Cuántos mililitros de jugo se necesitaron para la receta? Yo dije que la receta requería 600 mililitros de jugo. A continuación muestro cómo resolví el problema.

3 L + 2 L + 1 L = 6 L x 100 = 600 mL

¿Es correcta mi respuesta? Si no es correcta, por favor ayúdame a comprender por qué no lo es.

Tu amigo,
El Pingüino Confundido

5 ¿Tiene razón el Pingüino Confundido? Explica tu razonamiento.

6 Usa la tabla para mostrar la conversión de litros a mililitros para cada tipo de jugo que se necesita para la receta.

Litros	Mililitros

7 Describe otra manera en la que podrías mostrar la conversión de litros a mililitros para cada tipo de jugo.

Nombre ____________________

Medir la masa

VOCABULARIO
- masa
- gramo
- kilogramo
- miligramo

La unidad básica de **masa** es un **gramo**.

Unidades de masa

kilogramo	hectogramo	decagramo	gramo	decigramo	centigramo	miligramo
kg	hg	dag	g	dg	cg	mg
10 × 1 hg	10 × 1 dag	10 × 1 g	10 × 1 dg	10 × 1 cg	10 × 1 mg	
1 kg = 1,000 g	1 hg = 100 g	1 dag = 10 g		10 dg = 1 g	100 cg = 1 g	1,000 mg = 1 g

8 ¿Cuántos **miligramos** equivalen a 1 gramo? ____________________

9 ¿Cuántos gramos equivalen a 1 **kilogramo**? ____________________

Si pesaste 1 mL de agua, hallarías que su masa sería un gramo (1 g).

10 ¿Es el gramo una unidad de medida grande o pequeña? Explica tu razonamiento.

____

Convertir masa

Puedes usar una tabla o una recta numérica doble para convertir unidades de masa.

11 Completa la tabla.

Gramos	Miligramos
4	4 × 1,000 = 4,000
8	___ × 1,000 = ______
12	12 × ______ = ______
15	____________ = ______

12 Rotula una recta numérica doble para mostrar cómo se relacionan kilogramos (kg) y gramos (g).

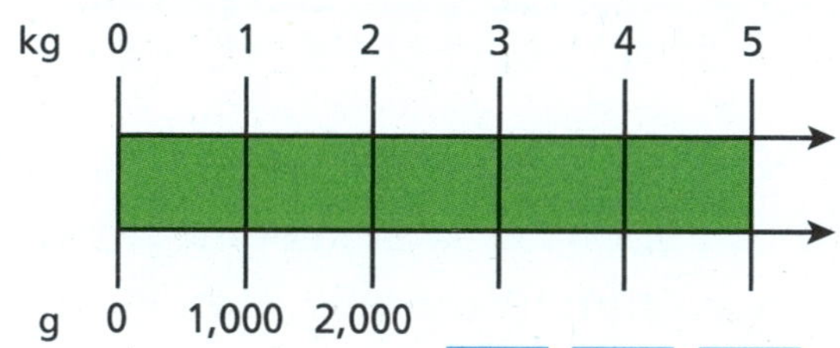

Practicar la conversión de unidades métricas

Resuelve.

13 Martín midió en gramos la masa de cuatro objetos diferentes y anotó la información en la siguiente tabla. Completa la tabla para calcular la masa en miligramos de cada objeto.

Gramos	Miligramos
4	4,000
7	
11	
15	

14 Olivia compró cuatro recipientes de diferentes tamaños y llenó con agua cada uno de ellos. Anotó el volumen líquido en litros de cada recipiente. Completa la tabla para calcular el volumen líquido en centilitros de cada recipiente.

Litros	Centilitros
1	
3	
4	400
6	

15 Hayden tiene un crayón con una masa de 8 gramos. Completa la recta numérica doble para calcular la masa en centigramos del crayón.

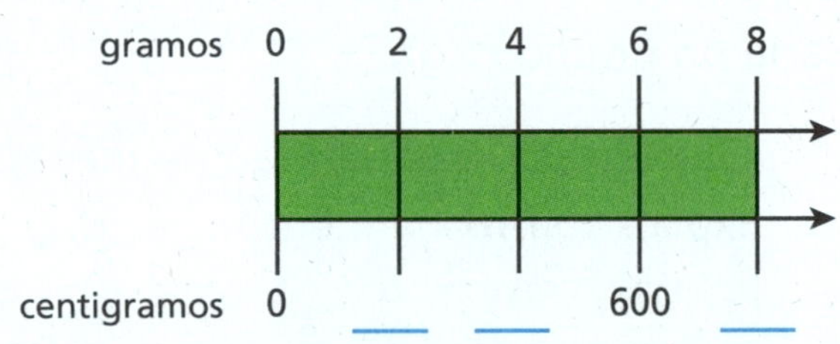

16 Jennifer compra en el supermercado una botella de 2 litros de jugo de manzana y una botella de 3 litros de jugo de naranja. ¿Cuántos decilitros de jugo compra en total Jennifer?

______

17 Elena tiene un gato cuya masa es 4 kilogramos. El perro de Ginger tiene una masa que es 2 veces la masa del gato de Elena. ¿Cuál es la masa en gramos del perro de Ginger?

______

Comprobar la comprensión

Dibuja y rotula una recta numérica doble para mostrar la relación entre litros y kilolitros. Incluye números enteros desde 0 hasta 10 para representar los kilolitros.

Nombre ______________________________

Unidades básicas de tiempo

Completa la tabla.

Unidades de tiempo	
1 1 minuto = ______ segundos	5 1 año = ______ días
2 1 hora = ______ minutos	6 1 año = ______ semanas
3 1 día = ______ horas	7 1 año = ______ meses
4 1 semana = ______ días	8 1 año bisiesto = ______ días

Convertir unidades de tiempo

Completa la tabla.

9

Días	Horas
1	24
2	
3	
4	

10

Horas	Minutos
1	60
3	
5	
7	

11

Años	Meses
3	36
6	
9	
12	

12

Horas	Segundos
1	3,600
2	
3	
4	

Resuelve.

13 36 minutos = ________ segundos

14 41 días = ________ horas

15 72 horas = ________ minutos

16 16 semanas = ________ días

17 6 años = ______ días

18 2 semanas = ________ horas

Hacer un diagrama de puntos

VOCABULARIO
diagrama de puntos

Un **diagrama de puntos** muestra datos encima de una recta numérica. Jamal le preguntó a sus compañeros de clase acerca del tiempo que estuvieron leyendo. Organizó los datos en una tabla.

19 Usa la tabla para completar el diagrama de puntos.

Tiempo de lectura	Número de estudiantes
0 horas	0
$\frac{1}{4}$ hora	2
$\frac{1}{2}$ hora	5
$\frac{3}{4}$ hora	4
1 hora	4

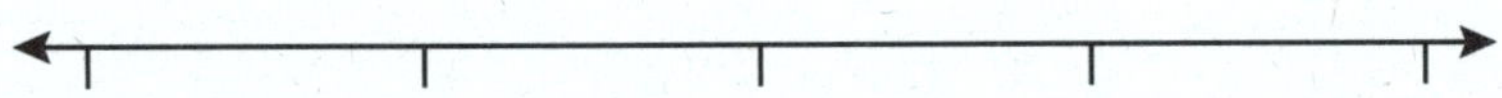

Tiempo de lectura cada noche (en horas)

20 ¿A cuántos compañeros de clase preguntó Jamal acerca del tiempo que estuvieron leyendo? ______

21 ¿Qué cantidad de tiempo obtuvo más respuestas? ______

Practicar

Resuelve.

Tiempo empleado en la computadora	Número de estudiantes
0 horas	4
$\frac{1}{4}$ hora	4
$\frac{1}{2}$ hora	7
$\frac{3}{4}$ hora	3
1 hora	9

22 Fiona le preguntó a sus amigos cuánto tiempo usaban una computadora cada noche en casa. Usa la información de la tabla a la derecha para hacer un diagrama de puntos.

23 Marissa quiere saber cuántos minutos ha practicado en el piano. Rotula la recta numérica doble para mostrar cómo se relacionan horas y minutos. ¿Cuántos minutos ha practicado Marissa si practicó durante 4 horas?

______

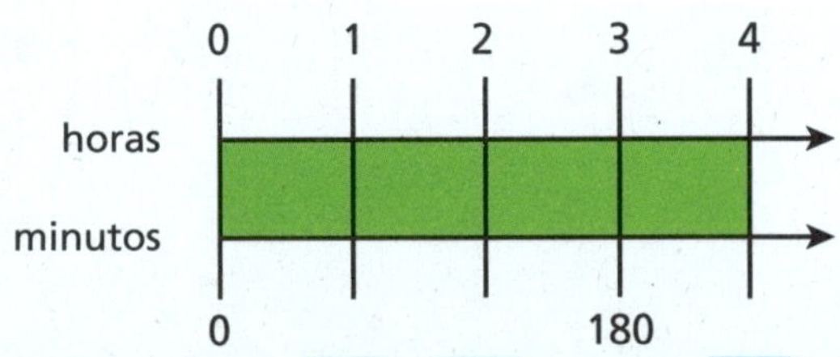

Nombre ______________________________

Leer el tiempo transcurrido

Puedes imaginar las manecillas del reloj moviéndose para indicar cuánto tiempo ha transcurrido.

¿Cuántas horas han pasado desde las 12:00 en cada reloj? ¿Cuántos minutos?

24

____

____

25

____

____

26

____

____

¿Cuántas horas y cuántos minutos indica el reloj? Escribe la hora que muestra el reloj.

27

________ horas

________ minutos

____

28

________ horas

________ minutos

____

29

________ horas

________ minutos

____

¿Cuántas horas y cuántos minutos han pasado entre los tiempos que se muestran en:

30 Ejercicios 27 y 28

____

____

31 Ejercicios 28 y 29

____

____

32 Ejercicios 27 y 29

____

____

Resolver problemas de tiempo transcurrido

Resuelve. *Muestra tu trabajo.*

33 La tienda de la escuela está abierta en la tarde durante 1 hora y 45 minutos. La tienda cierra a las 2:55 p. m. ¿A qué hora abre la tienda de la escuela?

____

34 La práctica de Hannah comienza a las 9:45 a. m. y finaliza a las 12:35 p. m. ¿Cuánto dura la práctica de Hannah?

____

35 La clase de baile de Bella comienza a las 3:05 p. m. y dura 1 hora y 35 minutos. ¿A qué hora finaliza la clase de baile de Bella?

____

36 Lynn fue con su mamá al centro comercial. Llegaron al centro comercial a las 6:20 p. m. y se fueron a las 8:25 p. m. ¿Cuánto tiempo estuvieron Lynn y su mamá en el centro comercial?

____

37 Reese tarda 32 minutos en caminar a la escuela. Llega a la escuela a las 7:55 a. m. ¿A qué hora sale Reese de su casa para ir a la escuela?

____

38 Kevin horneó una torta. Comenzó a preparar la torta a las 8:03 p. m. y tardó 1 hora y 17 minutos en terminar de prepararla. ¿A qué hora terminó Kevin de preparar la torta?

____

Comprobar la comprensión

Dibuja un diagrama de puntos para los siguientes datos que muestran el tiempo que un grupo de personas empleó en ejercitarse cada día y el número de personas: 0 horas, 1; $\frac{1}{4}$ de hora, 5; $\frac{1}{2}$ hora, 3; $\frac{3}{4}$ de hora, 6; 1 hora, 2.

Nombre ______________________________

VOCABULARIO
pulgada **yarda**
pie **milla**

Unidades de longitud

1. Este segmento de recta tiene 1 **pulgada** de largo. Nombra un objeto que mida aproximadamente 1 pulgada de largo.

   ____

2. Un **pie** es igual a 12 pulgadas. Nombra un objeto que mida aproximadamente 1 pie de largo.

   ____

3. Una **yarda** es igual a 3 pies o 36 pulgadas. Nombra un objeto que mida aproximadamente 1 yarda de largo.

   ____

4. Las distancias más largas se miden en millas. Una **milla** es igual a 5,280 pies o 1,760 yardas. Nombra una distancia que tenga aproximadamente 1 milla de largo.

   ____

Convertir unidades usuales de longitud

5. Completa la tabla.

Pies	Pulgadas
1	12
2	
3	
4	
5	

6. Completa la tabla.

Yardas	Pies
2	6
4	
6	
8	
10	

Resuelve.

7. 9 yardas = ________ pulgadas

8. 26 pies = ________ pulgadas

9. 4 millas = ________ pies

10. 2 millas = ________ yardas

Medir la longitud

Escribe la medida de cada segmento de recta al $\frac{1}{8}$ de pulgada más cercana.

11 

12 

13 

14 

15 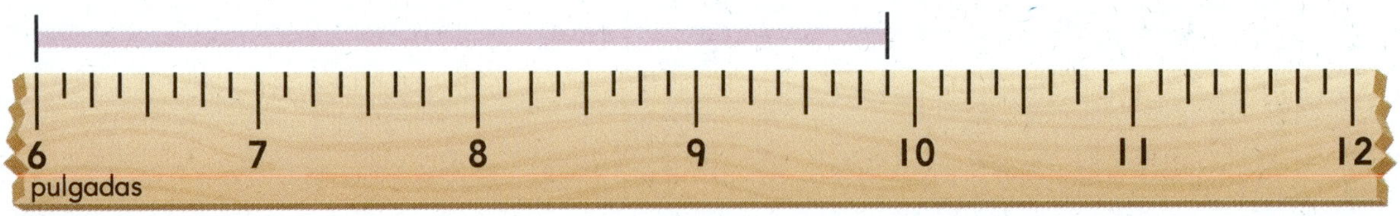

Comprobar la comprensión

Usando unidades usuales, explica cómo convertir la unidad de longitud más grande a la unidad de longitud más pequeña. Da un ejemplo.

Nombre ______________________________

Libras y onzas

VOCABULARIO
libra
onza

La libra es la unidad de peso principal en nuestro sistema usual. Una **libra** es igual a 16 **onzas**.

La mantequilla y la margarina se venden en empaques de 1 libra que contienen cuatro barras envueltas individualmente.

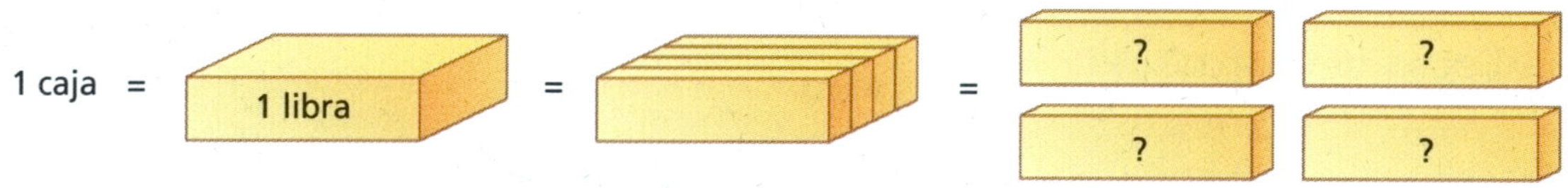

1. ¿Cuál es el peso en onzas de una caja?

____

2. ¿Cuál es el peso en onzas de una barra?

____

3. Kimba compra una bolsa de harina que pesa 5 libras. Completa la tabla. ¿Cuántas onzas equivalen a 5 libras?

Libras	Onzas
1	16
2	
3	
4	
5	

____

4. Describe cómo convertir libras a onzas sin usar una tabla.

____

____

5. En abril, el perro de Martín pesaba 384 onzas. Cuando lo pesó en agosto, el perro pesaba 432 onzas. ¿En cuántas onzas aumentó de peso el perro de Martín entre abril y agosto?

____

Toneladas

VOCABULARIO
tonelada

El peso de objetos pesados como carros, camiones, barcos, elefantes y ballenas se mide en **toneladas**. Una tonelada es igual a 2,000 libras.

6. Un barco pesa 12,450 toneladas. En libras, el barco pesa 24,900,000 libras. ¿Qué medida usarías para describir el peso del barco? ¿Por qué?

____

____

____

7. Un remolque puede transportar 2 toneladas de carga. ¿Cuántas libras de carga puede transportar el remolque?

____

8. Un paquete pequeño pesa 4 onzas y un envío de paquetes pequeños pesa en total 1 tonelada. ¿Cuántos paquetes hay en el envío? Muestra tu trabajo.

____

Practicar

Resuelve.

9. 3 toneladas = ____________ libras

10. 7 libras = ____________ onzas

11. 5 toneladas = ____________ libras

12. 12 libras = ____________ onzas

13. 9 toneladas = ____________ libras

14. 19 libras = ____________ onzas

Nombre ______________________________

Volúmenes líquidos

VOCABULARIO	
taza	pinta
onza fluida	galón
cuarto	

En el sistema usual, la unidad principal de volumen líquido es una **taza**.

1 taza  = 8 **onzas fluidas**

2 tazas  = 1 **pinta**

4 tazas 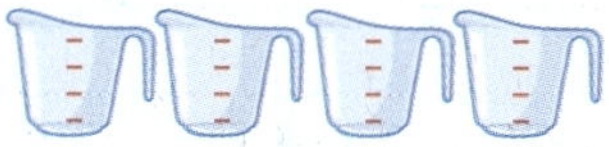 = 1 **cuarto**

4 cuartos = 1 **galón**

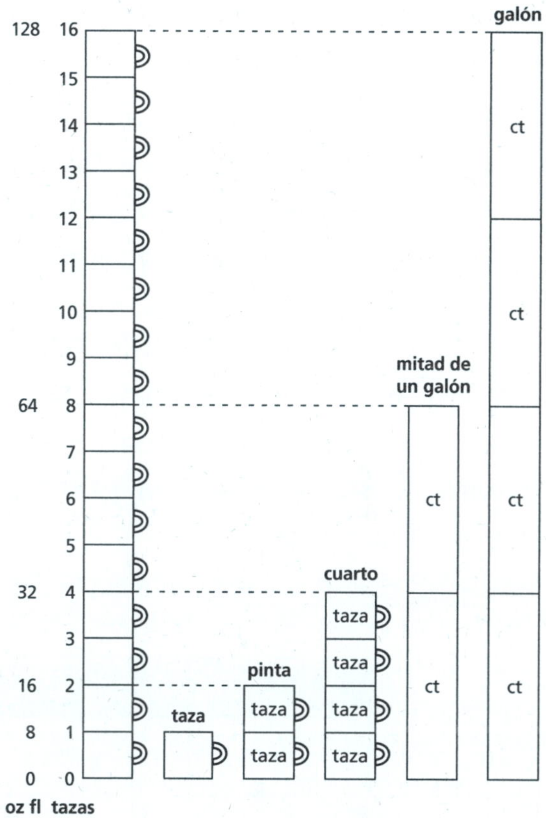

15 Completa la tabla.

Cuartos	Onzas fluidas
1	32
2	
3	
4	
5	
6	

16 Rotula la recta numérica doble para mostrar cómo se relacionan galones (gal) y tazas (tz).

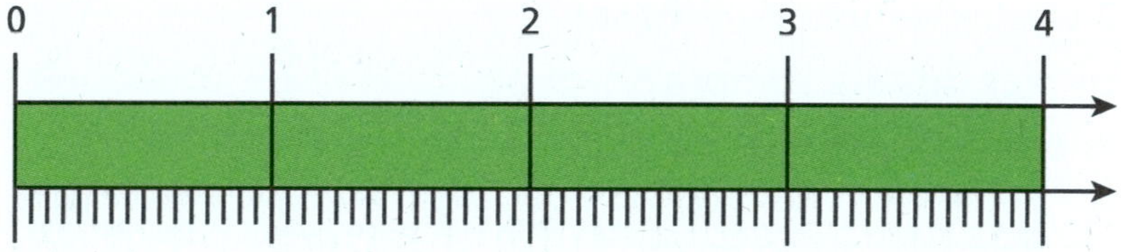

Resuelve.

17 3 ct = ______ tz

18 10 t = ______ oz fl

19 2 gal = ______ pt

Resolver problemas del mundo real

Resuelve.

20 Una carrera tiene 5 millas de largo. Completa la tabla. ¿Cuántos pies equivalen a 5 millas?

Millas	Pies
1	5,280
2	
3	
4	
5	

21 Sean tiene una sandía que pesa 64 onzas. Corta la sandía en 8 trozos que tienen el mismo peso cada uno. ¿Cuánto onzas pesa cada uno de los trozos de sandía?

Muestra tu trabajo.

22 Un recipiente tiene 4 cuartos de agua. Completa la recta numérica doble para mostrar la relación entre cuartos y tazas. ¿Cuántas tazas de agua hay en el envase?

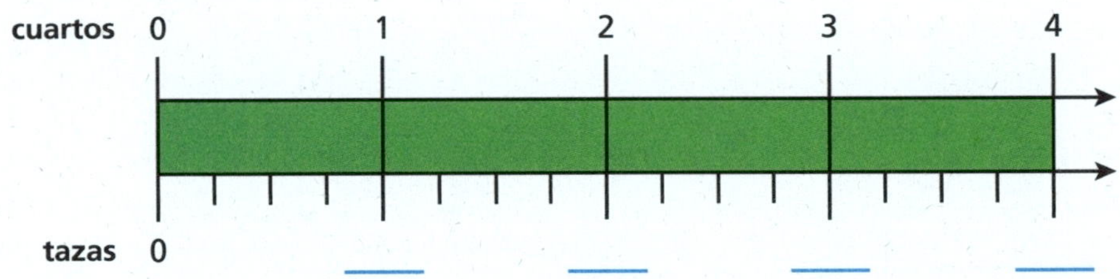

23 Melinda compra 2 yardas de tela para hacer un cartel. ¿Cuántos pies de tela compra? ¿Cuántas pulgadas de tela compra?

Comprobar la comprensión

Cuando se convierte una unidad de medida grande a una unidad más pequeña, ¿qué operación usas?

Prueba rápida 1 de la Unidad 5

Nombre ______________________ Fecha ______________

Convierte.

1. 9 m = ________ cm

2. 5 L = ________ mL

Resuelve.

Muestra tu trabajo.

3. **Brianna comenzó a podar el césped a la 1:40 p. m. y estuvo podando durante 55 minutos. ¿A qué hora terminó Brianna de podar el césped?**

____

4. **Sam cortó una cuerda de 28 pies en 4 pedazos iguales. ¿Cuál es el largo en pulgadas de cada pedazo?**

____

5. **Sadie dibujó una recta numérica doble para hallar el número de onzas fluidas en 4 tazas. ¿Qué números de onzas fluidas completarán los rótulos?**

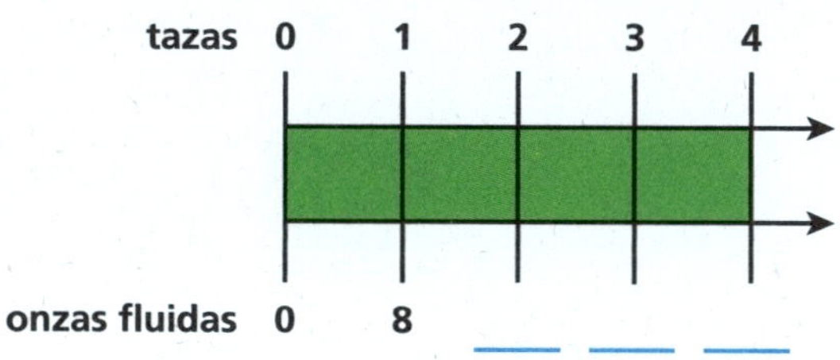

Nombre ______________________ Fecha ______________

Camino al conocimiento

Suma o resta.

1. $146 + 313$

2. $65{,}783 + 37{,}149$

3. $3{,}908 + 281$

4. $751 - 340$

5. $18{,}934 + 7{,}225$

6. $589{,}831 + 46{,}230$

7. $3{,}792 + 1{,}436$

8. $70{,}409 - 7{,}382$

9. $463 + 572$

10. $7{,}833 - 6{,}312$

11. $67{,}492 - 28{,}561$

12. $417 - 332$

13. $954{,}612 - 47{,}831$

14. $5{,}067 - 3{,}543$

15. $245{,}089 - 117{,}395$

Nombre ______________________________

Unidades de perímetro

VOCABULARIO
perímetro
largo
ancho
fórmula

El prefijo *peri* significa "alrededor" y el sufijo *metros* significa "medida". El **perímetro** es la medida de la distancia alrededor del exterior de una figura.

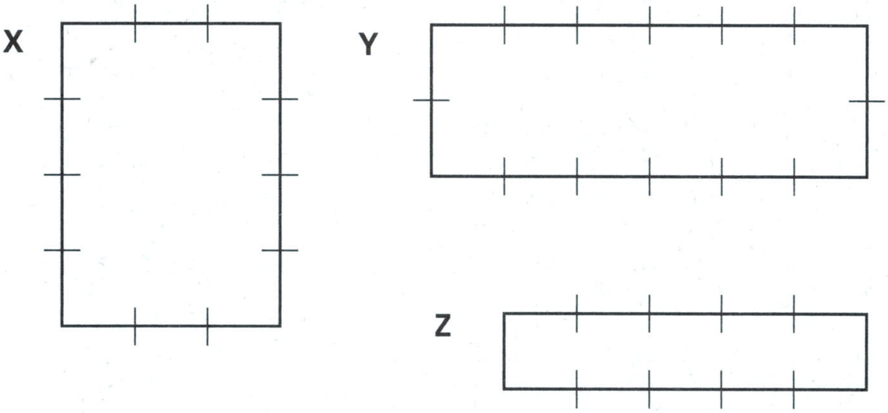

Clave:

├─┤ = 1 cm

Largo = l

Ancho = w

Perímetro = P

1. La unidad de medida para estos rectángulos es 1 centímetro (1 cm). ¿Cómo puedes calcular el número total de centímetros alrededor del exterior de cada rectángulo?

____

____

2. ¿Cuál es el perímetro del rectángulo X? ¿del rectángulo Y? ¿del rectángulo Z?

____

____

3. ¿Cómo calculaste el perímetro de cada rectángulo?

____

____

4. Observa la clave que está en la parte superior de la página: **longitud** es la distancia del lado más largo de un rectángulo y **ancho** es la distancia del lado más corto. El perímetro es la distancia total alrededor del exterior. Usa las letras l, w, y P para escribir una **fórmula** para el perímetro de un rectángulo.

____

Unidades de área

El área es el número total de unidades cuadradas que cubren una figura. Cada unidad cuadrada en el interior de estos rectángulos mide 1 cm de largo y 1 cm de ancho, esto es 1 centímetro cuadrado (1 cm^2).

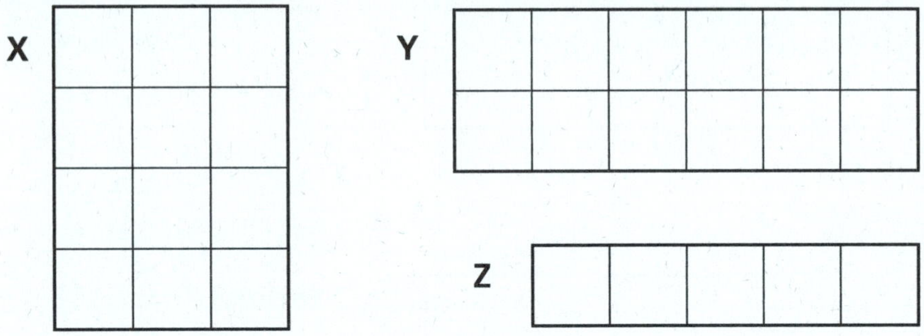

Clave:

□ = 1 cm^2

Longitud = l

Ancho = w

Área = A

5. ¿Cómo puedes calcular el número total de centímetros cuadrados que están en el interior de cada rectángulo?

____

____

6. ¿Cuál es el área del rectángulo X? ¿del rectángulo Y? ¿del rectángulo Z?

____

____

7. Usando l para representar la longitud, w para representar el ancho y A para representar el área, ¿qué fórmula puedes escribir para calcular el área de cualquier rectángulo?

____

____

8. ¿Por qué la misma fórmula funciona para todos los rectángulos?

____

____

Nombre ______________________________

Repasar perímetro y área

Perímetro y área

Perímetro y área son medidas con diferentes tipos de unidades: unidades de distancia o longitud para el perímetro y unidades cuadradas para el área.

El perímetro es la distancia total alrededor del exterior de una figura.

Este rectángulo tiene 4 unidades de longitud y 3 unidades de ancho. Para calcular su perímetro, suma las distancias de todos los lados:

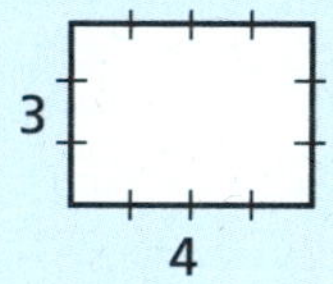

$$l + w + l + w = P$$

El área es el número total de unidades cuadradas que cubren una figura.

En los rectángulos, el área se puede ver como una matriz de cuadrados. Este rectángulo es una matriz de 4 cuadrados a lo largo (largo) y 3 cuadrados hacia abajo (ancho). Para calcular su área, puedes multiplicar el largo por el ancho:

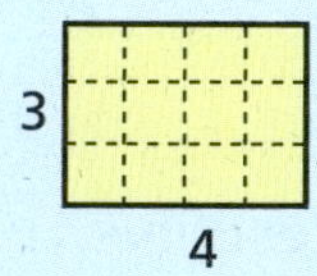

$$l \times w = A$$

Practicar con perímetro y área

Calcula el perímetro del rectángulo A. Calcula el área del rectángulo B.
1 unidad = 1 pulgada

9

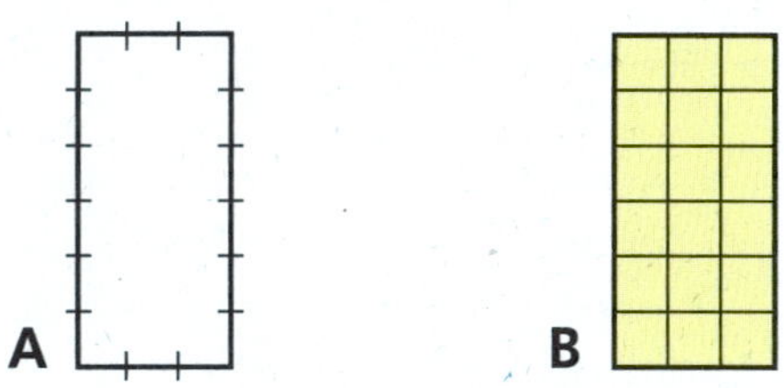

____

____

10

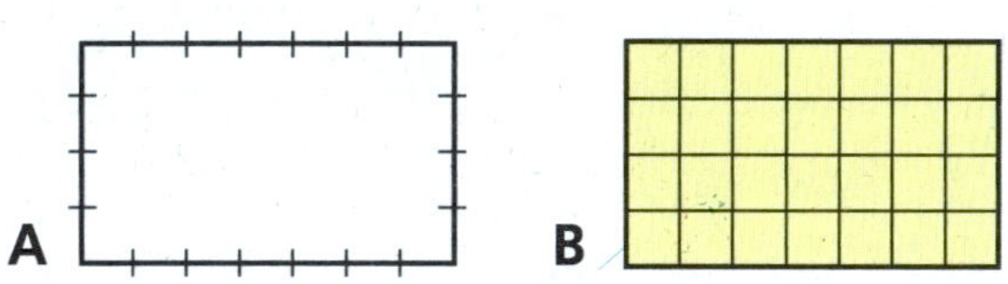

____

____

Calcular perímetro y área

Calcula el perímetro y el área de cada rectángulo.

11 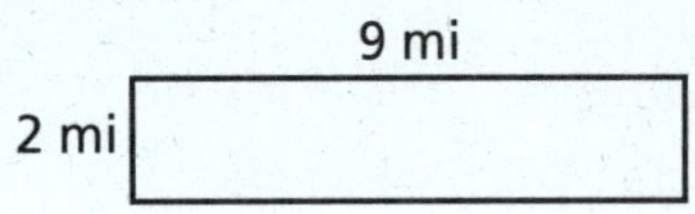

____

12 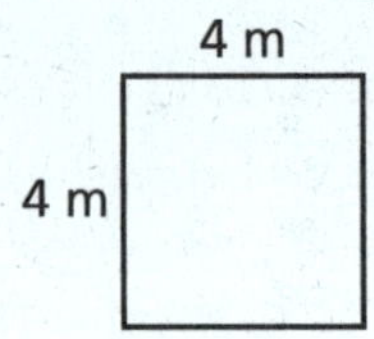

____

13 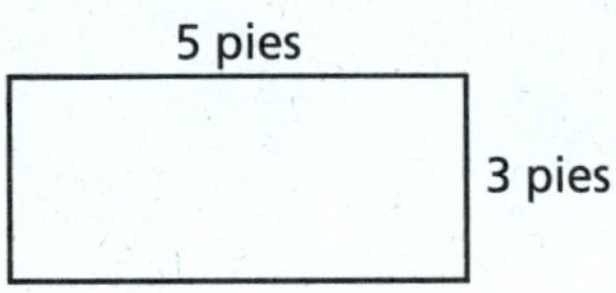

____

14 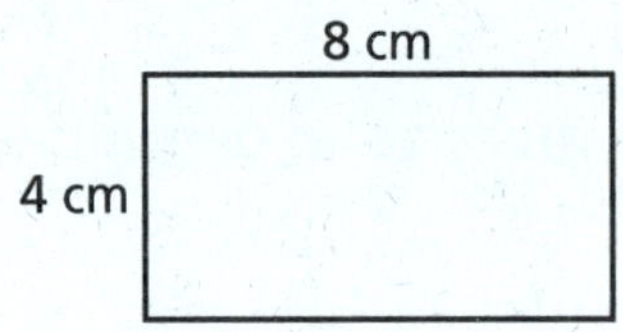

____

Resuelve.

15 El área del rectángulo es 60 metros cuadrados. Un lado del rectángulo tiene una longitud de 10 metros. ¿Cuál es la longitud del lado desconocido?

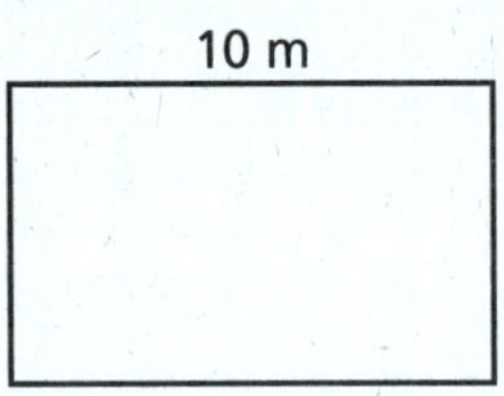

____

16 El perímetro del rectángulo es 32 pulgadas. Un lado del rectángulo tiene una longitud de 11 pulgadas. ¿Cuál es la longitud del lado desconocido?

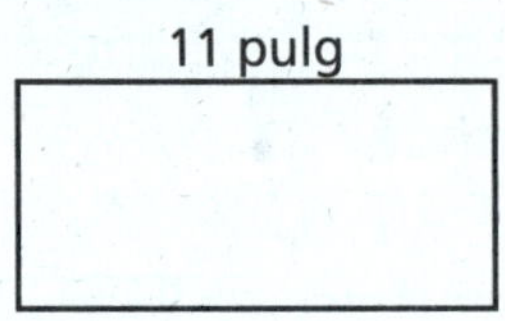

____

17 El perímetro de un rectángulo es 56 mm. Tres de los lados tienen longitudes de 15 mm, 13 mm y 15 mm. ¿Cuál es la longitud del lado desconocido?

____

18 El área de un rectángulo es 81 pulgadas cuadradas. Un lado del rectángulo tiene una longitud de 9 pulgadas. ¿Cuál es la longitud del lado desconocido?

____

Nombre ____________________

Explorar figuras complejas

El parque de la ciudad tiene un jardín de rosas. Este año la ciudad planifica agregar un huerto al lado del jardín de rosas. En estos dibujos, el lado de cada unidad cuadrada representa 1 yarda.

El jardín de rosas

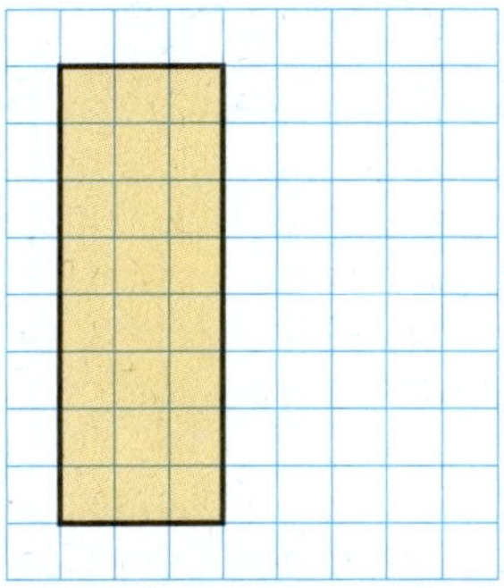

Se agrega el huerto

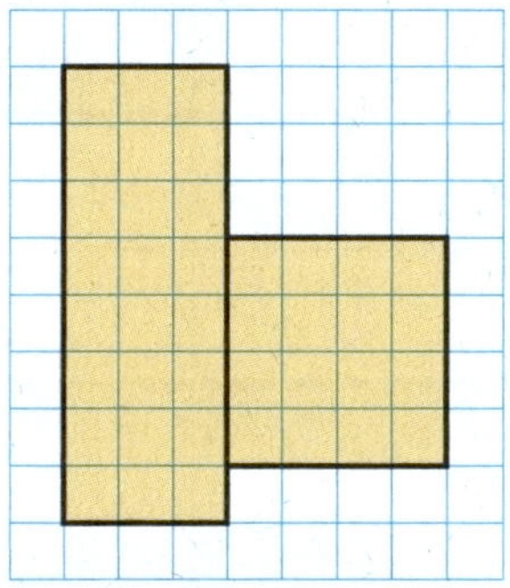

El nuevo jardín

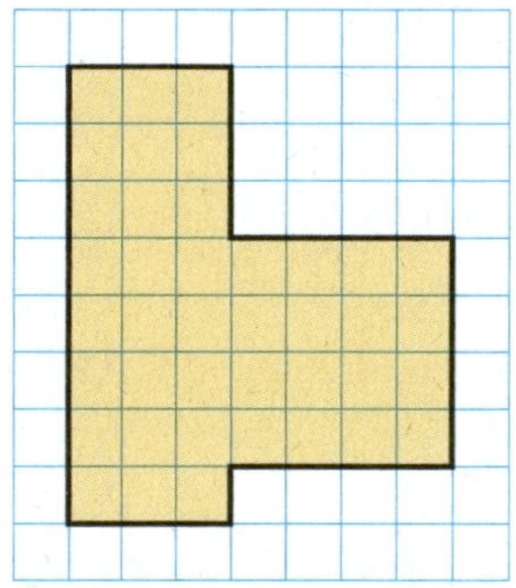

19 ¿Cuál es la forma del jardín de rosas? ____________________

20 ¿Cuáles son su perímetro y área? ____________________

21 ¿Cuál es la forma del huerto? ____________________

22 ¿Cuáles son su perímetro y área? ____________________

23 ¿Cuál es el área del nuevo jardín? ____________________

24 ¿Cuál es el perímetro del nuevo jardín? ____________________

25 ¿Por qué el área del nuevo jardín es la misma área que la suma del área del jardín de rosas y el área del huerto?

____

____

26 ¿Por qué el perímetro del nuevo jardín no es el mismo perímetro que la suma del perímetro del jardín de rosas y el perímetro del huerto?

____

____

Perímetro y área de figuras complejas

Calcula el perímetro y el área de cada figura.

27 28 29

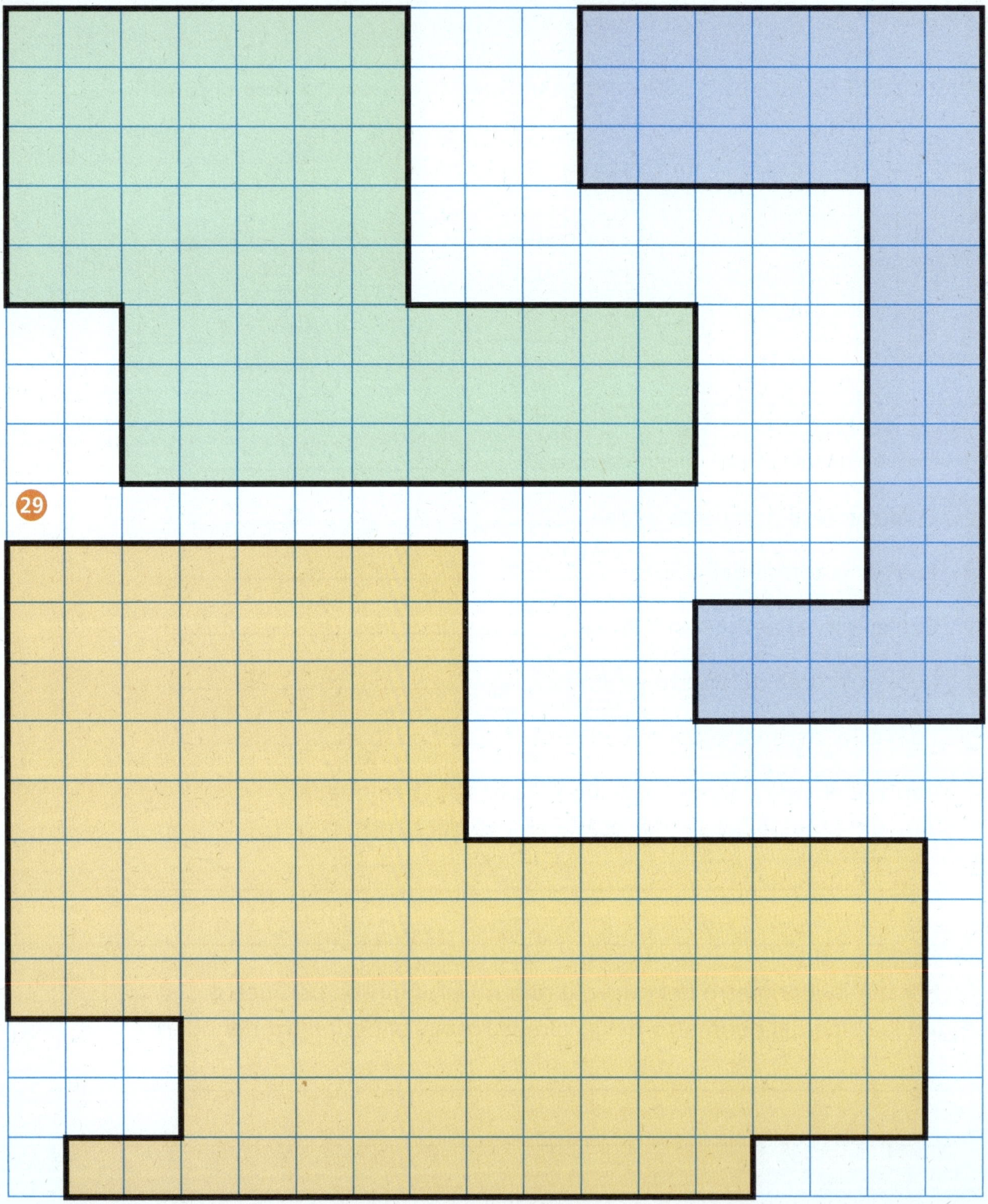

Nombre ______________________________

Perímetro y área de figuras complejas (continuación)

Halla el perímetro de cada figura. Luego, divide cada figura en rectángulos y halla el área. En estos dibujos, el lado de cada unidad cuadrada representa 1 yarda.

30 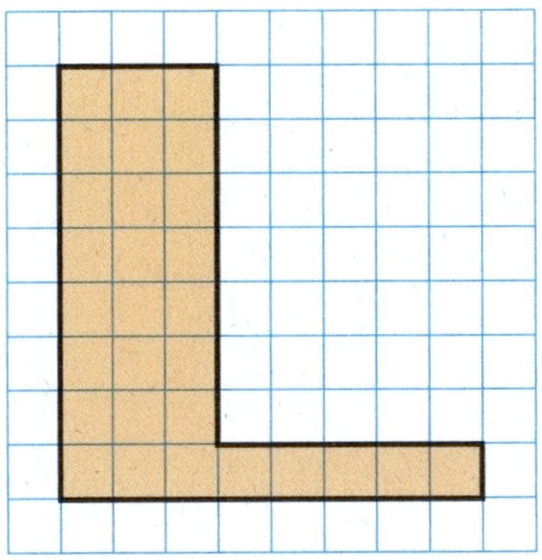

Perímetro: ______________

Área: ______________

31 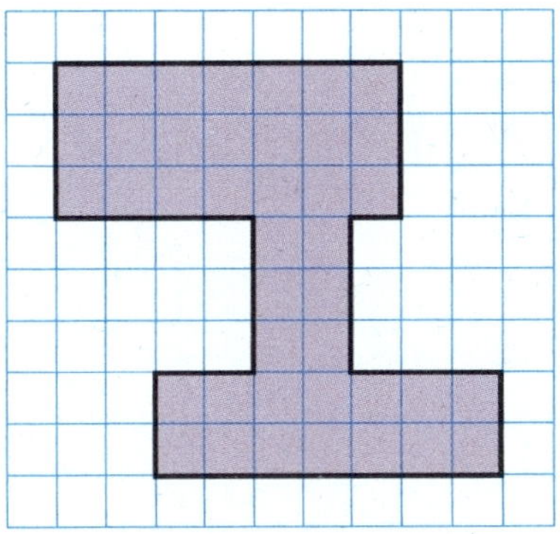

Perímetro: ______________

Área: ______________

32 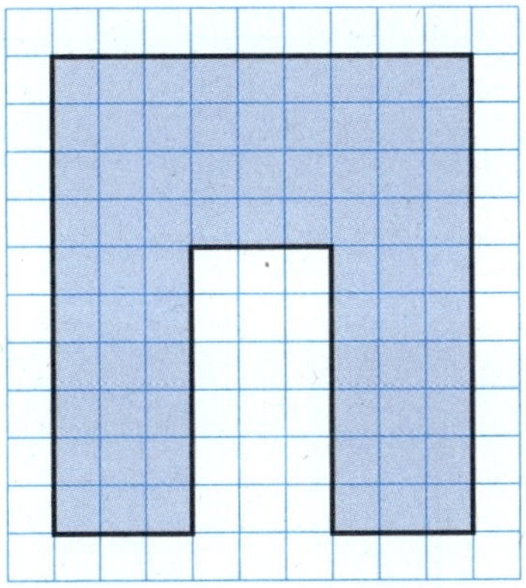

Perímetro: ______________

Área: ______________

33 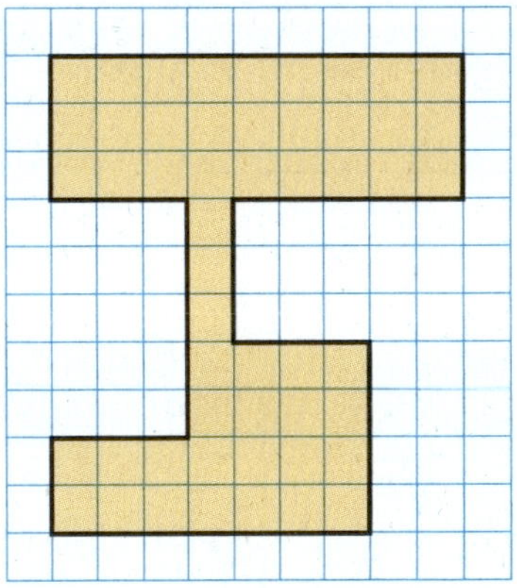

Perímetro: ______________

Área: ______________

34 Explica por qué dividiste de esa forma la figura del ejercicio 30.

____

Hallar las longitudes desconocidas de los lados

35 Algunos de los lados que están en las figuras A y B no están rotulados. Escribe las longitudes desconocidas de los lados.

A

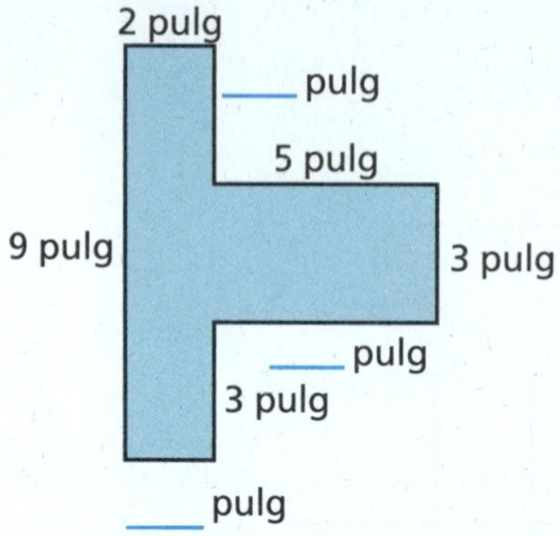

B

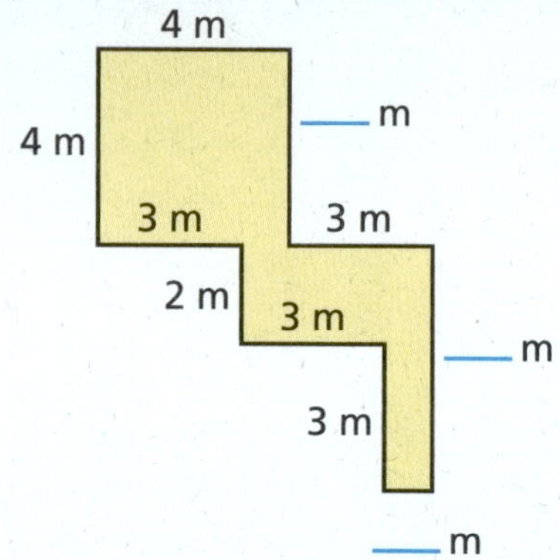

36 ¿Cuál es el área de cada figura?

A: ____________ **B:** ____________

37 El dibujo muestra la forma del piso de la habitación de Anna. ¿Cuántas baldosas cuadradas de 1 pie se necesitarían para cubrir el piso?

____

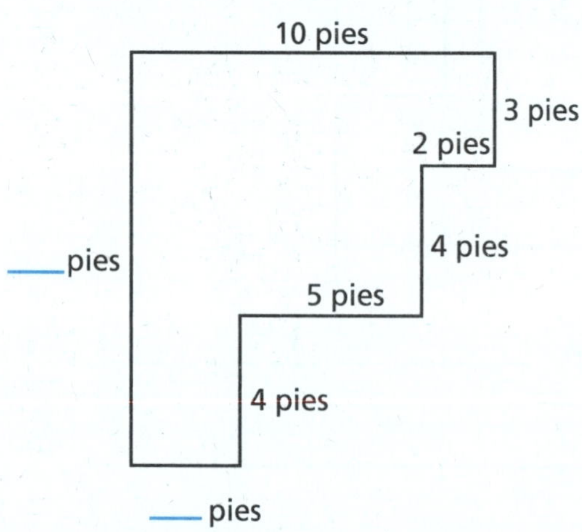

38 El dibujo muestra el plano de un nuevo patio de juego. ¿Cuál es el área? ____________

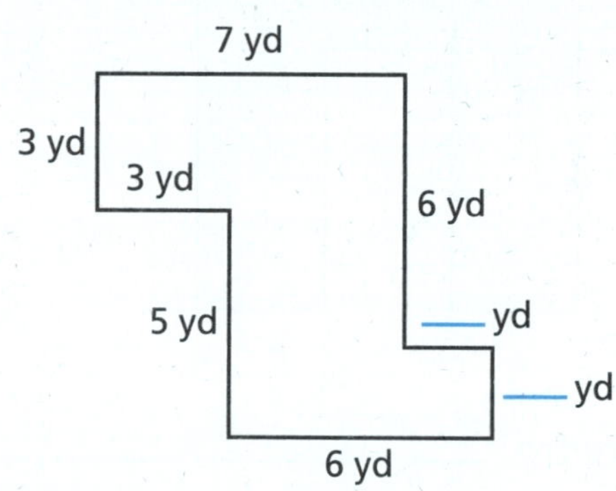

Comprobar la comprensión

Explica cómo hallar el perímetro y el área de un rectángulo. Da ejemplos como parte de tu explicación.

Nombre ______________________________

Resolver problemas de medida del mundo real

Muestra tu trabajo.

1. Ethan tiene un pedazo de cuerda que mide 6 metros de largo. Corta la cuerda en 3 trozos de igual longitud. ¿Cuántos centímetros de largo mide cada trozo de cuerda?

____

2. Jamal colocó en una bolsa un melón con una masa de 450 gramos. Agregó otro melón que tenía una masa de 485 gramos. ¿Cuántos gramos de melón hay en la bolsa?

____

3. Tanisha tiene 35 mililitros de jugo de limón. Divide equitativamente el jugo en 5 recipientes diferentes. ¿Cuánto jugo vierte en cada recipiente?

____

4. Katherine tiene algunas piedras que pesan 4 libras. Coloca las piedras en 2 grupos, cada uno con el mismo peso. ¿Cuántas onzas pesa cada grupo?

____

5. Grace compra una cinta amarilla que mide 2 pies de largo y una cinta rosada que mide 8 pies de largo. ¿Cuántas veces es la cinta rosada más larga que la cinta amarilla? ¿Cuántas pulgadas de cinta tiene Grace en total?

____

6. Adriana tiene un galón de jugo. Vierte el jugo en recipientes que tienen una capacidad de una pinta de jugo cada uno. Regala dos pintas a sus amigos. ¿Cuántas pintas de jugo le quedan?

____

7. Ayer, Jamison corrió 1,780 pies y hoy corrió 2,165 pies. ¿Cuántas yardas corrió Jamison en los últimos dos días?

____

Resolver problemas de medida del mundo real (continuación)

Muestra tu trabajo.

8 Una tienda vende 89 galones de leche en mayo y 82 galones de leche en junio. En total, ¿cuántos galones de leche vendió la tienda en mayo y junio?

____

9 Félix tiene un perro que pesa 38 libras. El perro de Félix pesa el doble que el perro de Marcel. ¿Cuántas onzas más pesa el perro de Félix que el perro de Marcel?

____

10 Grant corrió 500 metros alrededor de la pista y Harry corrió 724 metros alrededor de la misma pista. ¿Cuántos metros más corrió Harry que Grant?

____

Problemas de perímetro y área

11 El área de la caja de arena rectangular es de 32 pies cuadrados. El lado corto de la caja de arena mide 4 pies. ¿Cuánto mide el lado largo de la caja de arena?

____

12 Una pared en la habitación cuadrada de Dennis mide 13 pies de largo. ¿Cuál es el perímetro de la habitación de Dennis?

____

13 Un patio cuadrado de juegos tiene un área de 900 pies cuadrados. ¿Cuál es la longitud de cada lado del patio de juegos?

____

14 Una alfombra rectangular tiene un perímetro de 20 pies. El largo de la alfombra es de 6 pies. ¿Cuántas pulgadas tiene de ancho la alfombra?

____

Comprobar la comprensión

¿Qué fórmula podrías usar para resolver el problema 12? ____________________

Nombre ______________________________

Matemáticas y jardines

Hay jardines de todas las formas y tamaños que incluyen flores, vegetales y muchas otras plantas. Un jardín holandés es un tipo de jardín que frecuentemente es un rectángulo formado por rectángulos y cuadrados más pequeños llamados canteros. Por lo general, se coloca un seto o pared alrededor del perímetro del jardín. Los jardines holandeses se conocen por ser muy coloridos y por estar llenos de flores. El Jardín Hundido es un jardín holandés famoso en el palacio de Kensington en Londres, Inglaterra.

Jared investigó acerca de los cuidados de un jardín y descubrió que necesitas regar con agua y fertilizar el jardín con frecuencia para ayudar al crecimiento de las plantas. La información que encontró se muestra en la tabla de la derecha.

Información de cuidados de un jardín	
Fertilizante	4 onzas por 100 pies cuadrados
Agua	30 galones cada 3 días

Usa el siguiente diagrama para responder las preguntas. Este muestra un cantero de flores planificado para un jardín holandés. El perímetro de dicho cantero es de 200 pies.

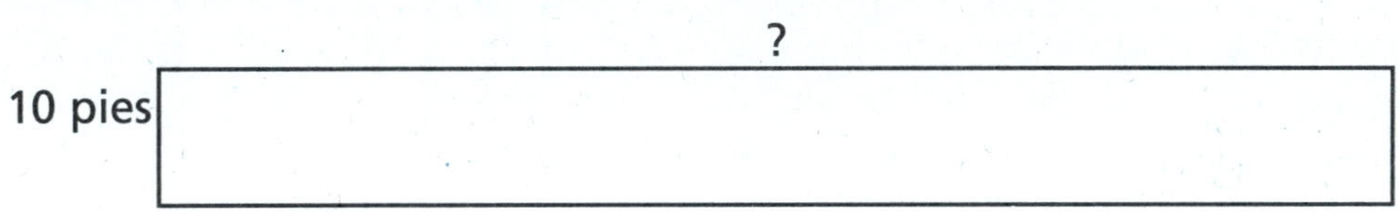

Muestra tu trabajo.

1. ¿Cuál es la longitud del lado desconocido?

   ____

2. ¿Cuál es el área del cantero?

   ____

3. ¿Cuántas onzas de fertilizante deben usarse en el cantero de flores?

   ____

4. ¿Cuántas tazas de agua se usaron cada 9 días?

   ____

Rectángulos en jardines

Padma quiere crear en su patio trasero un jardín de forma rectangular. Quiere tener un total de tres canteros, dos de los cuales serán del mismo tamaño. Dibujó un diagrama de cómo quiere que se vea el jardín. Usa el diagrama para responder las siguientes preguntas.

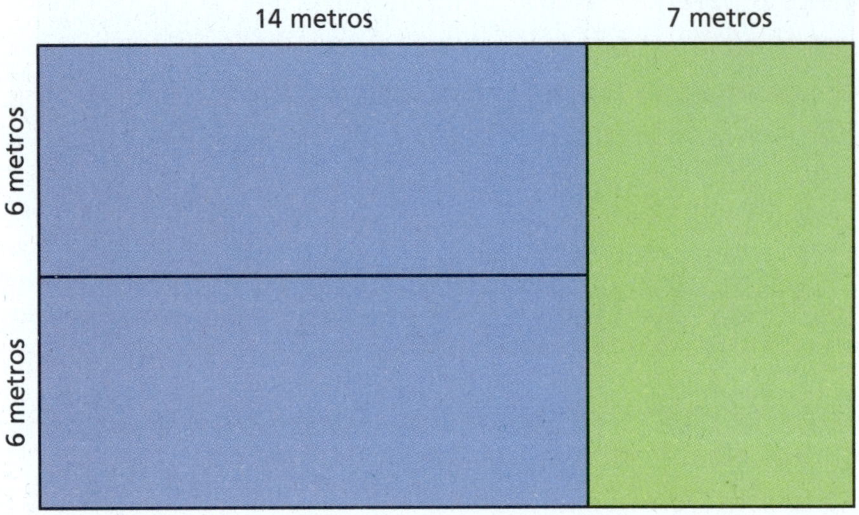

Muestra tu trabajo.

5 ¿Cuál es el perímetro de toda la sección azul del cantero?

____

6 ¿Qué sección del jardín tiene mayor perímetro, la sección verde o toda la sección azul? ¿Cuánto más grande?

____

7 ¿Cuál es el área de todo el jardín?

____

8 Padma decide plantar tulipanes en uno de los canteros azules y rosas en el cantero verde. Compara el área del cantero de tulipanes con el de rosas usando $>$, $<$ o $=$.

____

Prueba rápida 2 de la Unidad 5

Nombre ______________________ Fecha ______________

Resuelve.

Muestra tu trabajo.

1. El dibujo muestra el plano de un camino. ¿Cuál es el área del camino?

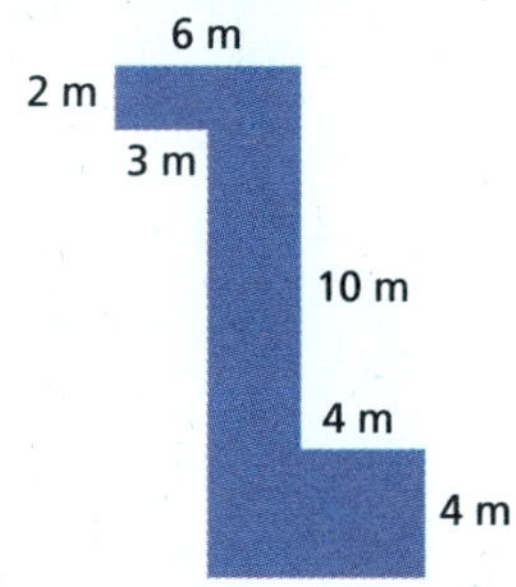

____

2. Hayden quiso preparar una jarra de limonada y para ello vertió 2 tazas de jugo de limón y una cantidad de agua equivalente a 5 veces la cantidad de jugo de limón. ¿Cuántas onzas fluidas de limonada había en la jarra?

____

3. Jasmine compró un bloque de 4 kilogramos de plastilina. Quiere dividirlo en 8 bloques iguales. ¿Cuál será la masa en gramos de cada bloque?

____

4. El perímetro del rectángulo es 40 metros. ¿Cuál es la longitud de uno de los lados largos?

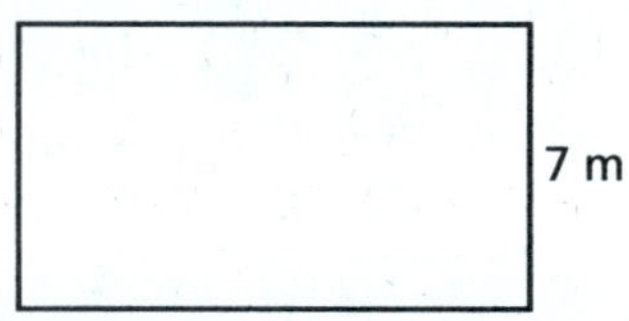

____

____

5. Un grupo está pavimentando el estacionamiento que se muestra en el diagrama. Pavimentarán en dos etapas.

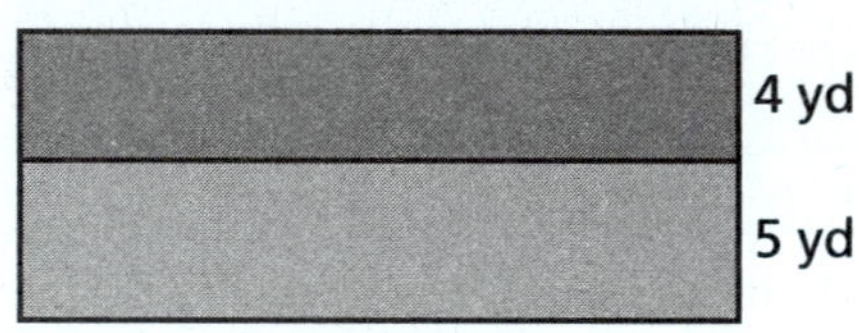

El área total del estacionamiento es 207 yardas cuadradas. ¿Cuál es la longitud de uno de los lados largos del estacionamiento?

____

Comprobar el conocimiento 16

Nombre ______________________ Fecha ______________________

Camino al conocimiento

Suma o resta.

1. $\begin{array}{r} 17{,}348 \\ +\ 4{,}419 \\ \hline \end{array}$

2. $\begin{array}{r} 817 \\ -\ 736 \\ \hline \end{array}$

3. $\begin{array}{r} 29{,}713 \\ -\ 1{,}882 \\ \hline \end{array}$

4. $\begin{array}{r} 4{,}385 \\ -\ 2{,}241 \\ \hline \end{array}$

5. $\begin{array}{r} 9{,}405 \\ +\ 793 \\ \hline \end{array}$

6. $\begin{array}{r} 40{,}219 \\ -\ 34{,}477 \\ \hline \end{array}$

7. $\begin{array}{r} 384 \\ +\ 614 \\ \hline \end{array}$

8. $\begin{array}{r} 4{,}970 \\ -\ 3{,}548 \\ \hline \end{array}$

9. $\begin{array}{r} 612{,}498 \\ -\ 61{,}579 \\ \hline \end{array}$

10. $\begin{array}{r} 983 \\ -\ 302 \\ \hline \end{array}$

11. $\begin{array}{r} 990{,}054 \\ -\ 247{,}175 \\ \hline \end{array}$

12. $\begin{array}{r} 32{,}184 \\ +\ 68{,}472 \\ \hline \end{array}$

13. $\begin{array}{r} 7{,}569 \\ +\ 6{,}335 \\ \hline \end{array}$

14. $\begin{array}{r} 519{,}045 \\ +\ 453{,}788 \\ \hline \end{array}$

15. $\begin{array}{r} 578 \\ +\ 333 \\ \hline \end{array}$

Nombre ____________________ Fecha ____________________

1. Una fotografía tiene 8 centímetros de ancho. Después de que Kari amplía la fotografía, esta tiene 3 veces el ancho de la foto original. ¿Cuántos milímetros mide de ancho la nueva fotografía?

_______ milímetros

2. Describe la relación entre estas unidades de tiempo: horas, minutos y segundos.

3. Completa la tabla que relaciona metros y centímetros.

Metros	Centímetros
1	_______
2	_______
3	300
4	_______

4. ¿Cuál es el área del rectángulo?

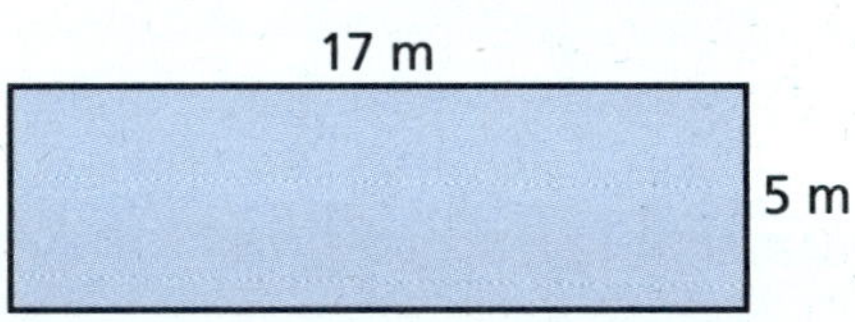

_______ metros cuadrados

5. Clasifica la siguiente conversión usando × 10, × 100 o × 1,000. Escribe la letra de la conversión en la caja correcta.

A kilogramos a gramos
B metros a centímetros
C decilitros a centilitros
D hectogramos a decagramos
E litros a mililitros
F decámetros a decímetros

× 10	× 100	× 1,000

Nombre ______________________ Fecha ______________

6 El dibujo muestra los planos de una caja de arena. Calcula el perímetro y el área de la caja de arena, si el lado de cada unidad cuadrada representa 1 pie.

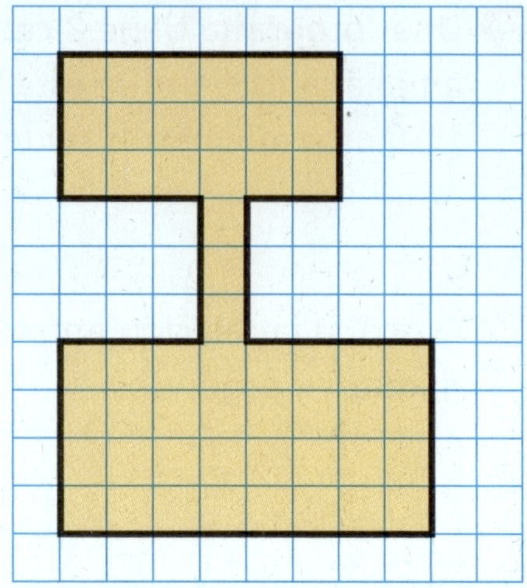

Perímetro: ______________

Área: ______________

7 Para los ejercicios 7a y 7b, completa la conversión. Luego, elige la operación y completa la ecuación para mostrar cómo hallaste tu respuesta.

7a. 12 min = ☐ seg

12 [× 60 / ÷ 60 / × 24 / ÷ 24] = ________

7b. 96 horas = ☐ días

96 [× 60 / ÷ 60 / × 24 / ÷ 24] = ________

8 Para los ejercicios 8a al 8d, elige Sí o No para indicar si la conversión entre las unidades métricas es correcta.

8a. Divide entre 100 para convertir kilolitros a decalitros. ○ Sí ○ No

8b. Multiplica por 10 para convertir miligramos a centigramos. ○ Sí ○ No

8c. Divide entre 1,000 para convertir gramos a kilogramos. ○ Sí ○ No

8d. Divide entre 10 para convertir kilómetros a hectómetros. ○ Sí ○ No

Nombre ______________________ Fecha ______________

9 Halla el perímetro y el área del rectángulo.

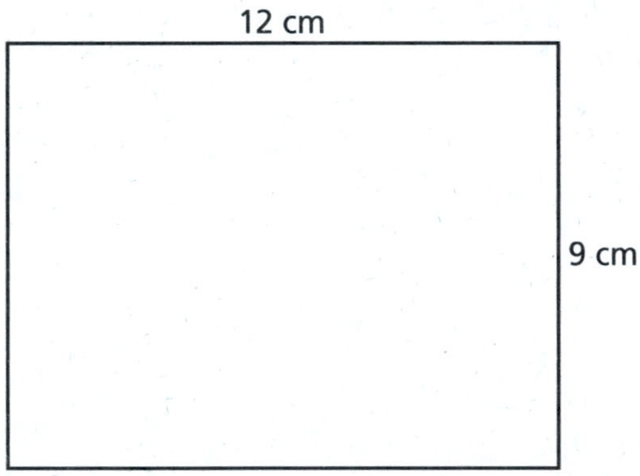

$P =$ ☐ centímetros

$A =$ ☐ centímetros cuadrados

10 Dibuja una línea que empareje las medidas equivalentes.

48 pulgadas	9 toneladas	24 tazas	18 libras
•	•	•	•
•	•	•	•
18,000 libras	288 onzas	4 pies	192 onzas fluidas

11 Durante un discurso, un orador motivacional dice “Hay 1,440 segundos en cada día. ¿Cómo los pasarán ustedes?”. ¿Estás de acuerdo con el orador? Explica tu razonamiento usando palabras y números.

Nombre ______________________ **Fecha** ______________

12 Un osezno pesaba 64 onzas en marzo. Después de tres meses, pesaba 31 libras.

Parte A

¿Cuántas libras pesaba el osezno en marzo?

______ libras

Parte B

Usa palabras y números para mostrar que el osezno aumentó de peso más de 25 libras después de tres meses.

13 Jill preguntó a sus compañeros de clase cuántas horas habían dormido anoche. Mostró los datos en el siguiente diagrama de puntos. ¿A cuántos compañeros de clase preguntó Jill cuántas horas durmieron?

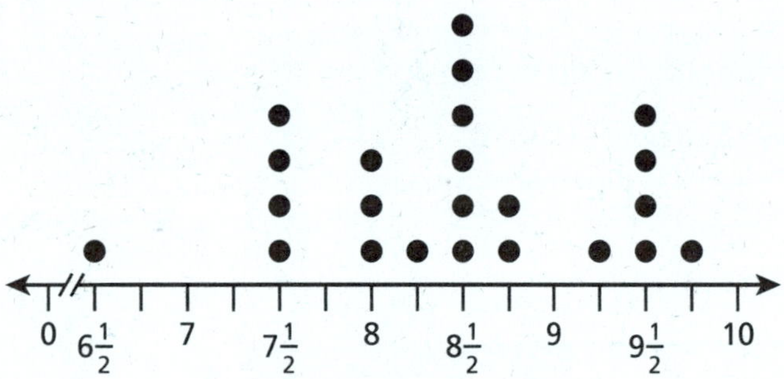

Horas de sueño

Jill le preguntó a ☐ compañeros de clase

14 ¿Qué masa es equivalente a 55 decagramos? Marca todas las que correspondan.

Ⓐ 55 kilogramos
Ⓑ 550 gramos
Ⓒ 5,500 centigramos
Ⓓ 5 hectogramos
Ⓔ 550,000 miligramos
Ⓕ 55,000 decigramos

Nombre ______________________ Fecha ______________

15 Una bufanda rectangular tiene un área de 192 pulgadas cuadradas. El lado corto de la bufanda tiene 6 pulgadas de longitud.

Parte A

Usa los rótulos de la lista para completar el modelo.
Los rótulos se pueden usar más de una vez.

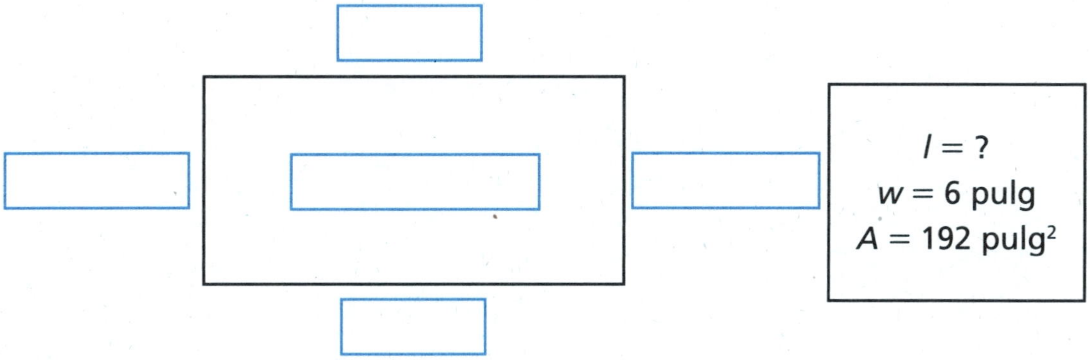

Parte B

¿Cuál es el perímetro de la bufanda? Muestra tu trabajo.

16 El lado largo de una bandeja rectangular de cafetería mide 18 pulgadas y el lado corto mide 12 pulgadas. ¿Cuál es el perímetro de la bandeja?

_______ pulgadas

17 Una bolsa de arroz tiene una masa de 3 kilogramos. Jackie compra 17 bolsas de arroz para la cafetería de la escuela. ¿Cuántos gramos de arroz compró Jackie? Explica cómo resolviste este problema.

Nombre Fecha

18 Para los ejercicios 18a al 18e, elige Verdadero o Falso para cada conversión.

18a. 8 pies = 96 pulg ○ Verdadero ○ Falso

18b. 9 lb = 72 oz ○ Verdadero ○ Falso

18c. 8 pt = 4 ct ○ Verdadero ○ Falso

18d. 3 yd = 36 pies ○ Verdadero ○ Falso

18e. 4 gal = 16 pt ○ Verdadero ○ Falso

19 Una película comienza a las 12:45 p. m. y dura exactamente 1 hora y 35 minutos.

Parte A

¿A qué hora terminó la película?

Parte B

Lynn tarda 25 minutos en llegar al cine. Quiere reunirse con sus amigos en el cine al menos 15 minutos antes de que comience la película. Como muy tarde, ¿a qué hora tiene que salir de su casa? Explica cómo hallaste tu respuesta.

20 Elige un número de la primera columna y una unidad de la segunda columna para formar una medida que sea equivalente a 2 metros.

Número	Unidad
○ 100	○ decímetros
○ 20,000	○ centímetros
○ 200	○ milímetros

 Nombre ______________________ Fecha ______________

Planos de diseño de un patio

Gio quiere construir un patio rectangular cercado. Tiene una caja de 36 baldosas de pizarra de 1 pie por 1 pie.

1. Usando solo baldosas completas, haz una lista con todos los posibles diseños de pisos rectangulares (largo × ancho). ¿Qué diseños de pisos no tienen sentido para este problema? Explica.

2. Calcula el perímetro para cada plano de piso. ¿Por qué algunos planos de pisos tienen el mismo perímetro?

3. Gio quiere incluir una cerca alrededor del patio y para ello necesita que el costo se mantenga por debajo de $200. Está interesado en dos tipos de cerca: uno de los tipos cuesta $7 por pie y el otro tipo cuesta $9 por pie. ¿Qué planos de pisos podría elegir? Identifica las opciones menos costosas.

 Nombre ______________________ Fecha ______________

4 Gio decide usar el plano del piso que tiene 9 pies x 4 pies. Quiere colocar en el patio una mesa rectangular que mide 48 pulgadas de largo y 36 pulgadas de ancho. Además, en una de las esquinas del patio quiere colocar una jardinera que mide 24 pulgadas de largo y 12 pulgadas de ancho. ¿Cuánta área del piso cubrirá la mesa y la jardinera? ¿Cuánta área libre quedará para usar en el patio? Explica cómo resolviste el problema.

5 Supón que Gio cambia de opinión y decide que el patio tenga una combinación de áreas rectangulares, como una en forma de L, en vez de una simple forma rectangular. Dibuja y rotula un diagrama con el nuevo diseño. Asegúrate de usar todas las baldosas. ¿Cuál es el perímetro del patio que dibujaste?

6 Gio estima que al colocar las 36 baldosas tardará aproximadamente 15 minutos por baldosa. ¿Cuántas horas tardará en construir el patio? Si comienza a las 9:00 a. m. y toma una hora de descanso a las 12:00 del mediodía, ¿a qué hora terminará el patio? Muestra tu trabajo.

Dear Family:

Your child has experience with fractions through measurements and in previous grades. Unit 6 of *Math Expressions* builds on this experience. The main goals of this Unit are to:

- understand the meaning of fractions.
- compare Unit fractions.
- add and subtract fractions and mixed numbers with like denominators.
- multiply a fraction by a whole number.

Your child will use fraction bars and fraction strips to gain a visual and conceptual understanding of fractions as parts of a whole. Later, your child will use these models to add and subtract fractions and to convert between fractions equal to or greater than 1 and mixed numbers.

Examples of Fraction Bar Modeling:

Fraction Comparisons

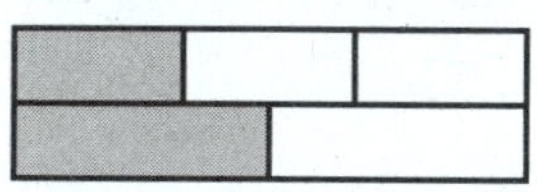

$\frac{1}{3} < \frac{1}{2}$

Fraction Subtraction

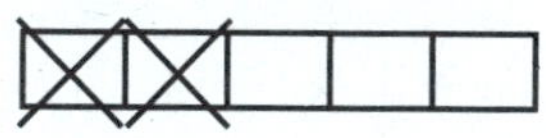

$\frac{5}{5} - \frac{2}{5} = \frac{3}{5}$

Your child will apply this knowledge about fractions and fraction operations to solve real world problems.

If you have questions or problems, please contact me.

Sincerely,
Your child's teacher

Estimada familia:

Su niño ha usado fracciones al hacer mediciones y en los grados previos. La Unidad 6 de *Math Expressions* amplía esta experiencia. Los objetivos principales de la unidad son:

- comprender el significado de las fracciones.
- comparar fracciones unitarias.
- sumar y restar fracciones y números mixtos con denominadores iguales.
- multiplicar una fracción por un número entero.

Su niño usará barras y tiras de fracciones para comprender y visualizar el concepto de las fracciones como partes de un entero. Luego, usará estos modelos para sumar y restar fracciones y para convertir fracciones igual a o mayor que 1 y números mixtos.

Ejemplos de modelos con barras de fracciones:

Comparaciones de fracciones

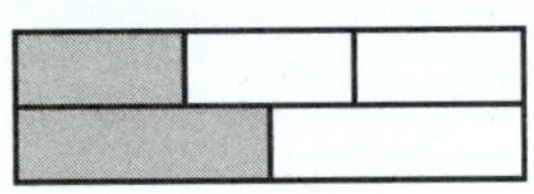

$\frac{1}{3} < \frac{1}{2}$

Resta de fracciones

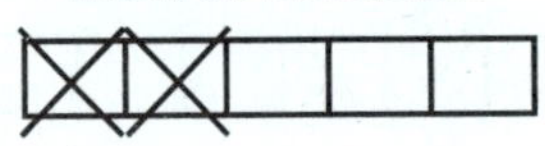

$\frac{5}{5} - \frac{2}{5} = \frac{3}{5}$

Su niño aplicará este conocimiento de las fracciones y operaciones con fracciones para resolver problemas cotidianos.

Si tiene alguna duda o algún comentario, por favor comuníquese conmigo.

Atentamente,
El maestro de su niño

denominador	numerador
fracción	fracción unitaria
número mixto	

Número encima de la barra en una fracción. Muestra el número de partes iguales.

Ejemplo:

$\frac{3}{4}$ ← **numerador** $\frac{3}{4} = \frac{1}{4} + \frac{1}{4} + \frac{1}{4}$

Número debajo de la barra en una fracción. Muestra el número total de partes iguales en el entero.

Ejemplo:

$\frac{3}{4}$ ← **denominador**

Fracción cuyo numerador es 1. Muestra una parte igual de un entero.

Ejemplo:

$\frac{1}{4}$

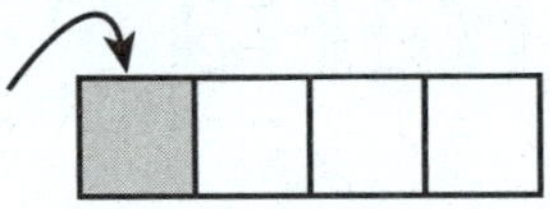

Número que es la suma de fracciones unitarias, cada una es una parte igual de un conjunto o parte de un entero.

Ejemplos:

$\frac{3}{4} = \frac{1}{4} + \frac{1}{4} + \frac{1}{4}$

$\frac{5}{4} = \frac{1}{4} + \frac{1}{4} + \frac{1}{4} + \frac{1}{4} + \frac{1}{4}$

Número que se puede representar por un número entero y una fracción.

Ejemplo:

$4\frac{1}{2} = 4 + \frac{1}{2}$

Nombre ______________________________

VOCABULARIO
fracción unitaria
fracción
numerador
denominador

Sumas de fracciones

Una **fracción unitaria** representa una parte igual de un entero. El numerador de una fracción unitaria es 1. La fracción unitaria $\frac{1}{d}$ es una de las d partes iguales.

La siguiente barra de fracciones está dividida en seis partes iguales o sextos. Cada parte es 1 de 6 partes iguales o $\frac{1}{6}$.

$\frac{1}{6}$	$\frac{1}{6}$	$\frac{1}{6}$	$\frac{1}{6}$	$\frac{1}{6}$	$\frac{1}{6}$

Una **fracción** es la suma de fracciones unitarias. La fracción $\frac{n}{d}$ es la suma de n copias de $\frac{1}{d}$.

numerador → n
denominador → d

$$\frac{n}{d} = \frac{\text{número de fracciones unitarias en la fracción}}{\text{número de partes iguales en el entero}}$$

La fracción $\frac{5}{6}$ es la suma de 5 fracciones unitarias de $\frac{1}{6}$.

$$\frac{5}{6} = \frac{1}{6} + \frac{1}{6} + \frac{1}{6} + \frac{1}{6} + \frac{1}{6} = 5 \times \frac{1}{6}$$

$$\frac{1}{6} + \frac{1}{6} + \frac{1}{6} + \frac{1}{6} + \frac{1}{6} = \frac{5}{6}$$

$\frac{1}{6}$	$\frac{1}{6}$	$\frac{1}{6}$	$\frac{1}{6}$	$\frac{1}{6}$	$\frac{1}{6}$

Dobla tus tiras fraccionarias para mostrar las sumas de fracciones unitarias. Escribe la fracción que representa cada suma.

1. $\frac{1}{3} + \frac{1}{3} =$ ________

2. $\frac{1}{8} + \frac{1}{8} + \frac{1}{8} + \frac{1}{8} + \frac{1}{8} =$ ________

3. $\frac{1}{4} + \frac{1}{4} =$ ________

4. $\frac{1}{6} + \frac{1}{6} + \frac{1}{6} + \frac{1}{6} =$ ________

5. $\frac{1}{12} + \frac{1}{12} + \frac{1}{12} + \frac{1}{12} + \frac{1}{12} + \frac{1}{12} =$ ________

6. $\frac{1}{12} + \frac{1}{12} + \frac{1}{12} + \frac{1}{12} + \frac{1}{12} + \frac{1}{12} + \frac{1}{12} + \frac{1}{12} =$ ________

7. $\frac{1}{8} + \frac{1}{8} + \frac{1}{8} + \frac{1}{8} + \frac{1}{8} + \frac{1}{8} + \frac{1}{8} =$ ________

Patrones en barras de fracciones

8 Describe al menos tres patrones que observas en las siguientes barras de fracciones.

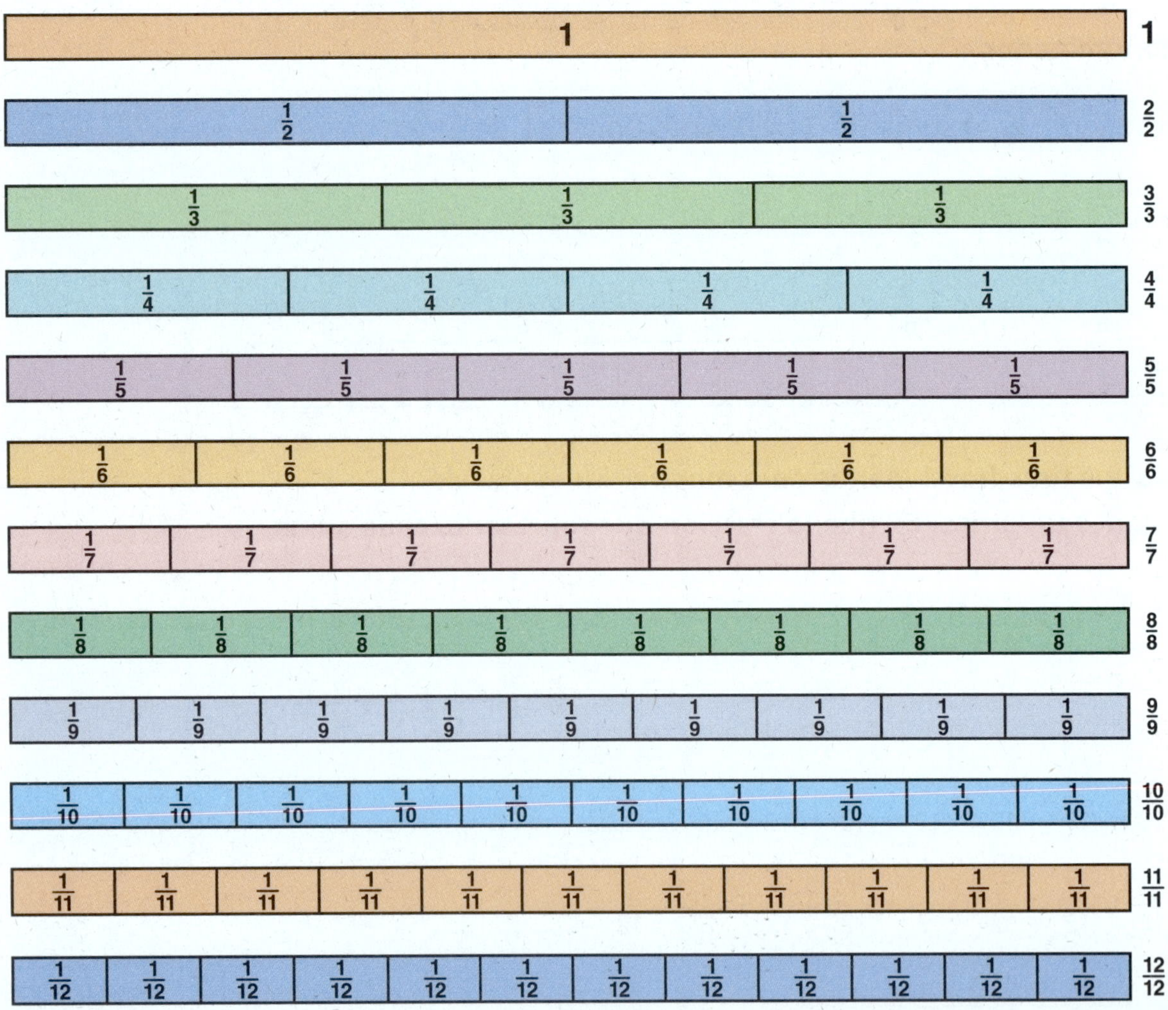

Nombre ______________________

Sumar fracciones unitarias

Sombrea la barra de fracciones para mostrar cada fracción. Luego, escribe la fracción como una suma de fracciones unitarias y como un producto de un número entero y una fracción unitaria. La primera se da como ejemplo.

9 $\frac{3}{4} = \frac{1}{4} + \frac{1}{4} + \frac{1}{4} = 3 \times \frac{1}{4}$

$\frac{1}{4}$	$\frac{1}{4}$	$\frac{1}{4}$	$\frac{1}{4}$

10 $\frac{3}{8} =$ ______ = ______

$\frac{1}{8}$	$\frac{1}{8}$	$\frac{1}{8}$	$\frac{1}{8}$	$\frac{1}{8}$	$\frac{1}{8}$	$\frac{1}{8}$	$\frac{1}{8}$

11 $\frac{5}{5} =$ ______ = ______

$\frac{1}{5}$	$\frac{1}{5}$	$\frac{1}{5}$	$\frac{1}{5}$	$\frac{1}{5}$

12 $\frac{2}{12} =$ ______ = ______

$\frac{1}{12}$	$\frac{1}{12}$	$\frac{1}{12}$	$\frac{1}{12}$	$\frac{1}{12}$	$\frac{1}{12}$	$\frac{1}{12}$	$\frac{1}{12}$	$\frac{1}{12}$	$\frac{1}{12}$	$\frac{1}{12}$	$\frac{1}{12}$

13 $\frac{4}{7} =$ ______ = ______

$\frac{1}{7}$	$\frac{1}{7}$	$\frac{1}{7}$	$\frac{1}{7}$	$\frac{1}{7}$	$\frac{1}{7}$	$\frac{1}{7}$

14 $\frac{7}{9} =$ ______ = ______

$\frac{1}{9}$	$\frac{1}{9}$	$\frac{1}{9}$	$\frac{1}{9}$	$\frac{1}{9}$	$\frac{1}{9}$	$\frac{1}{9}$	$\frac{1}{9}$	$\frac{1}{9}$

Fracciones como partes de un entero

Jon prepara un sándwich grande para los 6 integrantes de su familia. Le pide a su padre que le ayude a cortarlo en 6 trozos iguales. Para hacer esto, hicieron una guía de papel tan larga como el sándwich. Jon dobló el papel en 6 partes iguales y su padre lo usó como guía para cortar el sándwich en trozos iguales.

Resuelve.

Muestra tu trabajo.

15 Si cada persona comió un trozo del sándwich, ¿qué fracción del sándwich se comió cada persona? Dobla tu tira fraccionaria de 6 partes para mostrar la fracción del sándwich entero que se comió cada persona.

____

16 ¿Cuántos trozos del sándwich entero comieron en total el padre y la madre de Jon? Dobla tu tira fraccionaria para mostrar la fracción del sándwich entero que se comieron en total el padre y la madre de Jon.

____

17 Después de que el padre y la madre de Jon se sirvieron sus trozos, ¿qué fracción del sándwich quedaba?

____

18 Jon y sus hermanas pudieron servirse cada uno un trozo del sándwich que sobró. ¿Cuántas hermanas tiene Jon?

____

Comprobar la comprensión

Explica qué es una fracción unitaria y cómo se usan para formar otras fracciones.

Nombre ______________________________

Quintos que suman uno

Cada tarde, los estudiantes voluntarios ayudan al bibliotecario de la escuela a colocar los libros devueltos en los estantes. El bibliotecario coloca los libros en pilas iguales sobre un carrito.

Un día, Jean y María encontraron 5 pilas iguales sobre el carrito. Sabían que había diferentes maneras de repartirse el trabajo de devolver los libros a sus estantes. Dibujaron barras de fracciones para ayudarse a encontrar todas las posibilidades.

1 En cada barra de quintos, encierra en un círculo dos grupos de quintos para mostrar una manera en la que Jean y María podrían repartirse el trabajo. (Cada barra debe mostrar una posibilidad diferente). Luego, completa la ecuación que está al lado de cada barra para representar las partes del trabajo de cada una.

1 entero = todos los libros				

1 entero | parte de Jean | parte de María

$\frac{1}{5}$	$\frac{1}{5}$	$\frac{1}{5}$	$\frac{1}{5}$	$\frac{1}{5}$

$\frac{5}{5} = \frac{}{5} + \frac{}{5}$

$\frac{1}{5}$	$\frac{1}{5}$	$\frac{1}{5}$	$\frac{1}{5}$	$\frac{1}{5}$

$\frac{5}{5} = \frac{}{5} + \frac{}{5}$

$\frac{1}{5}$	$\frac{1}{5}$	$\frac{1}{5}$	$\frac{1}{5}$	$\frac{1}{5}$

$\frac{5}{5} = \frac{}{5} + \frac{}{5}$

$\frac{1}{5}$	$\frac{1}{5}$	$\frac{1}{5}$	$\frac{1}{5}$	$\frac{1}{5}$

$\frac{5}{5} = \frac{}{5} + \frac{}{5}$

Sextos que suman uno

El bibliotecario coloca 6 pilas iguales de libros sobre el carrito para que Liu y Henry los coloquen de nuevo en sus respectivos estantes. Ellos también dibujaron barras de fracciones.

2 En cada barra de sextos, encierra en un círculo dos grupos de sextos para mostrar una manera en la que Liu y Henry podrían repartirse el trabajo. (Cada barra debe mostrar una posibilidad diferente). Luego, completa la ecuación que está al lado de cada barra para mostrar las partes del trabajo de cada uno.

1 entero = todos los libros						1 entero		parte de Liu		parte de Henry
$\frac{1}{6}$	$\frac{1}{6}$	$\frac{1}{6}$	$\frac{1}{6}$	$\frac{1}{6}$	$\frac{1}{6}$	$\frac{6}{6}$	=	$\frac{\_}{6}$	+	$\frac{\_}{6}$
$\frac{1}{6}$	$\frac{1}{6}$	$\frac{1}{6}$	$\frac{1}{6}$	$\frac{1}{6}$	$\frac{1}{6}$	$\frac{6}{6}$	=	$\frac{\_}{6}$	+	$\frac{\_}{6}$
$\frac{1}{6}$	$\frac{1}{6}$	$\frac{1}{6}$	$\frac{1}{6}$	$\frac{1}{6}$	$\frac{1}{6}$	$\frac{6}{6}$	=	$\frac{\_}{6}$	+	$\frac{\_}{6}$
$\frac{1}{6}$	$\frac{1}{6}$	$\frac{1}{6}$	$\frac{1}{6}$	$\frac{1}{6}$	$\frac{1}{6}$	$\frac{6}{6}$	=	$\frac{\_}{6}$	+	$\frac{\_}{6}$
$\frac{1}{6}$	$\frac{1}{6}$	$\frac{1}{6}$	$\frac{1}{6}$	$\frac{1}{6}$	$\frac{1}{6}$	$\frac{6}{6}$	=	$\frac{\_}{6}$	+	$\frac{\_}{6}$

Calcular el sumando desconocido

Escribe la fracción que completará cada ecuación.

3 $1 = \frac{7}{7} = \frac{1}{7} +$ ______

4 $1 = \frac{4}{4} = \frac{3}{4} +$ ______

5 $1 = \frac{8}{8} = \frac{3}{8} +$ ______

6 $1 = \frac{5}{5} = \frac{2}{5} +$ ______

7 $1 = \frac{3}{3} = \frac{2}{3} +$ ______

8 $1 = \frac{10}{10} = \frac{6}{10} +$ ______

9 $1 = \frac{6}{6} = \frac{2}{6} +$ ______

10 $1 = \frac{8}{8} = \frac{5}{8} +$ ______

Nombre ______________________________

Comentar y comparar fracciones unitarias

Usa estas barras de fracciones para comparar las fracciones unitarias. Escribe $>$ o $<$.

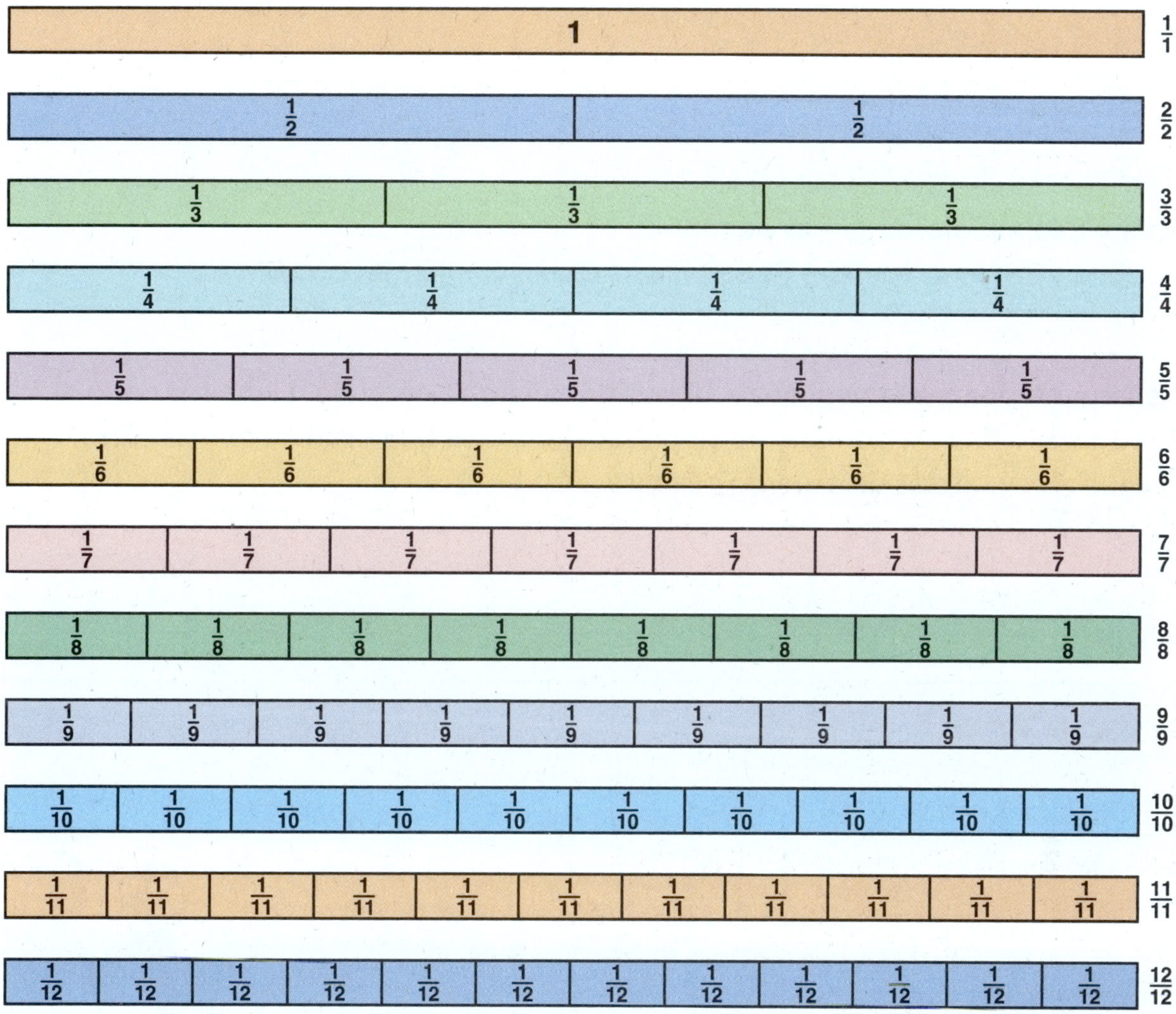

11. $\frac{1}{6}$ ◯ $\frac{1}{8}$

12. $\frac{1}{5}$ ◯ $\frac{1}{3}$

13. $\frac{1}{10}$ ◯ $\frac{1}{12}$

14. $\frac{1}{7}$ ◯ $\frac{1}{4}$

15. $\frac{1}{9}$ ◯ $\frac{1}{12}$

16. $\frac{1}{9}$ ◯ $\frac{1}{11}$

17. Completa este enunciado:

Cuando se comparan dos fracciones unitarias, la fracción

con el menor denominador es ______________________.

Comparar y ordenar fracciones unitarias

Escribe las fracciones unitarias ordenadas de menor a mayor.

18 $\frac{1}{6}, \frac{1}{8}, \frac{1}{5}$

19 $\frac{1}{11}, \frac{1}{4}, \frac{1}{8}$

20 $\frac{1}{3}, \frac{1}{10}, \frac{1}{7}$

Resuelve.

21 Andi y Paolo pidieron pizzas pequeñas. Andi se comió $\frac{1}{4}$ de su pizza y Paolo se comió $\frac{1}{6}$ de su pizza. ¿Quién comió más pizza?

22 Elena pidió una pizza pequeña y Max pidió una pizza grande. Elena se comió $\frac{1}{3}$ de su pizza y Max se comió $\frac{1}{4}$ de su pizza. Elena dice que ella comió más pizza porque $\frac{1}{3} > \frac{1}{4}$. ¿Estás de acuerdo? Explica.

¿Cuál es el error?

Estimados estudiantes de matemáticas:

Tenía que comparar $\frac{1}{4}$ y $\frac{1}{2}$ para mi tarea de matemáticas. Razoné que $\frac{1}{4}$ es mayor que $\frac{1}{2}$ porque 4 es mayor que 2. Mi amigo me dijo que esto no era correcto. ¿Pueden ayudarme a comprender por qué mi razonamiento es incorrecto?

Tu amigo,
El Pingüino Confundido

23 Escribe una respuesta para el Pingüino Confundido.

Comprobar la comprensión
Explica cómo hallar pares de fracciones que sumen $\frac{5}{5}$.

Nombre ______________________________

Sumar fracciones

En esta barra de fracciones, las partes encerradas en un círculo muestran un problema de suma.

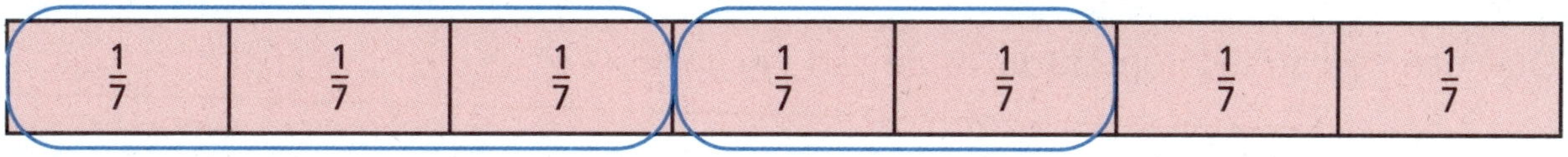

1 Completa esta ecuación de suma para que corresponda con el problema anterior.

$$\frac{\ }{7} + \frac{\ }{7} = \frac{\ \ + \ \ }{7} = \frac{\ }{7}$$

Escribe los numeradores para completar cada ecuación de suma.

2 $\frac{3}{9} + \frac{4}{9} = \frac{\ \ + \ \ }{9} = \frac{\ }{9}$

3 $\frac{1}{5} + \frac{3}{5} = \frac{\ \ + \ \ }{5} = \frac{\ }{5}$

4 $\frac{2}{8} + \frac{5}{8} = \frac{\ \ + \ \ }{8} = \frac{\ }{8}$

5 ¿Qué ocurre con los numeradores en cada ecuación?

____

6 ¿Qué ocurre con los denominadores en cada ecuación?

____

Restar fracciones

En esta barra de fracciones, las partes encerradas en un círculo y las partes tachadas muestran un problema de resta.

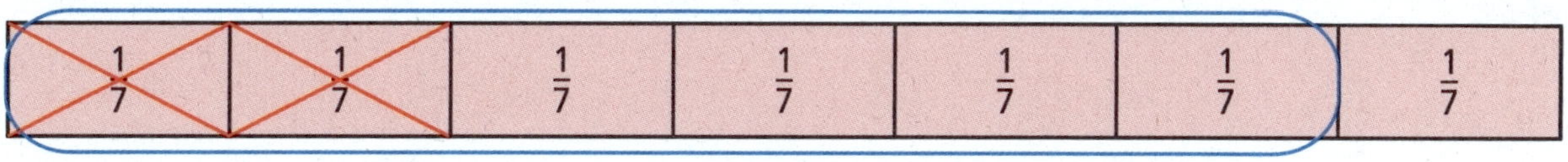

7 Escribe los numeradores para completar la ecuación de resta.

$$\frac{\ }{7} - \frac{\ }{7} = \frac{\ \ - \ \ }{7} = \frac{\ }{7}$$

Restar fracciones (continuación)

Escribe los numeradores para completar cada ecuación de resta.

8 $\frac{5}{6} - \frac{4}{6} = \frac{\quad - \quad}{6} = \frac{\quad}{6}$

9 $\frac{9}{10} - \frac{5}{10} = \frac{\quad - \quad}{10} = \frac{\quad}{\quad}$

10 $\frac{14}{16} - \frac{9}{16} = \frac{\quad - \quad}{16} = \frac{\quad}{\quad}$

11 ¿Qué ocurre con los numeradores de cada ecuación?

____

12 ¿En qué se parecen restar y sumar fracciones con el mismo denominador?

____

____

Práctica mixta con sumas y restas

Resuelve cada problema. En los Ejercicios 16 a 21, incluye el paso "encierra en un círculo".

13 $\frac{1}{4} + \frac{2}{4} = \frac{\quad + \quad}{4} =$

14 $\frac{3}{9} + \frac{5}{9} = \frac{\quad + \quad}{9} =$

15 $\frac{6}{6} - \frac{2}{6} = \frac{\quad - \quad}{6} =$

16 $\frac{4}{10} + \frac{5}{10} =$

17 $\frac{2}{5} + \frac{4}{5} =$

18 $\frac{8}{12} - \frac{3}{12} =$

19 $\frac{5}{7} + \frac{2}{7} =$

20 $\frac{7}{11} - \frac{4}{11} =$

21 $\frac{8}{8} - \frac{5}{8} =$

Resuelve.

22 $\frac{7}{9} - \frac{5}{9}$

23 $\frac{4}{5} - \frac{3}{5}$

24 $\frac{1}{3} + \frac{2}{3}$

25 $\frac{2}{11} + \frac{7}{11}$

26 $\frac{5}{6} - \frac{1}{6}$

27 $\frac{1}{8} + \frac{1}{8}$

Nombre ______________________________

Barras de fracciones

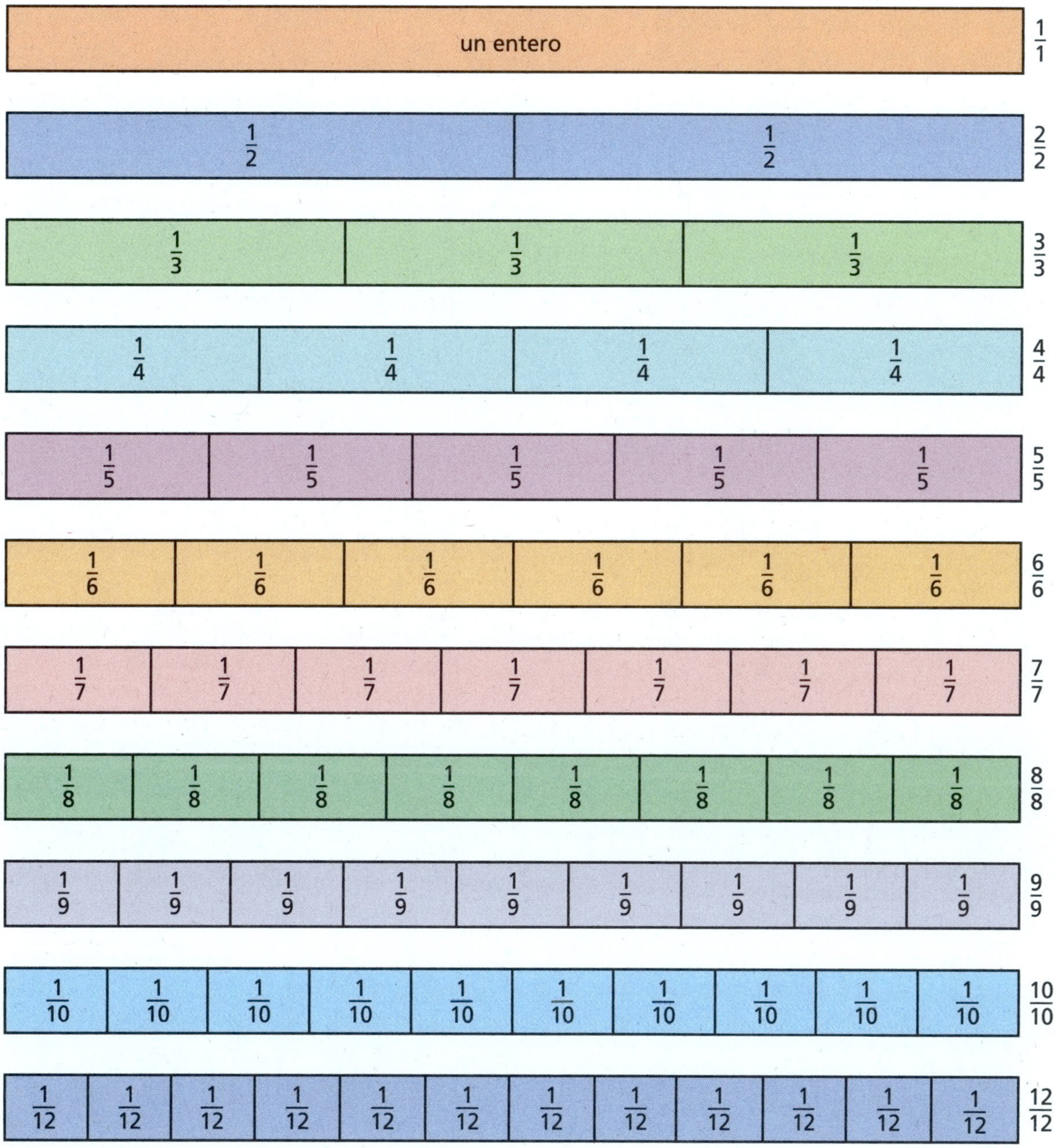

Nombre ______________________________

¿Cuál es el error?

Estimados estudiantes de matemáticas:

Mi amiga dijo: "Si pescas 3 peces y luego 2 peces más, ¿cuántos peces tendrás?". Por supuesto, ¡yo sé que tendré 5 peces! Ella dijo: "¡Este es el mismo problema, pero en vez de peces tienes quintos!"

$\frac{3}{5} + \frac{2}{5} = \frac{5}{10}$

¿Puedes ayudarme a comprender qué quiso decir mi amiga y a calcular la respuesta correcta?

Tu amigo,
El Pingüino Confundido

28 Escribe una respuesta para el Pingüino Confundido.

____

____

____

Estimados estudiantes de matemáticas:

Mi amiga dijo que mi respuesta a este problema también es incorrecta.

Ella dijo: "Piensa de nuevo en los peces. Si tienes 4 peces y luego comes 3, ¿cuántos te quedarán?" ¿Qué quiso decir ella? ¿Cuál debería ser la respuesta?

$\frac{4}{5} - \frac{3}{5} = \frac{1}{0}$

Tu amigo,
El Pingüino Confundido

29 Escribe una respuesta para el Pingüino Confundido.

____

____

____

Problemas del mundo real

Dibuja un modelo. Luego resuelve.

30 Wayne tenía $\frac{7}{8}$ de taza de mezcla de frutos secos. Comió $\frac{3}{8}$ de taza mientras caminaba. ¿Cuántas tazas tiene ahora?

____

31 Reese tenía $\frac{2}{4}$ de taza de jugo de naranja. Agregó jugo de piña para obtener un total de $\frac{3}{4}$ de taza de jugo. ¿Cuánto jugo de piña agregó?

____

Escribe una ecuación. Luego resuelve.

Muestra tu trabajo.

32 Cada día, Nasira camina $\frac{4}{5}$ de milla para ir a la escuela. Esto es $\frac{2}{5}$ de milla más de lo que camina Kat. ¿Cuánto camina Kat para ir a la escuela?

____

33 Un cachorro tiene ahora 5 semanas de nacido. Desde que nació, ha aumentado de peso $\frac{8}{16}$ de libra. Actualmente, el cachorro pesa $\frac{11}{16}$ de libra. ¿Cuánto pesaba el cachorro cuando nació?

____

34 El agua en una bañera tenía una profundidad de $\frac{7}{12}$ de pie. Luego, Domingo agregó agua hasta obtener $\frac{4}{12}$ de pie más de profundidad. ¿Cuál es la profundidad del agua ahora?

____

Comprobar la comprensión

Encierra en un círculo la respuesta correcta que complete el enunciado. Cuando sumas o restas fracciones con el mismo denominador, la unidad *cambia* / *no cambia*.

Nombre ______________________________ Fecha ______________

Completa.

1. $\frac{5}{5} = \frac{1}{5} +$ __________

2. $\frac{6}{6} = \frac{2}{6} +$ __________

3. Escribe la fracción como una suma de fracciones unitarias y como un producto de un número entero y una fracción unitaria.

   $\frac{7}{8} =$ ______________________________ = ______

Resuelve.

4. $\frac{3}{5} + \frac{1}{5} =$ __________

5. $\frac{7}{8} - \frac{2}{8} =$ __________

Comprobar el conocimiento 17

Nombre ______________________ Fecha ______________________

Camino al conocimiento

Suma o resta.

1. $\begin{array}{r} 246 \\ +\ 313 \\ \hline \end{array}$

2. $\begin{array}{r} 487 \\ -\ 378 \\ \hline \end{array}$

3. $\begin{array}{r} 5,824 \\ +\ 1,355 \\ \hline \end{array}$

4. $\begin{array}{r} 7,896 \\ -\ 5,472 \\ \hline \end{array}$

5. $\begin{array}{r} 36,752 \\ +\ 15,417 \\ \hline \end{array}$

6. $\begin{array}{r} 56,008 \\ -\ 7,124 \\ \hline \end{array}$

7. $\begin{array}{r} 3,726 \\ +\ 4,469 \\ \hline \end{array}$

8. $\begin{array}{r} 8,034 \\ -\ 7,311 \\ \hline \end{array}$

9. $\begin{array}{r} 438 \\ +\ 621 \\ \hline \end{array}$

10. $\begin{array}{r} 765 \\ -\ 334 \\ \hline \end{array}$

11. $\begin{array}{r} 45,389 \\ -\ 28,685 \\ \hline \end{array}$

12. $\begin{array}{r} 51,386 \\ +\ 9,342 \\ \hline \end{array}$

13. $\begin{array}{r} 872,385 \\ -\ 49,817 \\ \hline \end{array}$

14. $\begin{array}{r} 428,595 \\ +\ 325,957 \\ \hline \end{array}$

15. $\begin{array}{r} 506,729 \\ -\ 388,214 \\ \hline \end{array}$

Nombre ______________________________

VOCABULARIO
número mixto

Números mixtos en el mundo real

Un **número mixto** es un número que está formado por un número entero y una fracción. $1\frac{4}{6}$ $3\frac{4}{5}$

Una fracción mayor que 1 tiene un numerador mayor que su denominador. $\frac{10}{6}$ $\frac{19}{5}$

La cafetería de Mellie prepara sándwiches. Esta es su lista de precios.

Cafetería de Mellie

Clásico (2 personas) $3.00
Entre amigos (para 4 personas) $5.00
Súper (para 10 personas) $12.00
Magna (para 18 personas) $20.00

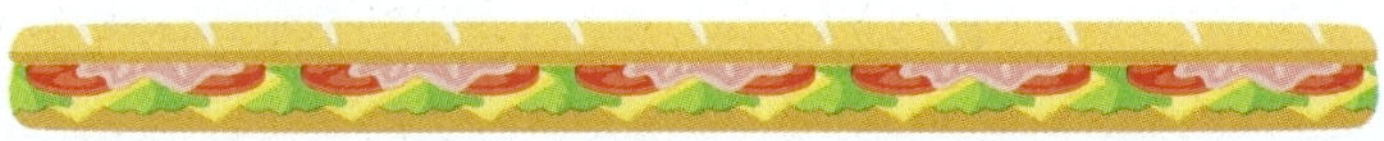

Diecinueve amigos deciden comprar el almuerzo para su viaje de campamento. Piden dos sándwiches Súper. Cada campista come 1 porción.

Resuelve.

1. ¿Cuántos campistas pueden comer con un sándwich Súper?

   ____

2. ¿Qué fracción del segundo sándwich se necesita para servir al resto de los campistas?

   ____

3. ¿Qué fracción del segundo sándwich sobra?

   ____

4. ¿Qué número indica cuántos sándwiches Súper comieron en total los campistas?

   ____

Convertir números mixtos y fracciones mayores que 1

Convierte cada número mixto a una fracción y cada fracción a un número mixto.

5. $5\frac{2}{3} =$ ______
6. $3\frac{3}{7} =$ ______
7. $6\frac{6}{10} =$ ______
8. $9\frac{1}{4} =$ ______
9. $2\frac{7}{8} =$ ______
10. $4\frac{5}{9} =$ ______
11. $8\frac{3}{5} =$ ______
12. $7\frac{4}{6} =$ ______
13. $\frac{40}{6} =$ ______
14. $\frac{11}{2} =$ ______
15. $\frac{23}{7} =$ ______
16. $\frac{28}{3} =$ ______
17. $\frac{22}{4} =$ ______
18. $\frac{25}{8} =$ ______
19. $\frac{29}{7} =$ ______
20. $6\frac{4}{8} =$ ______
21. $4\frac{6}{9} =$ ______
22. $\frac{16}{3} =$ ______

Comprobar la comprensión

Haz un dibujo para representar el número mixto del Ejercicio 17.

Nombre ______________________

Comprender fracciones mayores que 1 y números mixtos

1 entero

$\frac{1}{8}$	$\frac{1}{8}$	$\frac{1}{8}$	$\frac{1}{8}$	$\frac{1}{8}$	$\frac{1}{8}$	$\frac{1}{8}$	$\frac{1}{8}$
$\frac{1}{8}$	$\frac{1}{8}$	$\frac{1}{8}$	$\frac{1}{8}$	$\frac{1}{8}$	$\frac{1}{8}$	$\frac{1}{8}$	$\frac{1}{8}$
$\frac{1}{8}$	$\frac{1}{8}$	$\frac{1}{8}$	$\frac{1}{8}$	$\frac{1}{8}$	$\frac{1}{8}$	$\frac{1}{8}$	$\frac{1}{8}$
$\frac{1}{8}$	$\frac{1}{8}$	$\frac{1}{8}$	$\frac{1}{8}$	$\frac{1}{8}$	$\frac{1}{8}$	$\frac{1}{8}$	$\frac{1}{8}$
$\frac{1}{8}$	$\frac{1}{8}$	$\frac{1}{8}$	$\frac{1}{8}$	$\frac{1}{8}$	$\frac{1}{8}$	$\frac{1}{8}$	$\frac{1}{8}$
$\frac{1}{8}$	$\frac{1}{8}$	$\frac{1}{8}$	$\frac{1}{8}$	$\frac{1}{8}$	$\frac{1}{8}$	$\frac{1}{8}$	$\frac{1}{8}$
$\frac{1}{8}$	$\frac{1}{8}$	$\frac{1}{8}$	$\frac{1}{8}$	$\frac{1}{8}$	$\frac{1}{8}$	$\frac{1}{8}$	$\frac{1}{8}$

$\frac{1}{5}$	$\frac{1}{5}$	$\frac{1}{5}$	$\frac{1}{5}$	$\frac{1}{5}$
$\frac{1}{5}$	$\frac{1}{5}$	$\frac{1}{5}$	$\frac{1}{5}$	$\frac{1}{5}$
$\frac{1}{5}$	$\frac{1}{5}$	$\frac{1}{5}$	$\frac{1}{5}$	$\frac{1}{5}$
$\frac{1}{5}$	$\frac{1}{5}$	$\frac{1}{5}$	$\frac{1}{5}$	$\frac{1}{5}$
$\frac{1}{5}$	$\frac{1}{5}$	$\frac{1}{5}$	$\frac{1}{5}$	$\frac{1}{5}$
$\frac{1}{5}$	$\frac{1}{5}$	$\frac{1}{5}$	$\frac{1}{5}$	$\frac{1}{5}$
$\frac{1}{5}$	$\frac{1}{5}$	$\frac{1}{5}$	$\frac{1}{5}$	$\frac{1}{5}$

Comprender fracciones mayores que 1 y números mixtos (continuación)

1 entero

1 entero
1 entero
1 entero
1 entero
1 entero
1 entero
1 entero

1 entero
1 entero
1 entero
1 entero
1 entero
1 entero
1 entero

Nombre ______________________

Practicar sumas y restas con fracciones mayores que 1

Suma o resta.

1. $\frac{8}{5} + \frac{3}{5} =$ ______
2. $\frac{6}{9} + \frac{12}{9} =$ ______
3. $\frac{10}{7} - \frac{3}{7} =$ ______
4. $\frac{10}{8} + \frac{7}{8} =$ ______
5. $\frac{9}{6} - \frac{4}{6} =$ ______
6. $\frac{19}{10} - \frac{7}{10} =$ ______

Sumar números mixtos con el mismo denominador

Suma.

7. $2\frac{3}{5} + 1\frac{1}{5}$
8. $1\frac{2}{5} + 3\frac{4}{5}$
9. $3\frac{5}{8} + 1\frac{3}{8}$
10. $5\frac{2}{3} + 2\frac{2}{3}$

Restar números mixtos con el mismo denominador

Resta.

11. $5\frac{6}{8} - 3\frac{3}{8}$
12. $6\frac{2}{8} - 4\frac{5}{8}$
13. $4\frac{1}{5} - 1\frac{3}{5}$
14. $5\frac{1}{6} - 3\frac{4}{6}$

Explica cada solución.

15. (6 tachado → 5; 7 + 2 = 9)
$$6\frac{2}{7} = 5\frac{9}{7}$$
$$-\,1\frac{5}{7} = 1\frac{5}{7}$$
$$4\frac{4}{7}$$

16. (6 tachado → 5; 6 + 2 = 8)
$$6\frac{2}{6} = 5\frac{8}{6}$$
$$-\,1\frac{5}{6} = 1\frac{5}{6}$$
$$4\frac{3}{6}$$

17. (6 tachado → 5; 11 + 2 = 13)
$$6\frac{2}{11} = 5\frac{13}{11}$$
$$-\,1\frac{5}{11} = 1\frac{5}{11}$$
$$4\frac{8}{11}$$

____

____

____

¿Cuál es el error?

Estimados estudiantes de matemáticas:

A continuación hay un problema de resta que traté de resolver.

¿Es correcta mi respuesta? Si no es correcta, por favor ayúdenme a comprender por qué es incorrecta.

$$\begin{array}{r} 7\frac{3}{8} \\ -\,1\frac{5}{8} \\ \hline 6\frac{2}{8} \end{array}$$

Tu amigo,
El Pingüino Confundido

18 Escribe una respuesta para el Pingüino Confundido.

Comparar y restar

Compara cada par de números mixtos usando $>$ o $<$. Luego, resta el número mixto menor del número mixto mayor.

19 $3\frac{2}{5}$; $1\frac{4}{5}$ ______

20 $1\frac{8}{9}$; $2\frac{2}{9}$ ______

21 $1\frac{3}{11}$; $1\frac{6}{11}$ ______

22 $4\frac{1}{8}$; $2\frac{7}{8}$ ______

23 $3\frac{2}{6}$; $4\frac{3}{6}$ ______

24 $10\frac{1}{3}$; $7\frac{2}{3}$ ______

Comprobar la comprensión

Representa la solución al Ejercicio 22 dibujando barras de fracciones.

Nombre ______________________

Practicar con fracciones y números mixtos

Escribe la fracción que completa cada ecuación.

1. $1 = \frac{4}{4} = \frac{1}{4} +$ ______
2. $1 = \frac{10}{10} = \frac{9}{10} +$ ______
3. $1 = \frac{8}{8} = \frac{4}{8} +$ ______

Escribe de dos maneras diferentes cada fracción como una suma de fracciones.

4. $\frac{5}{6}$ ______________________
5. $\frac{8}{10}$ ______________________
6. $\frac{6}{8}$ ______________________
7. $\frac{10}{6}$ ______________________

Escribe cada fracción como número mixto.

8. $\frac{11}{8} =$ ______
9. $\frac{15}{6} =$ ______
10. $\frac{32}{5} =$ ______

Escribe cada número mixto como fracción.

11. $3\frac{2}{5} =$ ______
12. $1\frac{1}{4} =$ ______
13. $2\frac{11}{12} =$ ______

Suma o resta.

14. $\frac{2}{5} + \frac{1}{5} =$ ______
15. $\frac{3}{9} + \frac{6}{9} =$ ______
16. $\frac{4}{6} - \frac{3}{6} =$ ______
17. $\frac{5}{7} - \frac{2}{7} =$ ______
18. $\frac{7}{12} + \frac{1}{12} =$ ______
19. $\frac{10}{10} - \frac{4}{10} =$ ______
20. $\frac{9}{4} + \frac{5}{4} =$ ______
21. $\frac{23}{8} - \frac{12}{8} =$ ______
22. $\frac{5}{2} + \frac{3}{2} =$ ______

Practicar con fracciones y números mixtos (continuación)

Suma o resta.

23 $\begin{array}{r} 3\frac{1}{4} \\ +\ 5\frac{2}{4} \\ \hline \end{array}$

24 $\begin{array}{r} 4\frac{6}{8} \\ -\ 3\frac{3}{8} \\ \hline \end{array}$

25 $\begin{array}{r} 1\frac{3}{5} \\ +\ 1\frac{2}{5} \\ \hline \end{array}$

26 $\begin{array}{r} 4\frac{1}{3} \\ -\ 1\frac{2}{3} \\ \hline \end{array}$

27 $\begin{array}{r} 2\frac{5}{10} \\ +\ 4\frac{9}{10} \\ \hline \end{array}$

28 $\begin{array}{r} 10\frac{5}{8} \\ -\ 3\frac{7}{8} \\ \hline \end{array}$

¿Cuál es el error?

Estimados estudiantes de matemáticas:

Este es un problema de mi tarea de matemáticas. Mi amigo dice que mi respuesta no es correcta, pero no puedo hallar mi error. ¿Puedes ayudarme a encontrar mi error y corregirlo?

Tu amigo,
El Pingüino Confundido

$\begin{array}{r} 4\frac{9}{8} \\ \cancel{4}\frac{\cancel{1}}{8} \\ -\ 1\frac{5}{8} \\ \hline 3\frac{4}{8} \end{array}$

29 Escribe una respuesta para el Pingüino Confundido.

Nombre

Problemas del mundo real

Escribe una ecuación. Luego resuelve.

Muestra tu trabajo.

30 El sábado, Daniel jugó fútbol durante $1\frac{1}{4}$ horas y el domingo jugó $\frac{3}{4}$ de hora. ¿Cuánto tiempo jugó fútbol durante el fin de semana?

31 Una jarra contiene $4\frac{3}{8}$ tazas de jugo. Antonio sirve $\frac{5}{8}$ de taza en un vaso. ¿Cuánto jugo queda en la jarra?

32 Shayna caminó desde la escuela hasta la biblioteca. Luego, caminó $1\frac{3}{10}$ millas desde la biblioteca hasta su apartamento. Si caminó en total $2\frac{1}{10}$ millas, ¿qué distancia caminó desde la escuela hasta la biblioteca?

33 El veterinario dijo que el gato de Lucy, Mittens, pesa $7\frac{1}{4}$ libras. Esto es $1\frac{2}{4}$ libras más de lo que Mittens pesaba el año pasado. ¿Cuánto pesaba Mittens el año pasado?

34 El ancho de un rectángulo es $3\frac{5}{6}$ pulgadas. El largo del rectángulo es $1\frac{4}{6}$ pulgadas más que el ancho. ¿Cuál es el largo del rectángulo?

35 Elige uno de los problemas que hay en esta página. Dibuja un modelo para mostrar que tu respuesta es correcta.

Hacer un diagrama de puntos

36 Haz una marca en cualquier lugar de este segmento de recta.

37 Mide la distancia que hay desde el extremo izquierdo del segmento hasta tu marca, redondeando al $\frac{1}{8}$ de pulgada más cercano.

____

38 Reúne las medidas de tus compañeros de clase y anótalas en el siguiente diagrama de puntos.

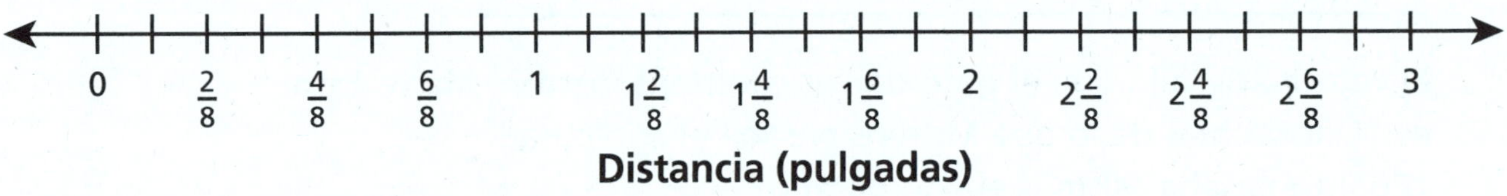

39 El rango es la diferencia entre el valor mayor y el valor menor. ¿Cuál es el rango de los datos?

____

40 ¿Qué valor de distancia fue el más frecuente?

____

Comprobar la comprensión

Supón que en tu diagrama de puntos del problema 38, el valor mayor es $1\frac{4}{8}$ y el valor menor es $\frac{6}{8}$. ¿Cuál es el rango de los datos?

____

Nombre ______________________ Fecha ______________

Resuelve.

1. $\begin{array}{r} 3\frac{5}{6} \\ +\ 4\frac{5}{6} \\ \hline \end{array}$

2. $\begin{array}{r} 9\frac{3}{10} \\ -\ 2\frac{7}{10} \\ \hline \end{array}$

Escribe una ecuación. Luego resuelve.

Muestra tu trabajo.

3. Una empresa de catering sirve 8 pasteles en un banquete. Las personas que están en el banquete comen $5\frac{4}{6}$ de pasteles. ¿Cuántos pasteles sobraron?

____

Resuelve.

4. El diagrama de puntos muestra el tiempo que empleó Lina en hacer sus tareas durante las últimas dos semanas. ¿Cuál es la diferencia entre la cantidad de tiempo menor y la cantidad de tiempo mayor que empleó Lina en hacer sus tareas?

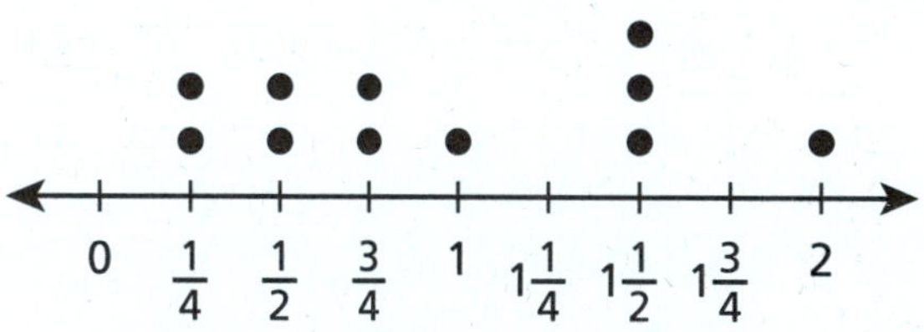

Horas empleadas en tareas

____

Escribe esta fracción como número mixto.

5. $\frac{23}{5}$

____

Nombre ______ Fecha ______

Camino al conocimiento

Suma o resta.

1. $\begin{array}{r} 142 \\ +\ 557 \\ \hline \end{array}$

2. $\begin{array}{r} 6{,}703 \\ -\ 5{,}281 \\ \hline \end{array}$

3. $\begin{array}{r} 6{,}836 \\ +\ 742 \\ \hline \end{array}$

4. $\begin{array}{r} 76{,}294 \\ -\ 5{,}926 \\ \hline \end{array}$

5. $\begin{array}{r} 37{,}982 \\ +\ 31{,}856 \\ \hline \end{array}$

6. $\begin{array}{r} 486{,}793 \\ +\ 78{,}319 \\ \hline \end{array}$

7. $\begin{array}{r} 3{,}278 \\ +\ 4{,}396 \\ \hline \end{array}$

8. $\begin{array}{r} 742 \\ -\ 361 \\ \hline \end{array}$

9. $\begin{array}{r} 829 \\ +\ 155 \\ \hline \end{array}$

10. $\begin{array}{r} 60{,}508 \\ -\ 26{,}774 \\ \hline \end{array}$

11. $\begin{array}{r} 884 \\ -\ 371 \\ \hline \end{array}$

12. $\begin{array}{r} 87{,}314 \\ +\ 32{,}975 \\ \hline \end{array}$

13. $\begin{array}{r} 745{,}298 \\ -\ 51{,}889 \\ \hline \end{array}$

14. $\begin{array}{r} 5{,}976 \\ -\ 3{,}513 \\ \hline \end{array}$

15. $\begin{array}{r} 807{,}963 \\ -\ 348{,}279 \\ \hline \end{array}$

Nombre ______________________________

Un número entero multiplicado por una fracción unitaria

El comedor de la escuela de Mandy sirve pizza cada viernes. Cada porción es $\frac{1}{4}$ de una pizza. Mandy come una porción cada semana.

Para calcular la fracción de una pizza que Mandy come en tres semanas, puedes sumar o multiplicar.

$$\frac{1}{4} + \frac{1}{4} + \frac{1}{4} = \frac{3}{4} \quad \text{o} \quad 3 \cdot \frac{1}{4} = \frac{3}{4}$$

Resuelve cada problema, primero sumando y luego multiplicando. Muestra tu trabajo.

1. ¿Qué fracción de una pizza come en cinco semanas?

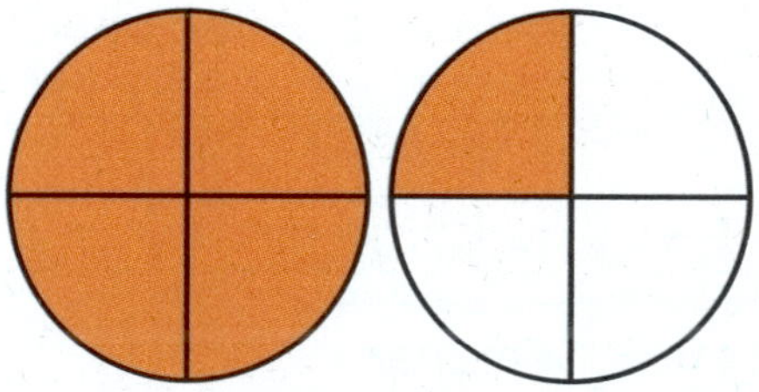

____

____

2. ¿Qué fracción de una pizza come en once semanas?

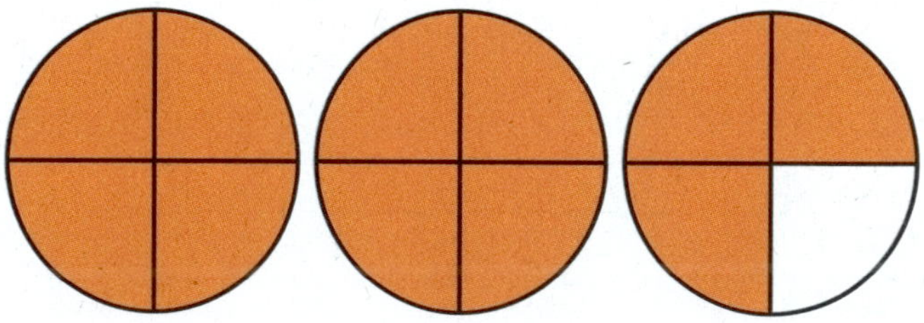

____

____

Dibuja un modelo para cada problema. Luego resuelve.

3. $2 \cdot \frac{1}{3} =$ ______________

4. $6 \cdot \frac{1}{5} =$ ______________

5. $10 \cdot \frac{1}{8} =$ ______________

Dibuja un modelo para cada fracción. Luego, escribe cada fracción como el producto de un número entero y una fracción unitaria.

6. $\frac{3}{5} =$ ________ $\cdot \frac{1}{5}$

7. $\frac{8}{3} =$ ________ $\cdot$ ________

8. $\frac{12}{7} =$ ________ $\cdot$ ________

Un número entero multiplicado por una fracción no unitaria

El comedor de la escuela de Joe sirve sándwiches submarino cada jueves. Cada trozo es $\frac{1}{6}$ de un sándwich. Cada semana Joe come dos trozos o $\frac{2}{6}$ de un sándwich.

$\frac{1}{6} + \frac{1}{6} = \frac{2}{6}$ o $2 \cdot \frac{1}{6} = \frac{2}{6}$

Resuelve cada problema, primero sumando y luego multiplicando. Escribe tu respuesta como una fracción. Muestra tu trabajo.

9. ¿Qué fracción de un sándwich come Joe en tres semanas?

____

____

10. ¿Qué fracción de un sándwich come Joe en cinco semanas?

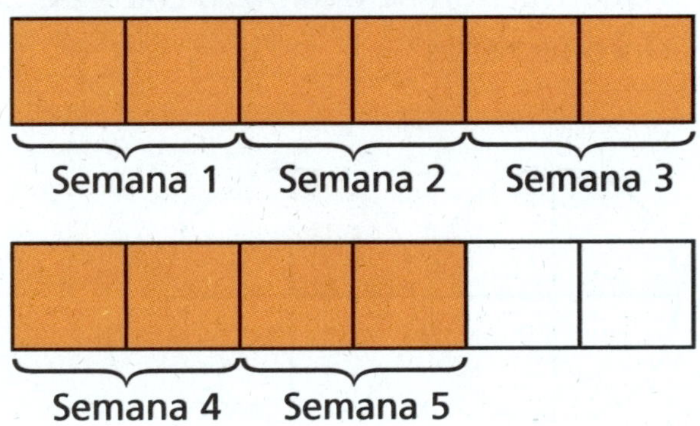

____

____

Dibuja un modelo para cada problema. Luego resuelve.

11. $4 \cdot \frac{3}{8} =$ __________

12. $2 \cdot \frac{4}{5} =$ __________

13. $5 \cdot \frac{2}{3} =$ __________

Resuelve. Escribe tu respuesta como fracción.

14. $8 \cdot \frac{3}{4} =$ __________

15. $18 \cdot \frac{2}{3} =$ __________

16. $10 \cdot \frac{5}{6} =$ __________

17. $4 \cdot \frac{5}{7} =$ __________

18. $15 \cdot \frac{3}{10} =$ __________

19. $7 \cdot \frac{8}{9} =$ __________

Nombre ______________________

Problemas del mundo real

Dibuja un modelo para cada problema. Luego resuelve.

20 Los cinco integrantes de la familia Sánchez bebieron cada uno $\frac{3}{4}$ de taza de jugo de naranja durante el desayuno. ¿Cuánto jugo de naranja bebió en total la familia durante el desayuno? ______________________

21 Stella corrió $\frac{1}{2}$ de milla y Brian corrió 7 veces más que Stella.

¿Qué distancia corrió Brian? ______________________

Escribe una ecuación. Luego resuelve.

Muestra tu trabajo.

22 Un cartel mide 3 yardas de largo y $\frac{2}{3}$ de yarda de ancho. ¿Cuál es el área del cartel?

____

23 Los 12 integrantes de un equipo de voleibol hicieron una fiesta con pizza. Cada pizza se dividió en 8 porciones iguales y cada jugador comió 3 porciones. ¿Cuántas pizzas comió en total el equipo?

____

24 La mamá de Eli tardó $\frac{1}{6}$ de hora en llevarlo a la escuela. Alex tardó 4 veces más tiempo en caminar a la escuela. ¿Cuánto tiempo empleó Alex en caminar a la escuela?

____

Problemas del mundo real (continuación)

Escribe una ecuación. Luego resuelve. Muestra tu trabajo.

25 Amy tiene bloques que miden $\frac{5}{8}$ de pulgada de espesor. Hace una pila de 15 bloques. ¿Qué altura tiene la pila?

26 Una receta de panqueques requiere $\frac{3}{4}$ de taza de harina. Una receta de pan requiere cuatro veces más harina. ¿Cuánta harina requiere la receta de pan?

¿Cuál es el error?

Estimados estudiantes de matemáticas:

¡Tengo tanta tarea! Tengo tareas de matemáticas, ciencias y lectura. Pienso que a cada asignatura le dedicaré $\frac{1}{2}$ de hora. Traté de multiplicar para calcular el tiempo total.

$3 \cdot \frac{1}{2} = \frac{3}{6}$

¡Esto no puede ser cierto! Yo sé que $\frac{3}{6}$ es lo mismo que $\frac{1}{2}$ por lo tanto, esto es solo $\frac{1}{2}$ de hora.

¿En qué me equivoqué? ¿Cuánto tiempo dedicaré realmente a mi tarea?

Tu amigo,
El Pingüino Confundido

27 Escribe una respuesta para el Pingüino Confundido.

Comprobar la comprensión
Haz un dibujo para mostrar que $5 \cdot \frac{7}{12} = \frac{35}{12}$.

Nombre ______________________________

Práctica de multiplicación

Escribe cada fracción como una suma de fracciones unitarias y como el producto de un número entero y una fracción unitaria.

1. $\frac{4}{7} =$ ______________________

   $\frac{4}{7} =$ ______________________

2. $\frac{5}{2} =$ ______________________

   $\frac{5}{2} =$ ______________________

3. $\frac{2}{3} =$ ______________________

   $\frac{2}{3} =$ ______________________

4. $\frac{6}{4} =$ ______________________

   $\frac{6}{4} =$ ______________________

Dibuja un modelo para cada fracción. Luego resuelve.

5. $6 \cdot \frac{1}{4} =$ ______________________

6. $6 \cdot \frac{2}{3} =$ ______________________

7. $3 \cdot \frac{2}{9} =$ ______________________

8. $4 \cdot \frac{4}{5} =$ ______________________

Multiplica. Si es posible, escribe tu respuesta como número mixto o como número entero.

9. $20 \cdot \frac{3}{10} =$ ______________________

10. $36 \cdot \frac{5}{9} =$ ______________________

11. $2 \cdot \frac{2}{12} =$ ______________________

12. $21 \cdot \frac{1}{3} =$ ______________________

13. $16 \cdot \frac{3}{8} =$ ______________________

14. $11 \cdot \frac{7}{10} =$ ______________________

Problemas del mundo real

Muestra tu trabajo.

Dibuja un modelo para cada problema. Luego resuelve. Si es posible, escribe tu respuesta como número mixto o como número entero.

15. Michelle tiene tres libros de texto y cada uno pesa $\frac{5}{8}$ de libra. ¿Cuál es el peso total de sus libros de texto?

____

16. Mark vivía en una casa en los suburbios que tenía un terreno de $\frac{2}{3}$ de acre. Luego, se mudó a una granja en el campo que tiene 6 veces más terreno. ¿Cuántos acres de terreno tiene la granja de Mark?

____

Escribe una ecuación. Luego resuelve. Si es posible, escribe tu respuesta como número mixto o como número entero.

17. Un restaurante sirvió quiche durante el almuerzo de hoy. Cada quiche se cortó en seis trozos iguales. El restaurante vendió 59 trozos. ¿Cuántos quiches representan esta cantidad?

____

18. El perro de Zahra, Brutus, pesó $\frac{7}{8}$ de libra al nacer. Ahora pesa 60 veces más. ¿Cuánto pesa Brutus ahora?

____

19. Calvin hizo unos carteles para promocionar la obra de teatro escolar. Cada cartel mide 2 pies de largo y $\frac{11}{12}$ de pie de ancho. ¿Cuál es el área de cada cartel?

____

Comprobar la comprensión

Explica por qué el denominador no cambia cuando multiplicas una fracción por un número entero.

Nombre ____________________

Practicar operaciones con fracciones

Escribe de dos maneras diferentes cada fracción como una suma de fracciones.

1. $\frac{3}{10} =$ ____________________
2. $\frac{7}{7} =$ ____________________
3. $\frac{4}{5} =$ ____________________
4. $\frac{5}{12} =$ ____________________

Suma o resta.

5. $\frac{5}{8} + \frac{3}{8} =$ ________
6. $\frac{2}{10} + \frac{1}{10} =$ ________
7. $\frac{7}{9} - \frac{3}{9} =$ ________

8. $6\frac{7}{10} - 1\frac{4}{10}$
9. $5\frac{2}{3} + 4\frac{1}{3}$
10. $7\frac{1}{6} - 3\frac{2}{6}$

11. $12\frac{4}{9} + 10\frac{5}{9}$
12. $1\frac{4}{5} + 1\frac{3}{5}$
13. $7 - 1\frac{1}{4}$

Multiplica. Si es posible, escribe tu respuesta como número mixto o como número entero.

14. $7 \cdot \frac{1}{10} =$ ________
15. $4 \cdot \frac{2}{9} =$ ________
16. $5 \cdot \frac{3}{5} =$ ________

17. $12 \cdot \frac{3}{4} =$ ________
18. $7 \cdot \frac{5}{8} =$ ________
19. $10 \cdot \frac{5}{6} =$ ________

Problemas del mundo real

Escribe una ecuación. Luego resuelve.

Muestra tu trabajo.

20 Ayer Dimitri condujo su bicicleta y recorrió 32 millas. Recorrió $12\frac{4}{5}$ millas antes del almuerzo y el resto de la distancia después del almuerzo. ¿Qué distancia recorrió después del almuerzo?

____

21 La Sra. Washington asiste a clases de contabilidad y cada clase dura $\frac{3}{4}$ de hora. Si en total son 22 clases, ¿a cuántas horas de clase asistirá la Sra. Washington?

____

22 Elin compró una sandía grande en el mercado de agricultores. Cortó un trozo de $5\frac{5}{8}$ de libra y se lo regaló a su vecina. Le sobraron $11\frac{5}{8}$ libras de la sandía. ¿Cuánto pesaba la sandía entera?

____

23 Una receta de pan requiere $\frac{3}{4}$ de taza de harina de trigo integral, $1\frac{2}{4}$ tazas de harina blanca y $\frac{3}{4}$ de taza de harina de centeno. ¿Cuánta harina se requiere en total?

____

24 Henri estuvo trabajando un total de $3\frac{2}{6}$ horas en su proyecto de ciencias y Kali estuvo trabajando un total de $1\frac{5}{6}$ horas en el suyo. ¿Cuántas horas más trabajó Henri en su proyecto?

____

25 Una pista mide $\frac{1}{4}$ de milla de largo. Kenny corrió 21 veces alrededor de la pista. ¿Qué distancia corrió en total Kenny?

____

Comprobar la comprensión

¿En qué problema de los anteriores podrías desagrupar un número entero para calcular la diferencia?

____

Nombre ______________________________

Las matemáticas y las granjas de pizzas de vegetales

Una granja de pizza es una región circular de terreno dividida en ocho parcelas con forma de porciones de pastel, como las que observas en una pizza. En una granja de pizza de vegetales, cada porción se dedica al cultivo de diferentes ingredientes que se usan para preparar una pizza vegetariana. Algunos de los cultivos que podrías encontrar en este tipo de granjas incluyen trigo, frutas, vegetales, hierbas italianas y vacas lecheras para preparar el queso.

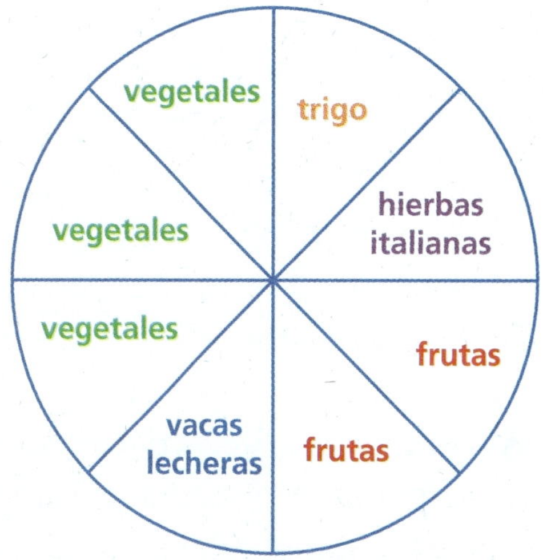

Escribe una ecuación para resolver.

Muestra tu trabajo.

Un agricultor creó una granja de pizza vegetariana con estas parcelas o porciones: $\frac{3}{8}$ para vegetales, $\frac{1}{8}$ para trigo, $\frac{2}{8}$ para frutas, $\frac{1}{8}$ para vacas lecheras y $\frac{1}{8}$ para hierbas italianas.

1. ¿Qué fracción de la granja se usa para cultivar frutas o vegetales?

   ____

2. ¿Qué fracción de la granja *no* se usa para cultivar trigo?

   ____

3. ¿Qué parcela de la granja es más grande, la parcela para frutas o la de hierbas italianas? Explica.

   ____

Escribe una ecuación para resolver.

Muestra tu trabajo.

4 El lunes, dos de los trabajadores de la granja llenaron cada uno una cesta con tomates maduros. Michael recogió $15\frac{1}{6}$ libras de tomates y Anna recogió $13\frac{5}{6}$ libras de tomates. ¿Cuántas libras más de tomates recogió Michael que Anna?

____

Para resolver los Problemas 5 y 6, usa el diagrama de puntos.

Después de una excursión hacia una granja de pizza de vegetales, la Sra. Cannon solicitó a cada uno de sus estudiantes que empleara algo de su tiempo de estudio para investigar diferentes ingredientes vegetarianos para pizzas. El siguiente diagrama de puntos muestra la cantidad de tiempo que cada estudiante empleó en su investigación.

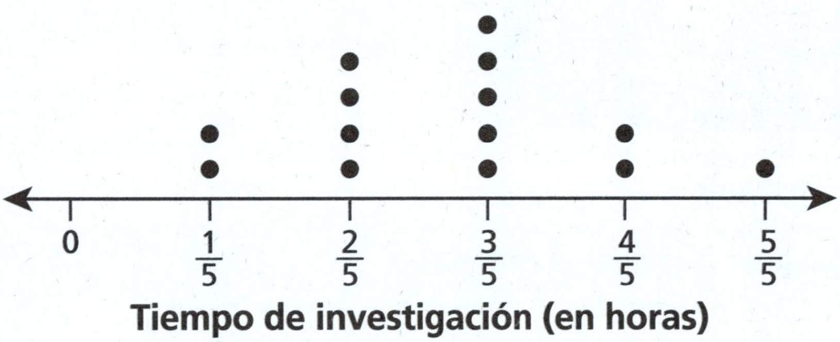

5 ¿Cuántos estudiantes estuvieron investigando durante al menos $\frac{3}{5}$ de hora? Explica cómo lo sabes.

____

____

6 ¿Cuántas horas en total investigaron los estudiantes que le dedicaron $\frac{2}{5}$ de hora a la investigación? Escribe una ecuación de multiplicación y resuelve.

____

Nombre ______________________ Fecha ______________

Multiplica.

1. $10 \cdot \frac{2}{10} =$ ____________

2. $13 \cdot \frac{5}{8} =$ ____________

3. Liam tiene dos trofeos. El primer trofeo pesa $\frac{3}{8}$ de libra y el segundo pesa tres veces más que el primer trofeo. ¿Cuánto pesa el segundo trofeo?

Muestra tu trabajo.

____

Escribe una ecuación. Luego resuelve.

4. Cassie trabaja en su proyecto de arte $\frac{3}{4}$ de hora cada día durante 12 días. ¿Cuántas horas en total trabaja Cassie en su proyecto?

____

5. En un zoológico interactivo, $\frac{2}{12}$ de los animales son ovejas y $\frac{5}{12}$ son cabras. ¿Qué fracción de los animales del zoológico interactivo son ovejas o cabras?

____

Comprobar el conocimiento 19

Nombre ____________________ Fecha ____________________

Camino al conocimiento

Suma o resta.

1. $\begin{array}{r} 6{,}894 \\ -\ 3{,}421 \\ \hline \end{array}$

2. $\begin{array}{r} 472 \\ -\ 368 \\ \hline \end{array}$

3. $\begin{array}{r} 7{,}086 \\ -\ 4{,}825 \\ \hline \end{array}$

4. $\begin{array}{r} 1{,}176 \\ +\ \ 483 \\ \hline \end{array}$

5. $\begin{array}{r} 345 \\ +\ 314 \\ \hline \end{array}$

6. $\begin{array}{r} 354{,}964 \\ -\ \ 46{,}379 \\ \hline \end{array}$

7. $\begin{array}{r} 76{,}429 \\ +\ \ 6{,}850 \\ \hline \end{array}$

8. $\begin{array}{r} 62{,}000 \\ -\ 51{,}752 \\ \hline \end{array}$

9. $\begin{array}{r} 205{,}782 \\ -\ 178{,}935 \\ \hline \end{array}$

10. $\begin{array}{r} 798 \\ -\ 340 \\ \hline \end{array}$

11. $\begin{array}{r} 45{,}284 \\ -\ \ 8{,}451 \\ \hline \end{array}$

12. $\begin{array}{r} 84{,}275 \\ +\ 17{,}682 \\ \hline \end{array}$

13. $\begin{array}{r} 725 \\ +\ 644 \\ \hline \end{array}$

14. $\begin{array}{r} 295{,}930 \\ +\ 357{,}392 \\ \hline \end{array}$

15. $\begin{array}{r} 8{,}312 \\ +\ 7{,}548 \\ \hline \end{array}$

Repaso/Prueba de la Unidad 6

Nombre ______________________ Fecha ______________________

1 Representa la parte sombreada de la barra de fracciones como el producto de un número entero y una fracción unitaria.

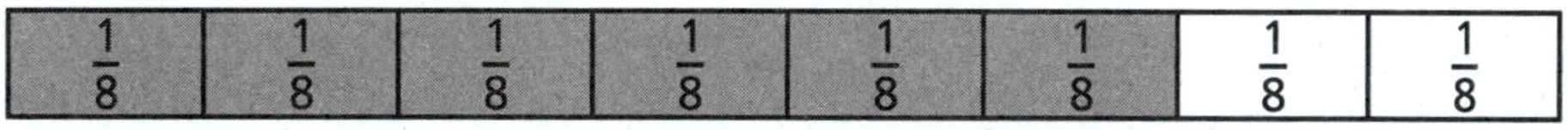

2 En la mañana, Naomi salta la cuerda durante $\frac{1}{4}$ de hora. Después del almuerzo salta la cuerda durante otros $\frac{2}{4}$ de hora. ¿Cuánto tiempo salta la cuerda Naomi? Escribe una ecuación. Luego resuelve.

Ecuación: ______________

Solución: ______________ hora

3 En los Ejercicios 3a al 3d, escribe una de las fracciones de las fichas para hacer verdadera la ecuación.

$\frac{1}{10}$ $\frac{2}{10}$ $\frac{3}{10}$ $\frac{4}{10}$

3a. $\frac{10}{10} = \frac{5}{10} + \frac{3}{10} + \square$

3b. $1 = \frac{1}{10} + \frac{5}{10} + \square$

3c. $\frac{7}{10} = \frac{1}{10} + \frac{1}{10} + \frac{1}{10} + \frac{1}{10} + \square$

3d. $\frac{4}{10} = \frac{1}{10} + \frac{1}{10} + \frac{1}{10} + \square$

Nombre ______________________ Fecha ______________________

4 César compra golosinas para perro y golosinas para gato. Compra $\frac{7}{8}$ de libra de golosinas para perro. Esto es $\frac{5}{8}$ de libra más que el peso de las golosinas que compra para el gato. ¿Cuántas libras de golosinas para gato compra César? Escribe una ecuación. Luego resuelve.

Ecuación: ______________

Solución: ______________ de libra

5 Una receta requiere $\frac{2}{3}$ de taza de champiñones. Dae usa 3 veces esa cantidad. Elige el número de tazas de champiñones que usa. Marca todas las que correspondan.

Ⓐ $\frac{5}{3}$ tazas

Ⓑ $\frac{6}{3}$ tazas

Ⓒ 2 tazas

Ⓓ 3 tazas

6 Completa la tabla para mostrar la fracción como un producto de un número entero y una fracción unitaria.

Fracción	Producto
$\frac{5}{12}$	______
$\frac{2}{3}$	______
$\frac{4}{5}$	______

7 En los Ejercicios 7a al 7d, elige la operación que hace que la ecuación sea verdadera.

7a. 6 [+ / − / ×] $\frac{3}{4} = 4\frac{2}{4}$

7b. 3 [+ / − / ×] $\frac{2}{5} = 2\frac{3}{5}$

7c. 4 [+ / − / ×] $3\frac{3}{5} = 7\frac{3}{5}$

7d. 7 [+ / − / ×] $\frac{1}{3} = 2\frac{1}{3}$

Nombre ______________________ Fecha ____________

8 Multiplica la expresión para completar la tabla.

Expresión	Escrita como fracción	Escrita como número mixto
$7 \cdot \frac{1}{6}$	____	____
$12 \cdot \frac{1}{5}$	____	$2\frac{2}{5}$
$3 \cdot \frac{5}{8}$	____	____

9 Para los Ejercicios 9a al 9f, elige Verdadero o Falso para la ecuación.

9a. $\frac{2}{8} + \frac{1}{8} = \frac{3}{16}$ ○ Verdadero ○ Falso

9b. $\frac{4}{5} - \frac{1}{5} = \frac{3}{5}$ ○ Verdadero ○ Falso

9c. $\frac{9}{4} + \frac{2}{4} = 2\frac{3}{4}$ ○ Verdadero ○ Falso

9d. $\frac{5}{12} + \frac{4}{12} = \frac{9}{24}$ ○ Verdadero ○ Falso

9e. $8\frac{5}{6} - 6\frac{4}{6} = 2\frac{1}{6}$ ○ Verdadero ○ Falso

9f. $2\frac{7}{10} + 3\frac{3}{10} = 5\frac{10}{20}$ ○ Verdadero ○ Falso

10 Elías dice que este problema se puede resolver usando la suma. Vladimir dice que se puede resolver usando la multiplicación. Explica por qué ambos niños tienen razón.

Milo practica piano durante $\frac{3}{5}$ de hora cada día. ¿Cuántas horas practica en 5 días?

Nombre ______________________ **Fecha** ______________

11 Para los Ejercicios 11a y 11b, calcula la suma o la diferencia. Si es posible, escribe tu respuesta como número mixto o como número entero.

11a. $5\frac{2}{3} + 4\frac{2}{3} = \square$

11b. $9\frac{3}{8} - 3\frac{7}{8} = \square$

12 El sábado en la mañana, Jesse juega básquetbol durante $\frac{2}{3}$ de hora. En la tarde, juega un rato más. En total, juega durante $2\frac{1}{3}$ horas. ¿Cuánto tiempo jugó básquetbol en la tarde?

Parte A

Dibuja un modelo para representar el problema. Luego resuelve. Explica cómo tus modelos te ayudan a resolver el problema.

Parte B

El domingo, Jesse jugó básquetbol durante $1\frac{2}{3}$ horas. ¿Cuántas horas en total jugó el sábado y el domingo? Muestra tu trabajo.

Nombre ________________ **Fecha** ________

13 La receta de Jessica para preparar sopa requiere $\frac{3}{4}$ de taza de leche. Necesita 3 veces esa cantidad de leche para preparar una tanda triple de sopa. ¿Cuántas tazas de leche necesita Jessica?

Parte A

Dibuja un modelo para el problema.

Parte B

Usa tu modelo para escribir dos ecuaciones para el problema. Luego resuelve.

14 Para los Ejercicios 14a al 14e, elige Sí o No para indicar si la ecuación de suma es verdadera.

14a. $\frac{8}{10} = \frac{5}{10} + \frac{3}{10}$ ○ Sí ○ No

14b. $\frac{4}{5} = \frac{1}{5} + \frac{1}{5} + \frac{1}{5} + \frac{1}{5} + \frac{1}{5}$ ○ Sí ○ No

14c. $\frac{6}{11} = \frac{4}{6} + \frac{2}{5}$ ○ Sí ○ No

14d. $\frac{3}{8} = \frac{1}{8} + \frac{1}{8} + \frac{1}{8}$ ○ Sí ○ No

14e. $\frac{10}{12} = \frac{5}{12} + \frac{5}{12}$ ○ Sí ○ No

Nombre ______________________ Fecha ______________

15 El siguiente diagrama de puntos muestra las longitudes de los senderos por los que caminó Andrea el mes pasado en un parque estatal.

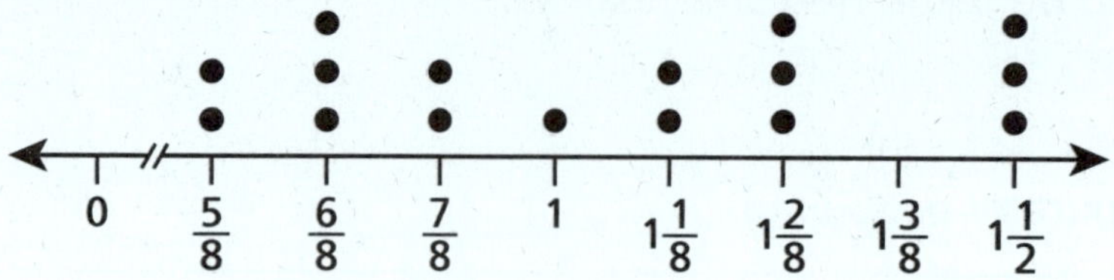

Longitudes de senderos (millas)

Andrea caminó 3 millas la semana pasada. Pudo haber caminado por dos senderos de $1\frac{1}{2}$-de milla. Describe otras dos combinaciones de senderos por los que pudo haber caminado.

16 Elige la expresión que es equivalente a $2\frac{2}{6}$. Marca todas las que correspondan.

Ⓐ $\frac{1}{6} + \frac{1}{6} + \frac{2}{6}$

Ⓑ $1 + 1 + \frac{2}{6}$

Ⓒ $\frac{2}{6} + \frac{2}{6} + \frac{2}{6}$

Ⓓ $\frac{6}{6} + \frac{6}{6} + \frac{1}{6} + \frac{1}{6}$

Ⓔ $\frac{20}{6} + \frac{2}{6}$

Ⓕ $\frac{6}{6} + \frac{3}{6} + \frac{3}{6} + \frac{2}{6}$

17 Explica cómo convertir $\frac{11}{4}$ en un número mixto.

 Nombre ______ Fecha ______

Mezclar pintura

El Sr. Myers guarda frascos de pintura de igual tamaño en su salón de clase. La tabla muestra la cantidad que tiene de cada color.

Pinturas del Sr. Myers						
Color	Rojo	Anaranjado	Amarillo	Azul	Verde	Morado
Cantidad de frascos llenos	1	$\frac{1}{8}$	$1\frac{2}{8}$	$\frac{4}{8}$	$\frac{3}{8}$	$\frac{7}{8}$

1 El proyecto de Janet requiere $\frac{5}{8}$ de un frasco de pintura anaranjada. Para preparar más anaranjado, necesita combinar partes iguales de rojo y amarillo. ¿Cuánta pintura de cada color necesita?

______

______

______

2 ¿Cuánta pintura roja queda? ¿Cuánta pintura amarilla queda?

______

______

3 Tres estudiantes necesitan pintura morada. Muestra cómo el Sr. Myers puede dividir toda la pintura de este color en tres frascos. Si quiere que los tres frascos contengan igual cantidad de pintura, ¿cuánto habrá en cada frasco? ¿cuánto sobrará?

______

______

______

______

 Nombre Fecha

4 El proyecto de Emilio usó toda la pintura verde que había en el frasco, pero todavía no está terminado. El Sr. Myers piensa que para que Emilio termine su proyecto necesita 3 veces más pintura verde como la que ya usó. Para obtener pintura verde, se pueden combinar partes iguales de amarillo y azul. ¿Tiene el Sr. Myers suficiente pintura para hacer la cantidad de pintura verde que necesita Emilio? Explica por qué.

5 El Sr. Myers decide comprar pintura verde en vez de prepararla. ¿Cuántos frascos llenos de pintura verde necesita comprar? Explica.

6 Al finalizar la clase, el Sr. Myers tiene $\frac{4}{8}$ de frasco de pintura roja, $\frac{5}{8}$ de frasco de pintura amarilla y no le queda pintura anaranjada. Encuentra $\frac{6}{8}$ de otro frasco de pintura roja en el armario. Quiere combinar ambos frascos de pintura roja para obtener un frasco totalmente lleno de esta pintura y usar cualquier sobrante de pintura roja para mezclarla con igual cantidad de pintura amarilla para obtener más pintura anaranjada. ¿Cuánta pintura roja, amarilla y anaranjada tendrá? Explica cómo resolviste el problema.

Dear Family:

In Lessons 1 through 7 of Unit 7 of *Math Expressions*, your child will build on previous experience with fractions. Your child will use both physical models and numerical methods to recognize and to find fractions equivalent to a given fraction. Your child will also compare and order fractions and mixed numbers, including those with like and unlike numerators and denominators.

By using fraction strips students determine how to model and compare fractions, and to find equivalent fractions. Your child will also learn how to use multiplication and division to find equivalent fractions.

Examples of Fraction Bar Modeling:

Fraction Comparisons

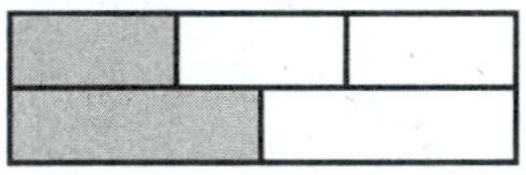

$\frac{1}{3} < \frac{1}{2}$

Equivalent Fractions

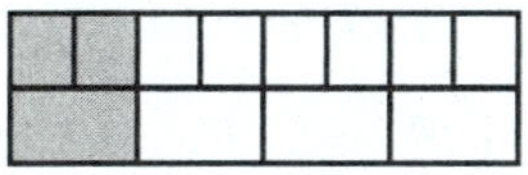

$\frac{2}{8} = \frac{1}{4}$

Your child will be introduced to the number-line model for fractions. Students name fractions corresponding to given lengths on the number line and identify lengths corresponding to given fractions. They also see that there are many equivalent fraction names for any given length.

Your child will apply this knowledge of fractions to word problems and in data displays.

If you have questions or problems, please contact me.

Thank you.

Sincerely,
Your child's teacher

Estimada familia:

En las lecciones 1 a 7 de la Unidad 7 de *Math Expressions*, el niño ampliará sus conocimientos previos acerca de las fracciones. Su niño usará modelos físicos y métodos numéricos para reconocer y hallar fracciones equivalentes para una fracción dada. También comparará y ordenará fracciones y números mixtos, incluyendo aquellos que tengan numeradores y denominadores iguales o diferentes.

Usando tiras de fracciones, los estudiantes determinarán cómo hacer modelos y comparar fracciones y cómo hallar fracciones equivalentes. Además, aprenderán cómo usar la multiplicación y división para hallar fracciones equivalentes.

Ejemplos de modelos con barras de fracciones:

Comparar fracciones

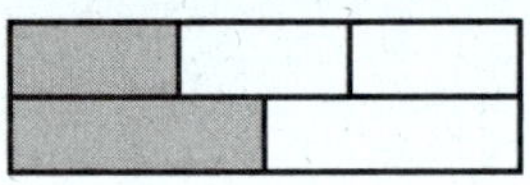

$\frac{1}{3} < \frac{1}{2}$

Fracciones equivalentes

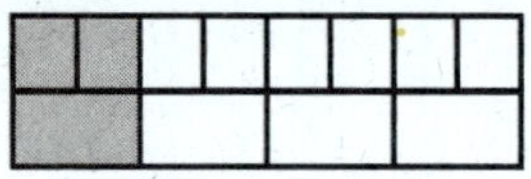

$\frac{2}{8} = \frac{1}{4}$

Su niño estudiará por primera vez el modelo de recta numérica para las fracciones. Los estudiantes nombrarán las fracciones que correspondan a determinadas longitudes en la recta numérica e identificarán longitudes que correspondan a fracciones dadas. También observarán que hay muchos nombres de fracciones equivalentes para una longitud determinada.

Su niño aplicará este conocimiento de las fracciones en problemas y en presentaciones de datos.

Si tiene alguna duda o algún comentario, por favor comuníquese conmigo.

Atentamente,
El maestro de su niño

denominador común	centésimo
número decimal	simplificar una fracción
fracciones equivalentes	décimo

Fracción unitaria que representa una de una centésima parte, escrito como 0.01 o $\frac{1}{100}$.

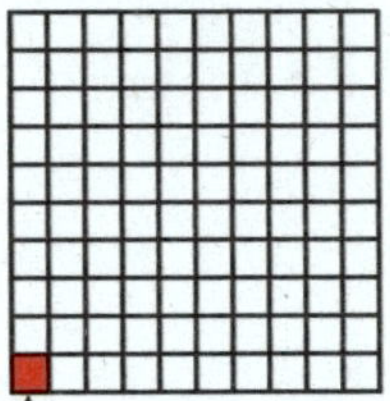

un centésimo = $\frac{1}{100}$ = 0.01

7.634
↑
centésimo

Múltiplo común de dos o más denominadores.

Ejemplo:
Un denominador común de $\frac{1}{2}$ y $\frac{1}{3}$ es 6 porque 6 es un múltiplo de 2 y 3.

Dividir el numerador y el denominador de una fracción entre el mismo número para crear una fracción equivalente formada por menos, pero mayores fracciones unitarias.

Ejemplos:
$\frac{5}{10} = \frac{5 \div 5}{10 \div 5} = \frac{1}{2}$

Representación de un número usando los números del 0 al 9, en el cual cada dígito tiene un valor 10 veces mayor al dígito a su derecha. Un **punto decimal** separa la parte entera del número a la izquierda de la parte fraccionaria a la derecha.

Ejemplos:
1.23 y 0.3

Fracción unitaria que representa una de diez partes iguales de un entero, escrita como 0.1 o $\frac{1}{10}$.

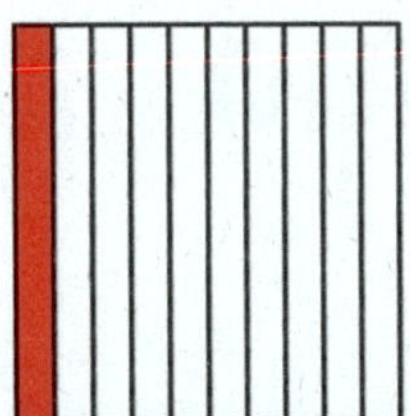

un décimo = $\frac{1}{10}$ = 0.1

12.34
↑
décimo

Dos o más fracciones que representan el mismo número.

Ejemplo:
$\frac{2}{4}$ y $\frac{4}{8}$ son equivalentes porque ambas representan un medio.

milésimo

Fracción unitaria que representa una de mil partes iguales de un entero, escrita como 0.001 o $\frac{1}{1,000}$.

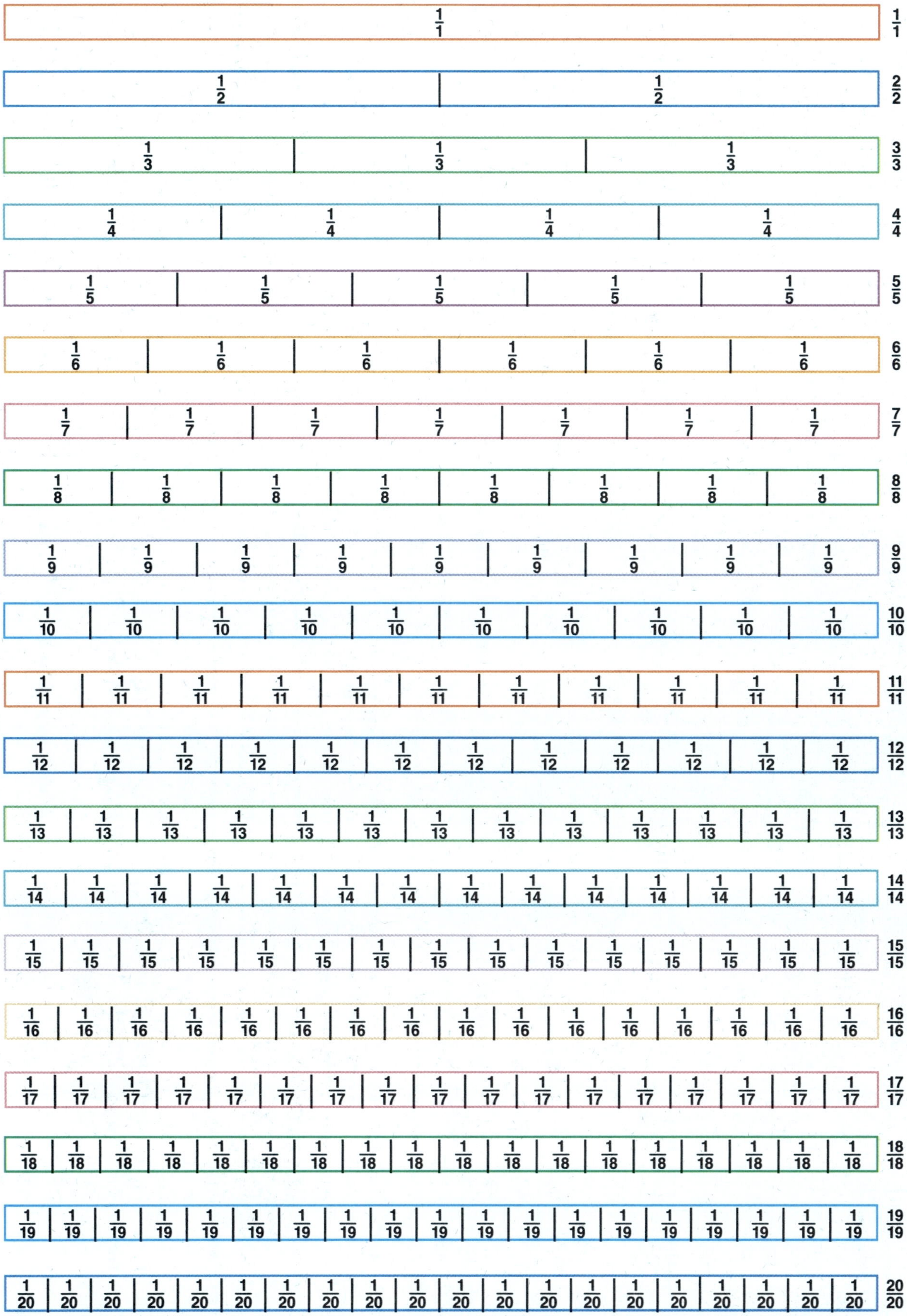
1/1 1/1
1/2 1/2 2/2
1/3 1/3 1/3 3/3
1/4 1/4 1/4 1/4 4/4
1/5 1/5 1/5 1/5 1/5 5/5
1/6 1/6 1/6 1/6 1/6 1/6 6/6
1/7 1/7 1/7 1/7 1/7 1/7 1/7 7/7
1/8 1/8 1/8 1/8 1/8 1/8 1/8 1/8 8/8
1/9 1/9 1/9 1/9 1/9 1/9 1/9 1/9 1/9 9/9
1/10 1/10 1/10 1/10 1/10 1/10 1/10 1/10 1/10 1/10 10/10
1/11 1/11 1/11 1/11 1/11 1/11 1/11 1/11 1/11 1/11 1/11 11/11
1/12 1/12 1/12 1/12 1/12 1/12 1/12 1/12 1/12 1/12 1/12 1/12 12/12
1/13 1/13 1/13 1/13 1/13 1/13 1/13 1/13 1/13 1/13 1/13 1/13 1/13 13/13
1/14 1/14 1/14 1/14 1/14 1/14 1/14 1/14 1/14 1/14 1/14 1/14 1/14 1/14 14/14
1/15 1/15 1/15 1/15 1/15 1/15 1/15 1/15 1/15 1/15 1/15 1/15 1/15 1/15 1/15 15/15
1/16 1/16 1/16 1/16 1/16 1/16 1/16 1/16 1/16 1/16 1/16 1/16 1/16 1/16 1/16 1/16 16/16
1/17 1/17 1/17 1/17 1/17 1/17 1/17 1/17 1/17 1/17 1/17 1/17 1/17 1/17 1/17 1/17 1/17 17/17
1/18 1/18 1/18 1/18 1/18 1/18 1/18 1/18 1/18 1/18 1/18 1/18 1/18 1/18 1/18 1/18 1/18 1/18 18/18
1/19 1/19 1/19 1/19 1/19 1/19 1/19 1/19 1/19 1/19 1/19 1/19 1/19 1/19 1/19 1/19 1/19 1/19 1/19 19/19
1/20 1/20 1/20 1/20 1/20 1/20 1/20 1/20 1/20 1/20 1/20 1/20 1/20 1/20 1/20 1/20 1/20 1/20 1/20 1/20 20/20

Nombre ______________________________

Practicar la comparación de fracciones

Encierra en un círculo la fracción mayor. Usa tiras de fracciones si lo necesitas.

1. $\frac{1}{12}$ o $\frac{1}{2}$
2. $\frac{3}{8}$ o $\frac{1}{8}$
3. $\frac{2}{5}$ o $\frac{2}{6}$
4. $\frac{1}{3}$ o $\frac{1}{5}$
5. $\frac{4}{12}$ o $\frac{5}{12}$
6. $\frac{7}{10}$ o $\frac{5}{10}$
7. $\frac{1}{3}$ o $\frac{2}{3}$
8. $\frac{3}{6}$ o $\frac{3}{8}$

Escribe $>$ o $<$ para que cada enunciado sea verdadero.

9. $\frac{3}{10}$ ○ $\frac{3}{8}$
10. $\frac{3}{6}$ ○ $\frac{3}{5}$
11. $\frac{8}{10}$ ○ $\frac{8}{12}$
12. $\frac{2}{6}$ ○ $\frac{3}{6}$
13. $\frac{7}{10}$ ○ $\frac{7}{8}$
14. $\frac{5}{100}$ ○ $\frac{4}{100}$

¿Cuál es el error?

Queridos estudiantes de matemática,

Ayer, mi familia pescó un pescado grande. Comimos $\frac{2}{6}$ del pescado. Hoy, comimos $\frac{2}{4}$ del mismo. Le dije a mi madre que comimos más pescado ayer que hoy porque 6 es mayor que 4, así que $\frac{2}{6}$ es mayor que $\frac{2}{4}$. Mi madre me dijo que cometí un error. ¿Pueden ayudarme a descubrir cuál fue mi error?

Su amigo,
Pingüino Confundido

15. Escribe una respuesta para Pingüino Confundido.

____

____

____

____

Comprender los problemas

16. Explica cómo comparar fracciones con el mismo denominador, pero distintos numeradores.

17. Explica cómo comparar fracciones con el mismo numerador, pero distintos denominadores.

Resuelve.

18. Bao hizo una lista de los pájaros que visitaron el comedero de pájaros el viernes. Dijo que $\frac{2}{5}$ fueron pinzones y $\frac{2}{6}$ fueron chochines. ¿Qué pájaros visitaron más el comedor, los pinzones o los chochines? Explica.

19. Mariel tenía una caja de tarjetas de béisbol. Se quedó con $\frac{3}{8}$ de las tarjetas y le dio $\frac{5}{8}$ de ellas a Javier. ¿Quién tiene más tarjetas? Explica.

20. Escribe las fracciones $\frac{10}{12}$, $\frac{5}{12}$ y $\frac{7}{12}$ en orden de menor a mayor.

Comprobar la comprensión
Dibuja un diagrama para apoyar tu solución del problema 19.

Nombre ____________________

Comentar las rectas numéricas

La siguiente recta numérica muestra los cuartos entre 0 y 1. Comenta en qué se parecen y en qué se diferencian la barra de fracción que se encuentra sobre la recta.

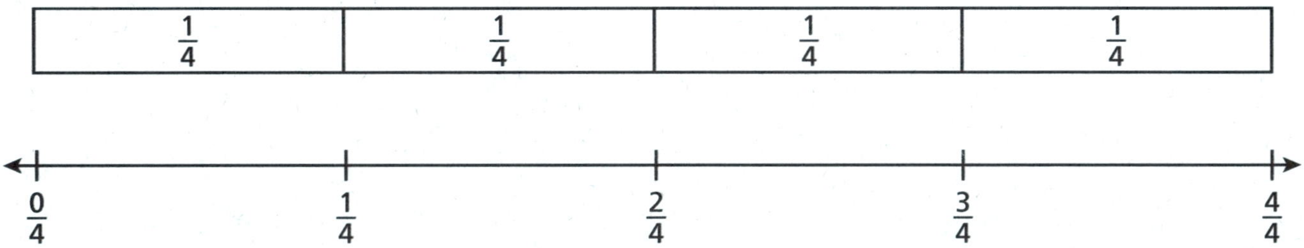

Estas rectas numéricas se dividen para mostrar fracciones diferentes.

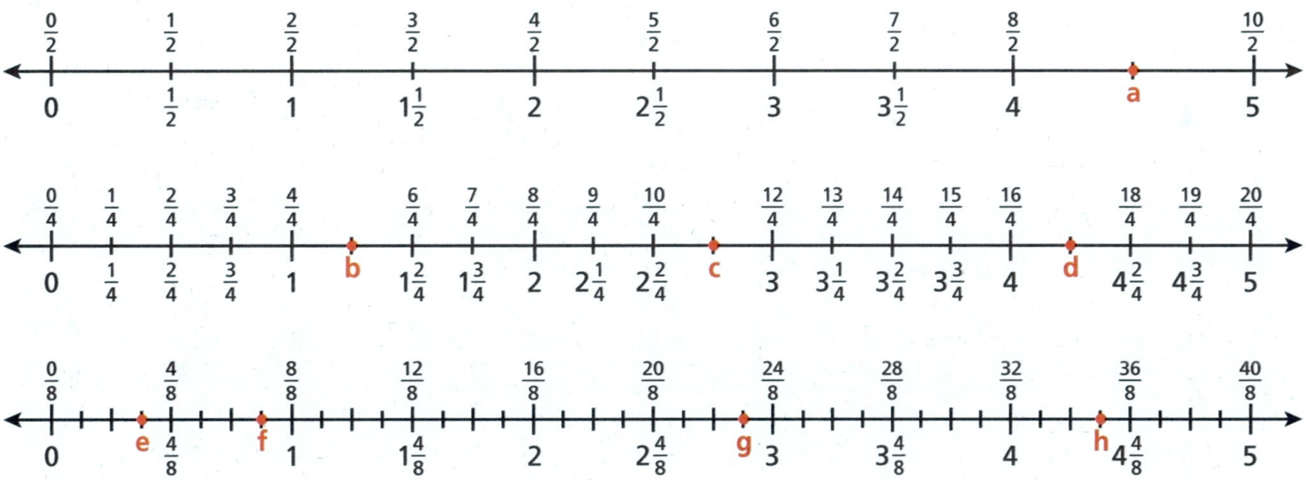

Escribe > o < para que cada enunciado sea verdadero.

1. $\frac{3}{4}$ ◯ $\frac{5}{2}$
2. $\frac{15}{4}$ ◯ $\frac{20}{8}$
3. $\frac{10}{4}$ ◯ $\frac{24}{8}$
4. $2\frac{4}{8}$ ◯ $1\frac{3}{4}$

Identificar puntos

5. Escribe la fracción o número mixto para cada punto marcado con letras en las rectas numéricas anteriores.

a. ______ b. ______ c. ______ d. ______

e. ______ f. ______ g. ______ h. ______

Rectas numéricas para tercios y sextos

Indica cuántas partes iguales hay entre 0 y 1. Luego, escribe etiquetas de fracción sobre las partes iguales.

6 _______

7 _______

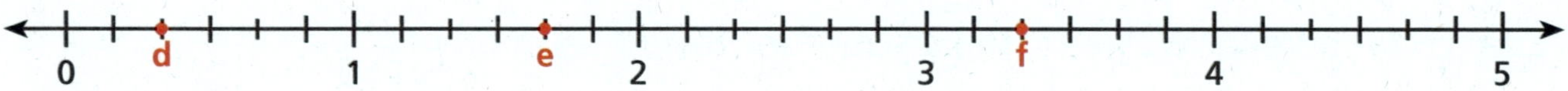

8 _______

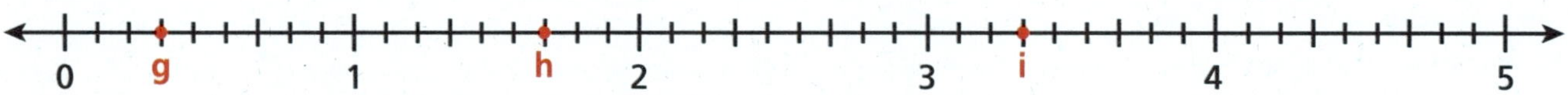

Escribe $>$ o $<$ para que cada enunciado sea verdadero.

9 $\frac{4}{3}$ ◯ $\frac{7}{6}$

10 $\frac{8}{3}$ ◯ $\frac{18}{6}$

11 $3\frac{5}{6}$ ◯ $3\frac{2}{3}$

Identificar puntos

12 Escribe la fracción o el número mixto para cada punto marcado con letras en las rectas numéricas anteriores. Describe cualquier patrón que veas con la clase.

a. _______ b. _______ c. _______

d. _______ e. _______ f. _______

g. _______ h. _______ i. _______

Marca y rotula las letras de cada fracción o número mixto en la recta numérica.

13 

a. $\frac{1}{5}$ b. $\frac{7}{10}$ c. $1\frac{2}{5}$ d. $2\frac{1}{2}$

e. $3\frac{3}{10}$ f. $4\frac{2}{5}$ g. $4\frac{9}{10}$ h. $5\frac{1}{2}$

Nombre ____________________

Fracciones y puntos de referencia

Decide si cada fracción es más cercana a 0 o a 1.
Escribe *más cercana a 0* o *más cercana a 1*.

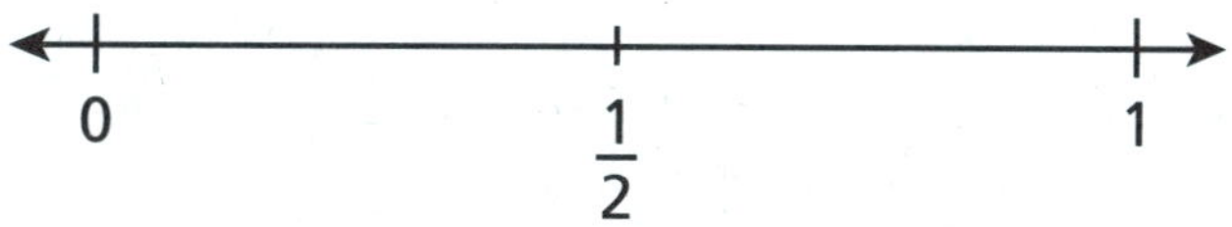

14 $\frac{1}{4}$ ____________ **15** $\frac{3}{4}$ ____________ **16** $\frac{7}{8}$ ____________

Escribe > o < para que cada enunciado sea verdadero.

17 $\frac{5}{8}$ ◯ $\frac{11}{12}$ **18** $\frac{7}{12}$ ◯ $\frac{1}{8}$ **19** $\frac{3}{8}$ ◯ $\frac{1}{6}$

Escribe las fracciones en orden de menor a mayor.

20 $\frac{5}{12}$, $\frac{1}{8}$, $\frac{4}{6}$ ____________ **21** $\frac{3}{6}$, $\frac{3}{4}$, $\frac{2}{9}$ ____________

¿Cuál es el error?

Queridos estudiantes de matemática,

Estoy horneando galletas. Mi amigo dice que $\frac{5}{8}$ de libra de nueces. Estas vienen en bolsas de $\frac{1}{2}$ libra y de 1 libra. Mi amigo dice que $\frac{5}{8}$ está más cerca de $\frac{1}{2}$ que de 1, así que compraría una bolsa de $\frac{1}{2}$ libra. Creo que mi amigo está equivocado.

¿Están de acuerdo conmigo o con mi amigo? ¿Pueden ayudarme a decidir qué bolsa de nueces debo comprar?

Su amigo,
Pingüino Confundido

22 Escribe una respuesta para Pingüino Confundido.

____

____

____

Usar puntos de referencia

La siguiente lista muestra una variedad de ingredientes de cocina y las cantidades.

Ingredientes y cantidades (tz = taza)	
harina de trigo $1\frac{5}{8}$ tz	harina blanca $\frac{4}{6}$ tz
azúcar $1\frac{1}{8}$ tz	almidón de maíz $\frac{3}{8}$ tz
salvado de avena $1\frac{4}{5}$ tz	agua $\frac{5}{6}$ tz

Decide si cada cantidad está más cerca de $\frac{1}{2}$ taza, $1\frac{1}{2}$ tazas o 2 tazas. Escribe *más cercana a $\frac{1}{2}$ tz, más cercana a 1 $1\frac{1}{2}$ tz* o *más cercana a 2 tz.*

23 harina de trigo ___________

24 harina blanca ___________

25 azúcar ___________

26 almidón de maíz ___________

27 salvado de avena ___________

28 agua ___________

Decide qué ingrediente representa una cantidad mayor.

29 azúcar o harina de trigo ___________

30 harina de trigo o harina blanca ___________

31 azúcar o salvado de avena ___________

32 salvado de avena o harina blanca ___________

33 Haz una lista en orden de mayor a menor de las cantidades de todos los ingredientes en la tabla. ___________

____

Comprobar la comprensión

¿Cuál es mayor, $\frac{3}{8}$ o $\frac{5}{4}$? Dibuja una recta numérica para mostrar tu solución.

Nombre ______________________________

Comparar fracciones de enteros de diferentes tamaños

Jon y sus cinco amigos quieren comer sándwiches, por lo que hacen dos: uno en una hogaza de pan corta y otro en una hogaza más larga. Jon corta cada sándwich en seis trozos iguales. Sus amigos creen que los trozos no son de igual tamaño.

1. ¿Tienen razón los amigos de Jon? Explica.

____

____

____

2. ¿Qué puede hacer Jon para asegurarse de que todos reciban la misma cantidad de comida? Explica.

____

____

El papá de Hattie pide una pizza pequeña, otra mediana y otra grande. Divide cada pizza en 8 partes iguales. Hattie come un $\frac{1}{8}$ de la pizza pequeña y su amigo come $\frac{1}{8}$ de la pizza grande.

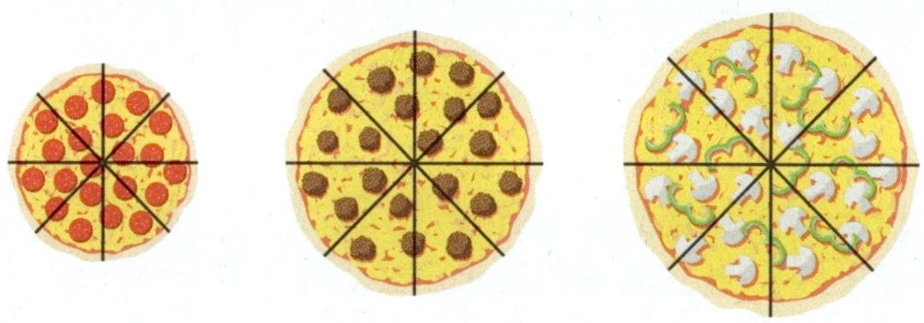

3. Hattie dice que tiene menos pizza que su amigo. ¿Tiene razón? Explica.

____

____

____

4. ¿Qué podemos aprender de las fracciones a través de estos problemas?

____

Problemas de fracciones

Muestra tu trabajo.

5 En un refugio hay 4 cachorros de spaniel y 6 cachorros de beagle. Jack adoptó $\frac{1}{2}$ de los cachorros de spaniel y Carmen adoptó $\frac{1}{2}$ de los cachorros de beagle. ¿Quién adoptó más cachorros? ¿Cómo lo sabes?

6 Julio sembró 16 margaritas y 10 lirios. Su cabra se comió 5 margaritas y 5 lirios. ¿Comió la cabra una fracción mayor de margaritas o de lirios? Explica.

7 En un mercado de frutas se venden dos empaques diferentes de naranjas. Las bolsas contienen 12 naranjas y las cajas 15. Ambos empaques cuestan $5.00. ¿Qué paquete es mejor comprar? ¿Por qué?

8 En cuarto grado hay tres equipos de atletismo, con 12 corredores cada uno. En una carrera, $\frac{1}{4}$ del equipo A, $\frac{1}{3}$ del equipo B y $\frac{1}{6}$ del equipo C pasaron el primer puesto de tomar agua al mismo tiempo. ¿Qué equipo tenía más corredores en el primer puesto de tomar agua en ese momento? Explica.

Comprobar la comprensión

Encierra en un círculo la palabra para completar la oración. Cuando los enteros son diferentes y las fracciones son iguales, la parte fraccional del entero *más pequeño/más grande* es mayor.

Prueba rápida 1 de la Unidad 7

Nombre ______________________ Fecha ______________

Escribe >, < o = para que cada enunciado sea verdadero.

1. $\frac{3}{5}$ ◯ $\frac{3}{8}$

2. $\frac{3}{8}$ ◯ $\frac{5}{8}$

3. Rotula el punto para cada fracción o número mixto con la letra correspondiente.

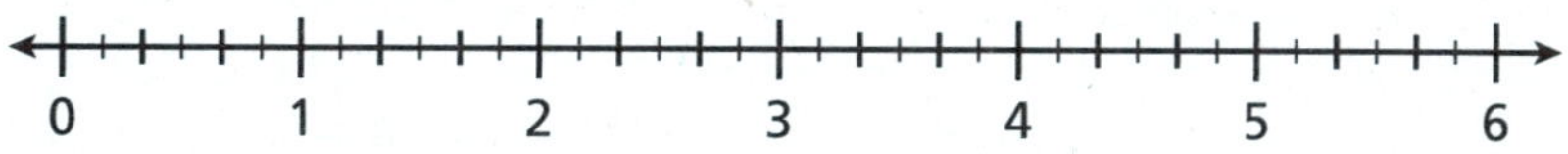

a. $3\frac{1}{2}$ b. $2\frac{1}{3}$ c. $\frac{2}{3}$ d. $5\frac{5}{6}$ e. $1\frac{1}{6}$

¿Qué fracción o número mixto es más cercano a 1?

____

Resuelve.

Muestra tu trabajo.

4. Cory envía dos libros. Uno pesa $\frac{3}{8}$ de libra y el otro $\frac{3}{4}$ de libra. ¿Qué peso es mayor que $\frac{1}{2}$ libra?

____

5. Un granjero tiene 8 caballos y 12 vacas. Coloca $\frac{1}{4}$ de los caballos y un $\frac{1}{4}$ de las vacas en un establo. ¿Colocó más caballos o más vacas en el establo? Explica.

____

____

Comprobar el conocimiento 20

Nombre ______________________ Fecha ______________________

Camino al conocimiento

Suma o resta.

1. $\begin{array}{r} 2,156 \\ +\ 4,869 \\ \hline \end{array}$

2. $\begin{array}{r} 478 \\ -\ 386 \\ \hline \end{array}$

3. $\begin{array}{r} 3,742 \\ +\ 823 \\ \hline \end{array}$

4. $\begin{array}{r} 7,968 \\ -\ 3,526 \\ \hline \end{array}$

5. $\begin{array}{r} 54,683 \\ +\ 23,574 \\ \hline \end{array}$

6. $\begin{array}{r} 475,498 \\ -\ 88,532 \\ \hline \end{array}$

7. $\begin{array}{r} 605,748 \\ -\ 349,582 \\ \hline \end{array}$

8. $\begin{array}{r} 537 \\ -\ 315 \\ \hline \end{array}$

9. $\begin{array}{r} 836 \\ +\ 753 \\ \hline \end{array}$

10. $\begin{array}{r} 86,334 \\ -\ 3,782 \\ \hline \end{array}$

11. $\begin{array}{r} 145 \\ +\ 232 \\ \hline \end{array}$

12. $\begin{array}{r} 47,542 \\ +\ 8,750 \\ \hline \end{array}$

13. $\begin{array}{r} 80,000 \\ -\ 34,689 \\ \hline \end{array}$

14. $\begin{array}{r} 586,456 \\ +\ 56,967 \\ \hline \end{array}$

15. $\begin{array}{r} 7,603 \\ -\ 4,421 \\ \hline \end{array}$

Nombre ____________________

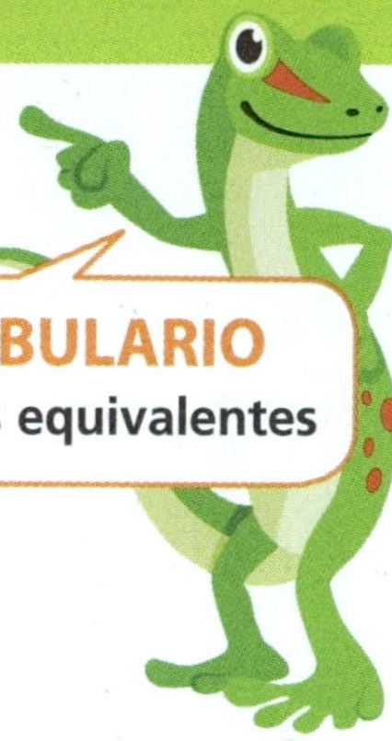

VOCABULARIO
Fracciones equivalentes

Fracciones equivalentes

Lee y comenta el problema.

Lewis trabaja en verano en la granja de frutas de María. Un día, María acordó darle una paga adicional si lograba vender $\frac{2}{3}$ de los duraznos disponibles. Comenzaron con 12 bolsas de duraznos y Lewis vendió 8 de ellas.

1. Lewis le dijo a María, "ocho bolsas es $\frac{8}{12}$ de las 12 bolsas que querías que vendiera. Creo que $\frac{2}{3}$ es igual a $\frac{8}{12}$. Te puedo mostrar por qué". Así que l hizo un dibujo. ¿Obtuvo Lewis el dinero adicional? Explica tu respuesta.

____

____

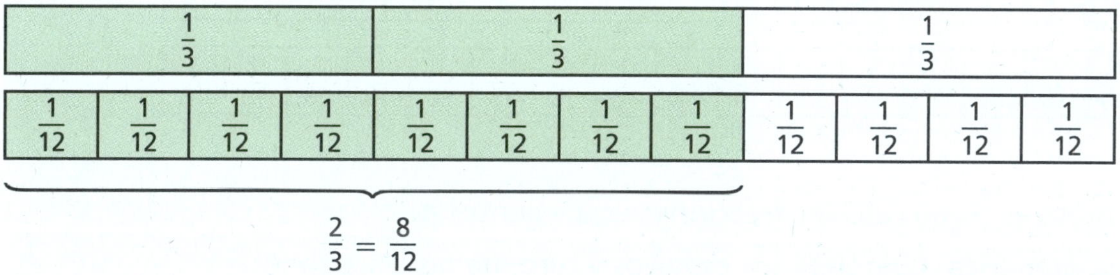

Dos fracciones que representan la misma parte de un entero son **fracciones equivalentes**. Las fracciones $\frac{2}{3}$ y $\frac{8}{12}$ son equivalentes.

2. María dijo: "Solo estás dividiendo cada tercio en 4 doceavos. Puedes mostrar lo que hiciste usando números". Esto fue lo que escribió María:

$$\frac{2}{3} = \frac{2 \times 4}{3 \times 4} = \frac{8}{12}$$

Comenta lo que hizo María. ¿Cómo afecta a la fracción multiplicar el numerador y el denominador por 4?

____

____

____

Usar barras de fracción para calcular las fracciones equivalentes

3 ¿Cómo estas barras de fracción muestran fracciones equivalentes a $\frac{1}{3}$?

____

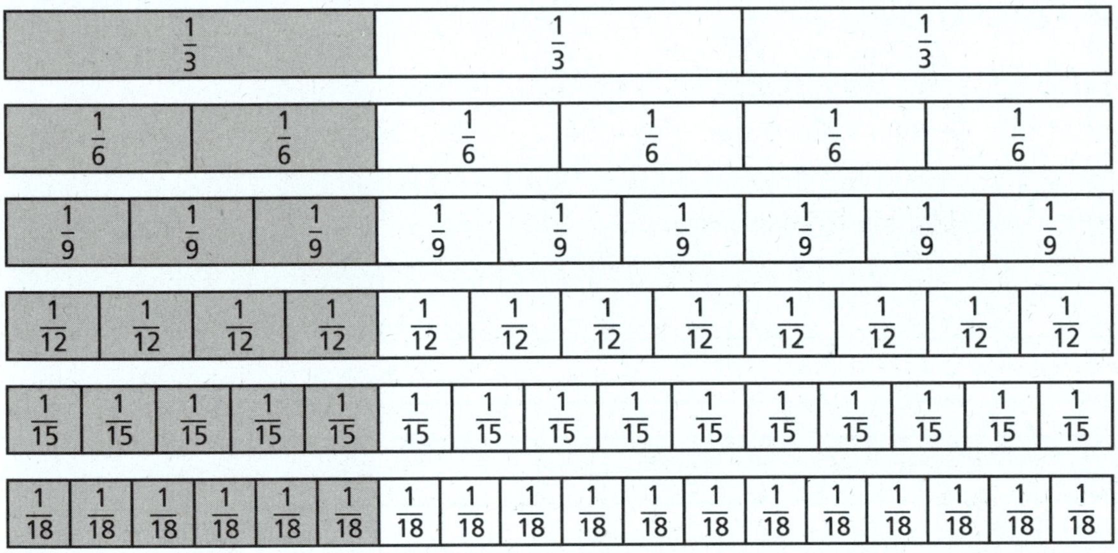

4 Puedes mostrar cómo calcular fracciones equivalentes a $\frac{1}{3}$ de forma numérica. Completa los espacios y termina las ecuaciones. Luego, explica cómo estas ecuaciones de fracciones muestran fracciones equivalentes.

2 partes iguales	3 partes iguales	4 partes iguales	__ partes iguales	__ partes iguales
$\times 2$	$\times 3$	$\times$ __	$\times$ __	$\times$ __
$\frac{1 \times 2}{3 \times 2} = \frac{2}{6}$	$\frac{1 \times \_}{3 \times \_} = \frac{\_}{9}$	$\frac{1 \times \_}{3 \times \_} = \frac{\_}{12}$	$\frac{1 \times \_}{3 \times \_} = \frac{\_}{15}$	$\frac{1 \times \_}{3 \times \_} = \frac{\_}{18}$

____

____

5 Indica si las fracciones son equivalentes.

a. $\frac{1}{6}$ y $\frac{2}{12}$ ________ **b.** $\frac{3}{6}$ y $\frac{5}{9}$ ________ **c.** $\frac{6}{12}$ y $\frac{8}{15}$ ________

Nombre ____________________

Usar una tabla de multiplicación para calcular fracciones equivalentes

La tabla a la derecha muestra parte de la tabla de multiplicación a la izquierda. Puedes calcular fracciones equivalentes a $\frac{1}{3}$ si usas los productos en las filas para los factores 1 y 3.

×	1	2	3	4	5	6	7	8	9	10
1	1	2	3	4	5	6	7	8	9	10
2	2	4	6	8	10	12	14	16	18	20
3	3	6	9	12	15	18	21	24	27	30
4	4	8	12	16	20	24	28	32	36	40
5	5	10	15	20	25	30	35	40	45	50
6	6	12	18	24	30	36	42	48	54	60
7	7	14	21	28	35	42	49	56	63	70
8	8	16	24	32	40	48	56	64	72	80
9	9	18	27	36	45	54	63	72	81	90
10	10	20	30	40	50	60	70	80	90	100

× 6

×	1	2	3	4	5	6	7	8	9	10
1	(1)	2	3	4	5	(6)	7	8	9	10
3	(3)	6	9	12	15	(18)	21	24	27	30

$$\frac{1 \times 6}{3 \times 6} = \frac{6}{18}$$

$$\frac{6 \div 6}{18 \div 6} = \frac{1}{3}$$

$\frac{1}{3}$	$\frac{1}{3}$	$\frac{1}{3}$

$\frac{1}{18}$	$\frac{1}{18}$	$\frac{1}{18}$	$\frac{1}{18}$	$\frac{1}{18}$	$\frac{1}{18}$	$\frac{1}{18}$	$\frac{1}{18}$	$\frac{1}{18}$	$\frac{1}{18}$	$\frac{1}{18}$	$\frac{1}{18}$	$\frac{1}{18}$	$\frac{1}{18}$	$\frac{1}{18}$	$\frac{1}{18}$	$\frac{1}{18}$	$\frac{1}{18}$

Completa cada ecuación de fracción. Observa en la fila superior de la tabla anterior para calcular el multiplicador.

6. $\frac{1 \times \_\_}{3 \times \_\_} = \frac{4}{12}$

7. $\frac{1 \times \_\_}{3 \times \_\_} = \frac{9}{27}$

8. $\frac{1 \times \_\_}{3 \times \_\_} = \frac{2}{6}$

9. $\frac{1 \times \_\_}{4 \times \_\_} = \frac{3}{12}$

10. $\frac{3 \times \_\_}{10 \times \_\_} = \frac{30}{100}$

11. $\frac{5 \times \_\_}{8 \times \_\_} = \frac{30}{48}$

12. Indica si las fracciones son equivalentes.

a. $\frac{3}{4}$ y $\frac{12}{16}$ ________

b. $\frac{1}{2}$ y $\frac{5}{12}$ ________

c. $\frac{9}{10}$ y $\frac{90}{100}$ ________

¿Cuál es el error?

Queridos estudiantes,

Traté de calcular una fracción equivalente a $\frac{2}{3}$. Esto fue lo que escribí.

$$\frac{2}{3} = \frac{5}{6}$$

¿Es correcta mi respuesta? Si no lo es, por favor ayúdenme a comprender cuál es el error.

Gracias.

Pingüino Confundido

13 Escribe una respuesta para Pingüino Confundido.

____

____

____

Practicar

Calcula una fracción equivalente a las fracciones dadas.

14 $\frac{1}{4}$ $\frac{1 \times 2}{4 \times 2} = \frac{2}{\square}$

15 $\frac{3}{8}$ $\frac{3 \times 3}{8 \times 3} = \frac{9}{\square}$

16 $\frac{3}{10}$ ______________

17 $\frac{3}{4}$ ______________

18 $\frac{4}{5}$ ______________

19 $\frac{7}{12}$ ______________

20 $\frac{5}{6}$ ______________

21 $\frac{7}{8}$ ______________

Comprobar la comprensión

Escribe dos fracciones con el denominador 20: una equivalente a $\frac{1}{4}$ y otra equivalente a $\frac{7}{10}$.

____

Nombre ________________________________

VOCABULARIO
simplificar una fracción

Simplificar fracciones

María tenía 12 cajas de albaricoques. Vendió 10 de las cajas. Luego, María dijo que vendió $\frac{5}{6}$ de las cajas. Hizo este dibujo para mostrar que $\frac{10}{12}$ y $\frac{5}{6}$ son fracciones equivalentes.

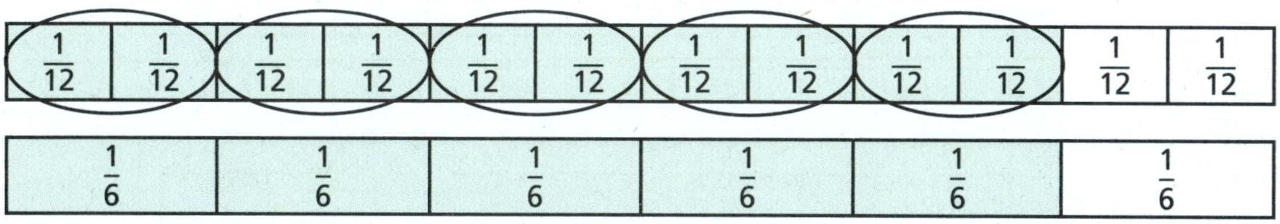

1. ¿Estás de acuerdo con que $\frac{10}{12}$ y $\frac{5}{6}$ son equivalentes? ¿Por qué?

   ____

2. María creó grupos de doceavos para obtener una fracción unitaria mayor. ¿Cuál es esa fracción unitaria?

   ____

3. ¿Cuántos doceavos puso en cada grupo? En otras palabras, ¿de qué tamaño era el grupo? ____________

4. Muestra cómo puedes calcular la fracción equivalente al dividir el numerador y denominador entre el tamaño del grupo.

   $\frac{10}{12} = \frac{10 \div \square}{12 \div \square} = \frac{\square}{\square}$

Para **simplificar una fracción**, divide el numerador y el denominador de una fracción entre el mismo número para hacer una fracción equivalente de menos fracciones unitarias pero mayores.

Usa tus conocimientos para simplificar cada fracción para hacer una fracción equivalente a una fracción unitaria de $\frac{1}{6}$.

5. $\frac{8}{12} = \frac{8 \div \square}{12 \div \square} = \frac{\square}{6}$

6. $\frac{14}{12} = \frac{14 \div \square}{12 \div \square} = \frac{\square}{6} = \square\frac{\square}{6}$

Dividir para calcular fracciones equivalentes

7 Observa las barras de tercios. Encierra en un círculo suficientes fracciones unitarias en cada una de las otras barras para que sean iguales a $\frac{1}{3}$.

$\frac{1}{18}$	$\frac{1}{18}$	$\frac{1}{18}$	$\frac{1}{18}$	$\frac{1}{18}$	$\frac{1}{18}$	$\frac{1}{18}$	$\frac{1}{18}$	$\frac{1}{18}$	$\frac{1}{18}$	$\frac{1}{18}$	$\frac{1}{18}$	$\frac{1}{18}$	$\frac{1}{18}$	$\frac{1}{18}$	$\frac{1}{18}$	$\frac{1}{18}$	$\frac{1}{18}$

$\frac{1}{15}$	$\frac{1}{15}$	$\frac{1}{15}$	$\frac{1}{15}$	$\frac{1}{15}$	$\frac{1}{15}$	$\frac{1}{15}$	$\frac{1}{15}$	$\frac{1}{15}$	$\frac{1}{15}$	$\frac{1}{15}$	$\frac{1}{15}$	$\frac{1}{15}$	$\frac{1}{15}$	$\frac{1}{15}$

$\frac{1}{12}$	$\frac{1}{12}$	$\frac{1}{12}$	$\frac{1}{12}$	$\frac{1}{12}$	$\frac{1}{12}$	$\frac{1}{12}$	$\frac{1}{12}$	$\frac{1}{12}$	$\frac{1}{12}$	$\frac{1}{12}$	$\frac{1}{12}$

$\frac{1}{9}$	$\frac{1}{9}$	$\frac{1}{9}$	$\frac{1}{9}$	$\frac{1}{9}$	$\frac{1}{9}$	$\frac{1}{9}$	$\frac{1}{9}$	$\frac{1}{9}$

$\frac{1}{6}$	$\frac{1}{6}$	$\frac{1}{6}$	$\frac{1}{6}$	$\frac{1}{6}$	$\frac{1}{6}$

$\frac{1}{3}$	$\frac{1}{3}$	$\frac{1}{3}$

8 Comenta cómo las partes de las barras de fracción que encerraste en un círculo muestran esta cadena de fracciones equivalentes. Explica cómo cada grupo diferente de unidades de fracciones es igual a $\frac{1}{3}$.

$$\frac{6}{18} = \frac{5}{15} = \frac{4}{12} = \frac{3}{9} = \frac{2}{6} = \frac{1}{3}$$

____

____

9 Escribe el tamaño del grupo para cada fracción en la cadena de fracciones equivalentes. El primero está hecho para ti.

6 ______ ______ ______ ______ ______

10 Completa cada ecuación mostrando cómo usas el tamaño del grupo para simplificar. La primera está hecha para ti.

$\frac{6 \div 6}{18 \div 6} = \frac{1}{3}$ $\frac{5 \div \square}{15 \div \square} = \frac{1}{3}$ $\frac{4 \div \square}{12 \div \square} = \frac{1}{3}$

$\frac{3 \div \square}{9 \div \square} = \frac{1}{3}$ $\frac{2 \div \square}{6 \div \square} = \frac{1}{3}$

Nombre ______________________________

Usar una tabla de multiplicación para calcular fracciones equivalentes

Las filas de la tabla de multiplicación muestran relaciones entre fracciones equivalentes.

11 En la lección 4, usaste la multiplicación para calcular las fracciones equivalentes de izquierda a derecha en la tabla de multiplicación. ¿Qué sucede con las fracciones al moverte de izquierda a derecha? ¿Cómo cambia el tamaño de la fracción unitaria? ¿Cómo cambia el número de fracciones unitarias?

____

____

____

×	1	2	3	4	5	6	7	8	9	10
1	1	2	3	4	5	6	7	8	9	10
3	3	6	9	12	15	18	21	24	27	30

Amplifica una fracción.

$\frac{1}{3} = \frac{1 \times 5}{3 \times 5} = \frac{5}{15}$

12 También puedes hacer fracciones equivalentes usando la división al simplificar cuando te mueves de derecha a izquierda en la tabla de multiplicación. ¿Qué ocurre con las fracciones a medida que te mueves de derecha a izquierda? ¿Cómo cambia el tamaño de la fracción unitaria? ¿Cómo cambia el número de fracciones unitarias?

____

____

____

×	1	2	3	4	5	6	7	8	9	10
1	1	2	3	4	5	6	7	8	9	10
3	3	6	9	12	15	18	21	24	27	30

Simplifica una fracción.

$\frac{5}{15} = \frac{5 \div 5}{15 \div 5} = \frac{1}{3}$

Usar una tabla de multiplicación para calcular fracciones equivalentes (continuación)

Aquí hay otras dos filas más de la tabla de multiplicación unida. Estas filas pueden usarse para generar una cadena de fracciones equivalentes a $\frac{4}{8}$.

×	1	2	3	4	5	6	7	8	9	10
4	4	8	12	16	20	24	28	32	36	40
8	8	16	24	32	40	48	56	64	72	80

Completa cada ecuación.

13 $\frac{4 \times}{8 \times} =$

14 $\frac{4 \times}{8 \times} =$

15 $\frac{20 \div}{40 \div} = \frac{4}{8}$

16 $\frac{36 \div}{72 \div} = \frac{4}{8}$

17 $\frac{12 \div}{24 \div} = \frac{4}{8}$

18 $\frac{24 \div}{48 \div} = \frac{4}{8}$

Completa cada cadena de fracciones equivalentes.

19 $\frac{1}{2} = \frac{}{4} = \frac{}{8}$

20 $\frac{}{5} = \frac{}{10} = \frac{}{20}$

21 $\frac{}{3} = \frac{}{6} = \frac{}{12}$

22 $\frac{}{2} = \frac{}{4} = \frac{}{8}$

Practicar la simplificación de fracciones

Simplifica las fracciones.

23 $\frac{8 \div}{10 \div} =$

24 $\frac{6 \div}{8 \div} =$

25 $\frac{15 \div}{40 \div} =$

26 $\frac{10 \div}{12 \div} =$

27 $\frac{8 \div}{12 \div} =$

28 $\frac{20 \div}{30 \div} =$

29 $\frac{40 \div}{100 \div} =$

30 $\frac{75 \div}{100 \div} =$

Completa cada cadena de fracciones equivalentes.

31 $\frac{16}{8} = \frac{}{4} = \frac{}{2}$

32 $\frac{}{20} = \frac{}{10} = \frac{}{5}$

33 $\frac{}{12} = \frac{}{6} = \frac{}{3}$

34 $\frac{}{8} = \frac{}{4} = \frac{}{2}$

Comprobar la comprensión

Explica por qué las fracciones equivalentes son del mismo tamaño aún cuando el número y el tamaño de las partes difieren.

Nombre ______________________________

Comparar fracciones con tiras fraccionarias y rectas numéricas

1 Usa recta numéricas para comparar las fracciones $\frac{4}{5}$ y $\frac{7}{10}$.

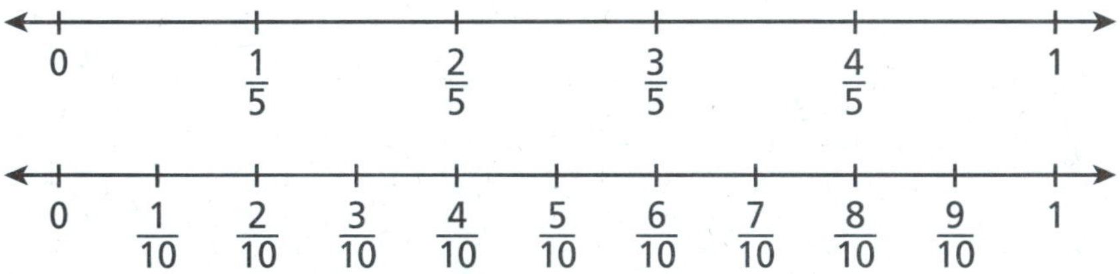

____

2 Usa las tiras fraccionarias para comparar las fracciones $\frac{3}{4}$ y $\frac{4}{6}$.

$\frac{1}{4}$	$\frac{1}{4}$	$\frac{1}{4}$	$\frac{1}{4}$

$\frac{1}{6}$	$\frac{1}{6}$	$\frac{1}{6}$	$\frac{1}{6}$	$\frac{1}{6}$	$\frac{1}{6}$

$\frac{1}{12}$	$\frac{1}{12}$	$\frac{1}{12}$	$\frac{1}{12}$	$\frac{1}{12}$	$\frac{1}{12}$	$\frac{1}{12}$	$\frac{1}{12}$	$\frac{1}{12}$	$\frac{1}{12}$	$\frac{1}{12}$	$\frac{1}{12}$

____

Compara. Escribe $>$, $<$ o $=$.

3 $\frac{3}{4}$ ◯ $\frac{7}{12}$

4 $\frac{3}{5}$ ◯ $\frac{7}{12}$

5 $\frac{3}{5}$ ◯ $\frac{6}{10}$

6 $\frac{2}{5}$ ◯ $\frac{3}{6}$

7 $\frac{4}{10}$ ◯ $\frac{1}{5}$

8 $\frac{2}{10}$ ◯ $\frac{3}{8}$

Comparar fracciones usando denominadores comunes

VOCABULARIO
denominador común

Puedes comparar dos fracciones con denominadores diferentes al escribir fracciones equivalentes que usan la misma fracción unitaria. Las fracciones tendrán un **denominador común**. Puedes usar estrategias diferentes para hacer esto. Los siguientes casos dependen de la relación entre los denominadores de las dos fracciones.

Caso 1: un denominador es un factor de otro. **Estrategia posible:** usar el mayor denominador como el denominador común.	**Ejemplo:** compara $\frac{3}{5}$ y $\frac{5}{10}$. Usa 10 como el denominador común. $\frac{3 \times 2}{5 \times 2} = \frac{6}{10}$ $\frac{6}{10} > \frac{5}{10}$, entonces $\frac{3}{5} > \frac{5}{10}$.
Caso 2: el único número que es un factor de ambos denominadores es 1. **Estrategia posible:** usar el producto de los denominadores como el denominador común.	**Ejemplo:** compara $\frac{5}{8}$ y $\frac{4}{5}$. Usa 5 × 8, o 40 como el denominador común. $\frac{5 \times 5}{8 \times 5} = \frac{25}{40}$ $\frac{4 \times 8}{5 \times 8} = \frac{32}{40}$ $\frac{25}{40} < \frac{32}{40}$, entonces $\frac{5}{8} < \frac{4}{5}$.
Caso 3: hay un factor de ambos denominadores que no es 1 ni es uno de los numeradores. **Estrategia posible:** usar un denominador común que sea menor al producto de los denominadores.	**Ejemplo:** compara $\frac{5}{8}$ y $\frac{7}{12}$. 24 es un múltiplo común de 8 y 12. Usa 24 como el denominador común. $\frac{5 \times 3}{8 \times 3} = \frac{15}{24}$ $\frac{7 \times 2}{12 \times 2} = \frac{14}{24}$ $\frac{15}{24} > \frac{14}{24}$, entonces $\frac{5}{8} > \frac{7}{12}$.

Compara. Escribe >, < o =.

9. $\frac{3}{5}$ ◯ $\frac{2}{3}$
10. $\frac{10}{12}$ ◯ $\frac{5}{6}$
11. $\frac{3}{4}$ ◯ $\frac{8}{10}$
12. $\frac{4}{5}$ ◯ $\frac{75}{100}$
13. $\frac{5}{8}$ ◯ $\frac{3}{5}$
14. $\frac{2}{3}$ ◯ $\frac{7}{10}$

Nombre ____________________

¿Cuál es el error?

Queridos estudiantes de matemática,

Mi hermano tiene un tazón de cerezas para compartir. Él se comió $\frac{3}{8}$ de las cerezas y yo me comí $\frac{2}{5}$ Escribí dos fracciones con un denominador común y las comparé.

$\frac{3}{8 \times 5} = \frac{3}{40}$ y $\frac{2}{5 \times 8} = \frac{2}{40}$

$\frac{3}{40} > \frac{2}{40}$, así que $\frac{3}{8} > \frac{2}{5}$.

No creo que mi hermano haya sido justo. ¡Tuvo más cerezas que yo! ¿Están de acuerdo?

Su amigo,
Pingüino Confundido

15 Escribe una respuesta para Pingüino Confundido.

____

____

____

____

____

Practicar

Compara.

16 $\frac{3}{6} \bigcirc \frac{5}{10}$ 17 $\frac{10}{12} \bigcirc \frac{7}{8}$ 18 $\frac{2}{6} \bigcirc \frac{1}{5}$

19 $\frac{3}{8} \bigcirc \frac{1}{4}$ 20 $\frac{3}{10} \bigcirc \frac{25}{100}$ 21 $\frac{6}{12} \bigcirc \frac{2}{3}$

22 $\frac{2}{5} \bigcirc \frac{35}{100}$ 23 $\frac{5}{12} \bigcirc \frac{9}{10}$ 24 $\frac{45}{100} \bigcirc \frac{5}{10}$

25 $\frac{4}{5} \bigcirc \frac{11}{12}$ 26 $\frac{3}{12} \bigcirc \frac{6}{8}$ 27 $\frac{11}{12} \bigcirc \frac{9}{10}$

Practicar (continuación)

Resuelve.

Muestra tu trabajo.

28 Alex y Kirsti pintan una cerca alrededor de su jardín. Alex ha pintado $\frac{3}{8}$ de la cerca y Kirsti $\frac{5}{12}$. ¿Quién ha pintado más de la cerca?

____

29 Esther y Lavinia tienen la misma tarea de matemática. Esther ha terminado $\frac{7}{8}$ de la tarea y Lavinia $\frac{3}{5}$. ¿Quién ha terminado más de la tarea?

____

30 Avram y Anton viven en la misma calle. La casa de Avram está a $\frac{3}{4}$ de milla de la escuela, mientras que la de Antón está a $\frac{7}{10}$ de milla. ¿Qué casa está a mayor distancia de la escuela?

____

31 Leila lee un libro. El viernes leyó $\frac{25}{100}$ del libro y el sábado $\frac{3}{8}$ del libro. ¿Qué día leyó más?

____

Sumar fracciones

Suma.

32 $\frac{2}{10} + \frac{3}{100} =$ _______

33 $\frac{17}{100} + \frac{7}{10} =$ _______

34 $\frac{9}{10} + \frac{33}{100} =$ _______

Comprobar la comprensión

Explica cómo comparar las fracciones $\frac{7}{12}$ y $\frac{3}{8}$.

Nombre ________________________________

Usar diagramas de puntos para resolver problemas

Un diagrama de puntos es una gráfica que muestra datos a través de una recta numérica. Mateo quiere hornear pan de pasas; tiene varias recetas y cada una de ellas sirve para hacer una hogaza de pan. El diagrama de puntos muestra la cantidad de tazas de azúcar en las recetas.

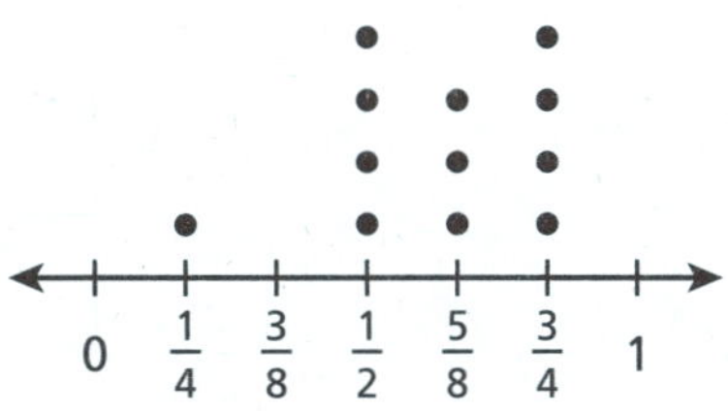

tazas de azúcar

1. ¿Cuántas recetas de pan de pasas tiene Mateo?

   ____

2. ¿Cuántas recetas tienen más de $\frac{1}{2}$ taza de azúcar?

   ____

3. ¿Cuál es la menor cantidad de azúcar en cualquiera de las recetas?

   ____

4. ¿Cuánto menos azúcar hay en la receta con la menor cantidad de azúcar en comparación con la receta con más azúcar?

   ____

5. Mateo quiere probar todas las recetas con exactamente $\frac{5}{8}$ de taza de azúcar. ¿Cuánto azúcar necesita?

   ____

6. ¿Cuánta azúcar crees que necesite una receta para pan de pasas? Explica tu razonamiento.

   ____

   ____

Hacer un diagrama de puntos

Mai cortó tiras de papel de colores para hacer un collage. Las longitudes de las tiras no usadas se muestran en la tabla.

longitud (en pulgadas)	número de trozos
$\frac{1}{2}$	4
$\frac{5}{8}$	2
$\frac{3}{4}$	2
$\frac{7}{8}$	3
$1\frac{1}{4}$	2

7 Haz un diagrama de puntos para mostrar los datos.

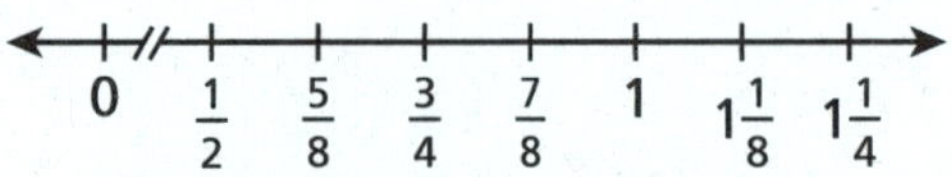

longitud (en pulgadas)

8 Mai colocó los trozos más cortos en una fila uno detrás del otro. ¿Qué tan larga era la fila? ______________

Un grupo de estudiantes midió el ancho de sus manos. Las medidas se muestran en la tabla.

Ancho (en pulgadas)	Número de estudiantes
$2\frac{1}{4}$	1
$2\frac{3}{8}$	2
$2\frac{1}{2}$	2
$2\frac{5}{8}$	4
$2\frac{3}{4}$	2
$2\frac{7}{8}$	1

9 Haz un diagrama de puntos para mostrar los datos.

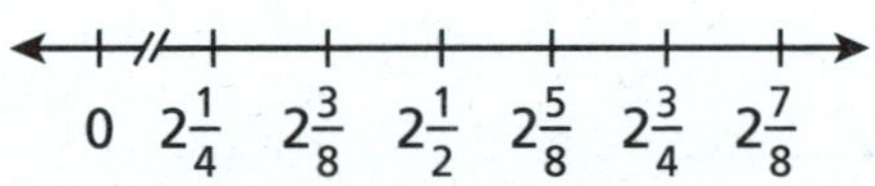

número de trozos

10 ¿Cuál es la diferencia entre el ancho de la mano más ancha y el ancho de las manos más común? ______________

11 Escribe un problema que puedas resolver usando el diagrama de puntos.

____

____

____

Comprobar la comprensión

Describir las partes de un diagrama de puntos.

____

Prueba rápida 2 de la Unidad 7

Nombre ______________________ Fecha ______________

1 Escribe 5 fracciones que sean equivalentes a $\frac{1}{4}$.

____

2 Simplifica la fracción.

$\frac{10}{25} =$ ______

3 Usa las tiras de fracciones para comparar las fracciones $\frac{5}{8}$ y $\frac{7}{12}$.
Escribe un enunciado verdadero usando solo uno de estos símbolos: >, < o =.

$\frac{1}{8}$	$\frac{1}{8}$	$\frac{1}{8}$	$\frac{1}{8}$	$\frac{1}{8}$	$\frac{1}{8}$	$\frac{1}{8}$	$\frac{1}{8}$

$\frac{1}{12}$	$\frac{1}{12}$	$\frac{1}{12}$	$\frac{1}{12}$	$\frac{1}{12}$	$\frac{1}{12}$	$\frac{1}{12}$	$\frac{1}{12}$	$\frac{1}{12}$	$\frac{1}{12}$	$\frac{1}{12}$	$\frac{1}{12}$

______________________________________ *Muestra tu trabajo.*

4 Ethan quiere que $\frac{3}{10}$ de las plantas de su jardín sean tomates.
También quiere que $\frac{2}{5}$ de las plantas sean pimientos.
¿Sembrará Ethan más plantas de tomate o pimiento?

____

5 El diagrama de puntos muestra la cantidad de tazas de harina de maíz usadas en distintas recetas de pan de maíz.

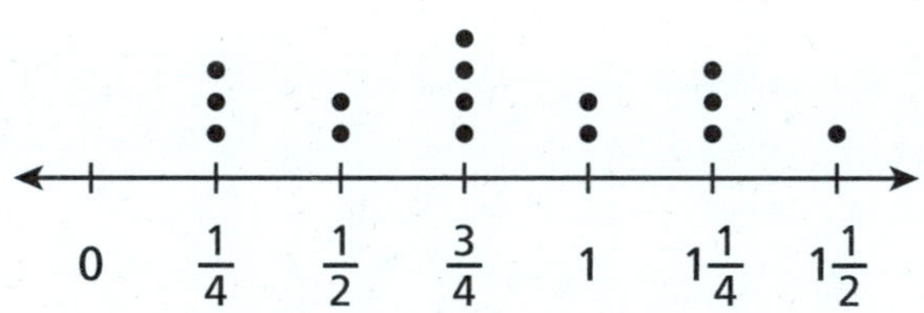

Tazas de harina de maíz

¿Cuánta harina de maíz menos hay en una receta con la menor cantidad de harina de maíz en comparación con la receta con más harina de maíz?

____

Comprobar el conocimiento 21

Nombre _______________ Fecha _______________

Camino al conocimiento

Suma o resta.

1. $\begin{array}{r} 112 \\ +\ 465 \\ \hline \end{array}$

2. $\begin{array}{r} 412 \\ -\ 381 \\ \hline \end{array}$

3. $\begin{array}{r} 7{,}387 \\ +\ \ \ 372 \\ \hline \end{array}$

4. $\begin{array}{r} 543{,}582 \\ -\ 451{,}866 \\ \hline \end{array}$

5. $\begin{array}{r} 34{,}985 \\ +\ \ \ 9{,}077 \\ \hline \end{array}$

6. $\begin{array}{r} 60{,}056 \\ -\ 34{,}163 \\ \hline \end{array}$

7. $\begin{array}{r} 8{,}309 \\ +\ 6{,}582 \\ \hline \end{array}$

8. $\begin{array}{r} 6{,}478 \\ -\ 5{,}116 \\ \hline \end{array}$

9. $\begin{array}{r} 745 \\ +\ 619 \\ \hline \end{array}$

10. $\begin{array}{r} 799 \\ -\ 476 \\ \hline \end{array}$

11. $\begin{array}{r} 31{,}178 \\ -\ \ \ 8{,}636 \\ \hline \end{array}$

12. $\begin{array}{r} 4{,}708 \\ -\ 3{,}647 \\ \hline \end{array}$

13. $\begin{array}{r} 55{,}268 \\ +\ 27{,}654 \\ \hline \end{array}$

14. $\begin{array}{r} 487{,}692 \\ +\ 369{,}045 \\ \hline \end{array}$

15. $\begin{array}{r} 805{,}245 \\ -\ \ \ 27{,}716 \\ \hline \end{array}$

Dear Family:

In Lessons 8 through 16 of Unit 7 of *Math Expressions*, your child will be introduced to decimal numbers. Students will begin by using what they already know about pennies, dimes, and dollars to see connections between fractions and decimals.

Students will explore decimal numbers by using bars divided into tenths and hundredths. They will relate decimals to fractions, which are also used to represent parts of a whole.

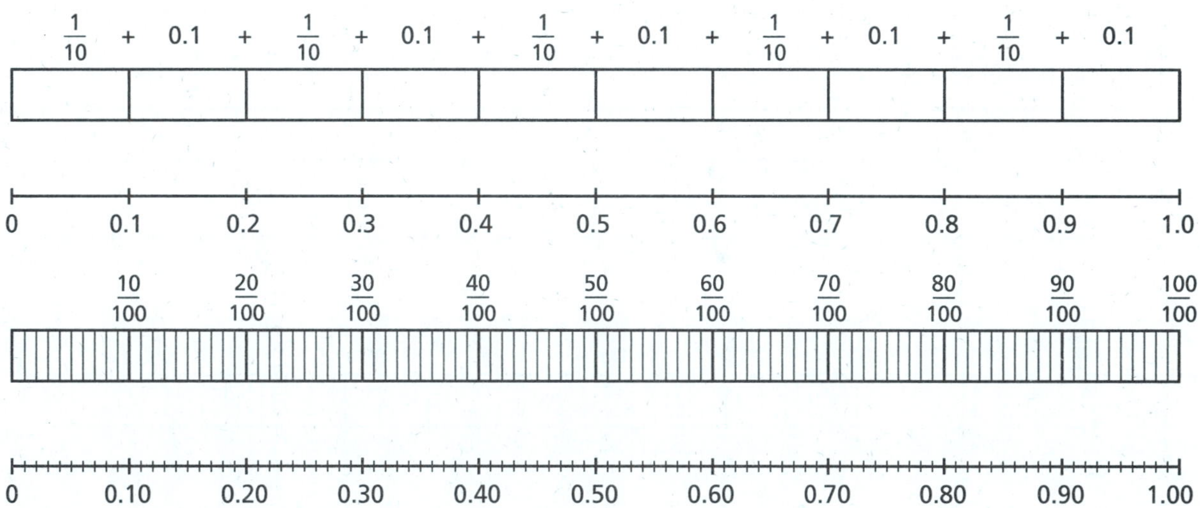

Students will read, write, and model decimal numbers. They will learn to combine whole numbers with decimals. They will work with numbers such as 9.001, 1.72, and 12.9. Students will compare decimal numbers with other decimal numbers. They will also order decimals from least to greatest or greatest to least.

Students will apply their understanding of decimal concepts when they compare and order decimals.

Comparing Decimals

6.8 ◯ 3.42   6.80 (>) 3.42

Adding a zero makes the numbers easier to compare.

Please contact me if you have any questions or comments.

Thank you.

Sincerely,
Your child's teacher

Estimada familia:

En las Lecciones 8 a 16 de la Unidad 7 de Expresiones en matemáticas, se presentarán los números decimales. Para comenzar, los estudiantes usarán lo que ya saben acerca de las monedas de un centavo, de las monedas de diez y de los dólares, para ver cómo se relacionan las fracciones y los decimales.

Los estudiantes estudiarán los números decimales usando barras divididas en décimos y centésimos. Relacionarán los decimales con las fracciones que también se usan para representar partes del entero.

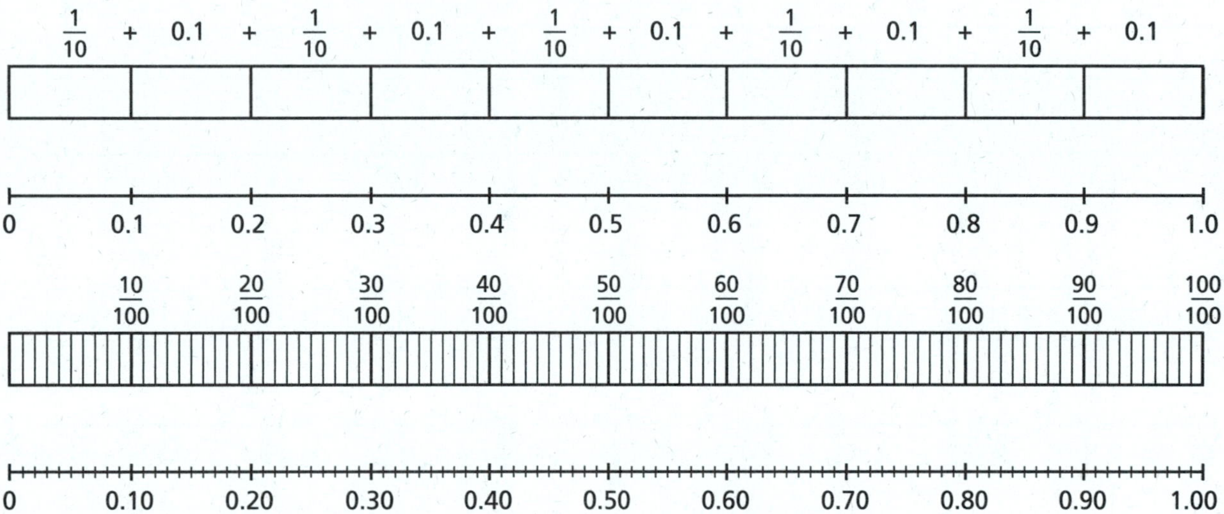

Los estudiantes leerán, escribirán y representarán números decimales. Aprenderán a combinar números enteros con decimales. Trabajarán con números tales como 9.001, 1.72 y 12.9. Compararán números decimales con otros números decimales. También ordenarán decimales de menor a mayor o mayor a menor.

Al comparar y ordenar decimales, los estudiantes aplicarán los conceptos decimales que ya conozcan.

Comparar decimales

6.8 ○ 3.42 6.80 (>) 3.42

Añadir un cero facilita la comparación de números.

Si tiene alguna duda o algún comentario, por favor comuníquese conmigo.

Gracias.

Atentamente,
El maestro de su niño

Nombre ______________________________

Décimos y centésimos

Las monedas de 1¢ y 10¢ pueden ayudarte a comprender décimos y centésimos. Comenta lo que ves.

100 monedas de 1¢ = 10 monedas de 10¢ = 1 dólar

100 monedas de 1¢ = 1 dólar　　10 monedas de 10¢ = 1 dólar

1 moneda de 1¢ es $\frac{1}{100}$ de un dólar　1 moneda de 10¢ es $\frac{1}{10}$ de un dólar

1 1 moneda de 1¢ = $\frac{1}{100}$ = 0.01

$\frac{10}{100}$ 10 de 100 partes iguales

$\frac{1}{10}$ 1 de 10 partes iguales

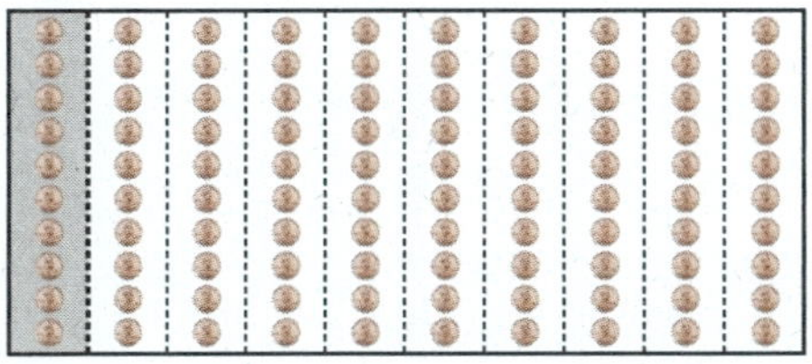

0.1

0.10

2 1 moneda de 10¢ = $\frac{1}{10}$ = 0.1

$\frac{10}{100} + \frac{10}{100} = \frac{20}{100}$

$\frac{1}{10} + \frac{1}{10} = \frac{2}{10}$

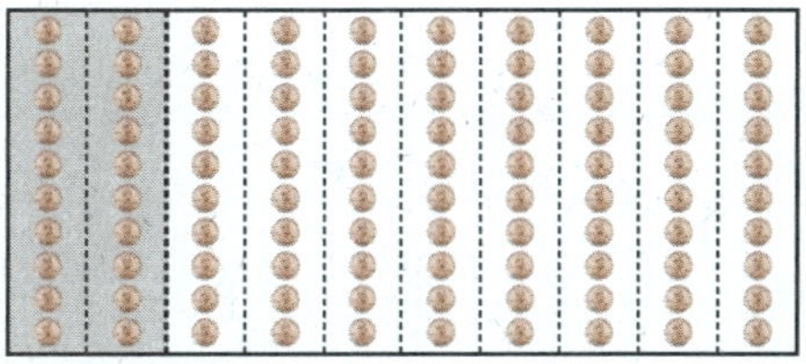

0.1 + 0.1 = 0.2

0.10 + 0.10 = 0.20

3 $\frac{10}{100} + \frac{10}{100} + \frac{5}{100} = \frac{25}{100}$

$\frac{1}{10} + \frac{1}{10} + \frac{5}{100} = \frac{25}{100}$

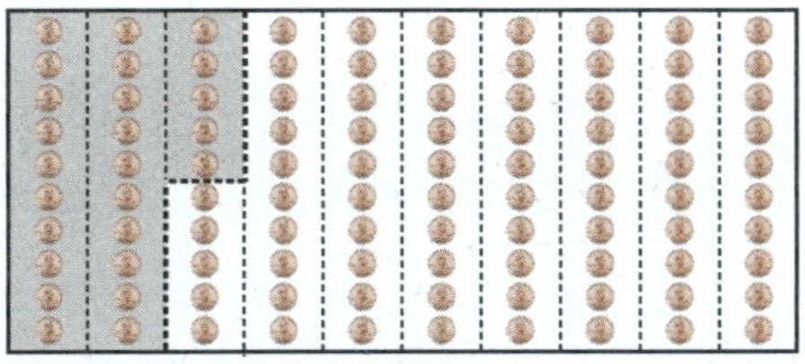

0.1 + 0.1 + 0.05 = 0.25

0.10 + 0.10 + 0.05 = 0.25

4 $\frac{25}{100} + \frac{25}{100} + \frac{25}{100} = \frac{75}{100}$

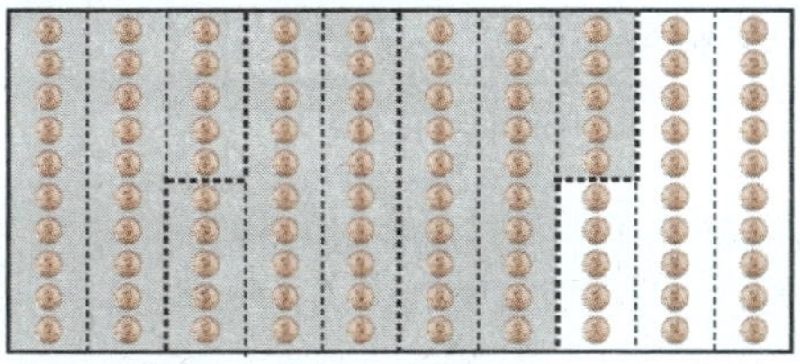

0.25 + 0.25 + 0.25 = 0.75

5 $\frac{1}{10} + \frac{1}{10} + \frac{1}{10} + \frac{1}{10} + \frac{1}{10} = \frac{5}{10} = \frac{1}{2}$

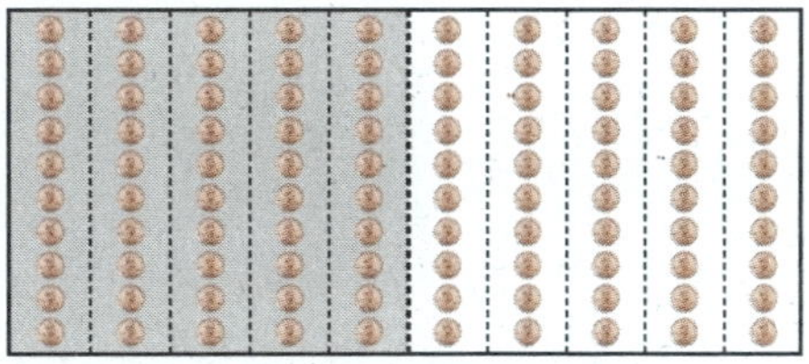

0.1 + 0.1 + 0.1 + 0.1 + 0.1 = 0.5

0.10 + 0.10 + 0.10 + 0.10 + 0.10 = 0.50

Mitades y cuartos

Las partes iguales de 1 entero se pueden escribir como fracción o decimal. Cada dólar entero a continuación es igual a 100 monedas de 1¢. Comenta los patrones que ves.

6 1 de 2 partes iguales

$\frac{1}{2}$

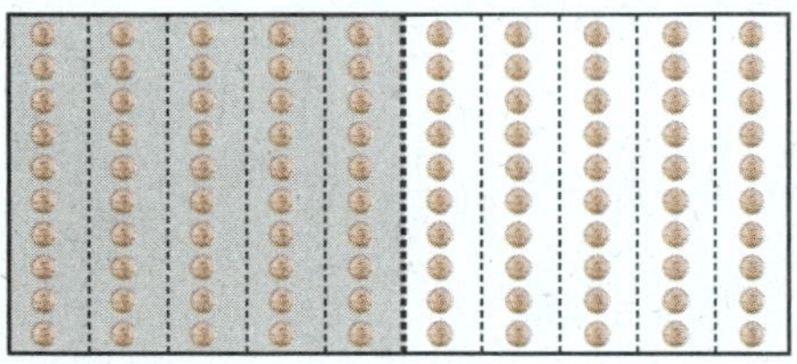

$0.5 = \frac{5}{10}$

$0.50 = \frac{50}{100}$

7 2 de 2 partes iguales = 1 entero

$\frac{1}{2} + \frac{1}{2} = \frac{2}{2}$

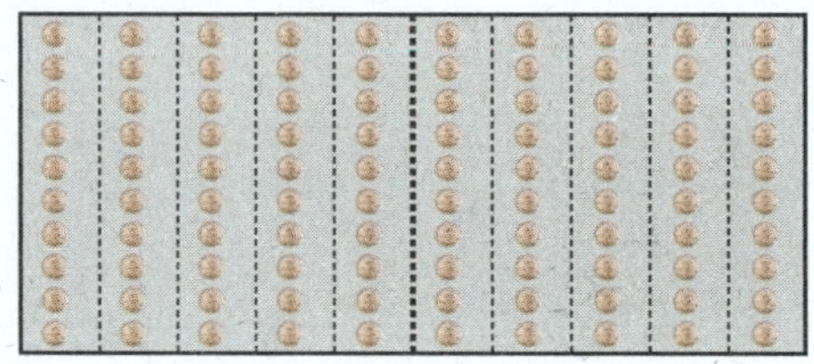

$0.5 + 0.5 = 1.00 = \frac{5}{10} + \frac{5}{10} = \frac{10}{10}$

$0.50 + 0.50 = 1.00 = \frac{50}{100} + \frac{50}{100} = \frac{100}{100}$

8 1 de 4 partes iguales

$\frac{1}{4}$

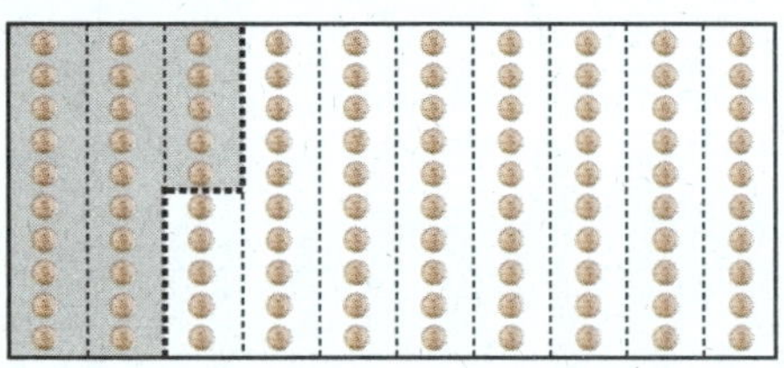

0.25

$\frac{25}{100}$

9 2 de 4 partes iguales

$\frac{1}{4} + \frac{1}{4} = \frac{2}{4}$

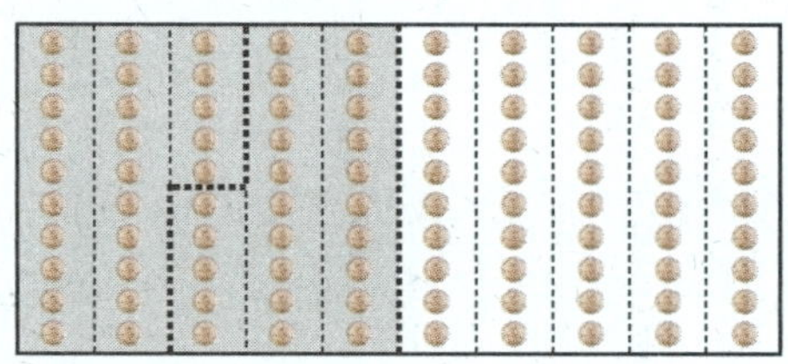

$0.25 + 0.25 = 0.50$

$\frac{25}{100} + \frac{25}{100} = \frac{50}{100}$

10 3 de 4 partes iguales

$\frac{1}{4} + \frac{1}{4} + \frac{1}{4} = \frac{3}{4}$

$0.25 + 0.25 + 0.25 = 0.75$

$\frac{25}{100} + \frac{25}{100} + \frac{25}{100} = \frac{75}{100}$

11 4 de 4 partes iguales = 1 entero

$\frac{1}{4} + \frac{1}{4} + \frac{1}{4} + \frac{1}{4} = \frac{4}{4}$

$0.25 + 0.25 + 0.25 + 0.25 = 1.00$

$\frac{25}{100} + \frac{25}{100} + \frac{25}{100} + \frac{25}{100} = \frac{100}{100}$

Nombre ______________________________

Números mayores que 1

Los números mayores que 1 se pueden escribir como fracciones, decimales o números mixtos. Un número mixto es un número representado por un entero y una fracción.

Comenta los patrones que ves en las siguientes fracciones, decimales y números mixtos equivalentes.

12 5 de 4 partes iguales $= 1\frac{1}{4}$

$\frac{1}{4} + \frac{1}{4} + \frac{1}{4} + \frac{1}{4} + \frac{1}{4} = \frac{5}{4}$

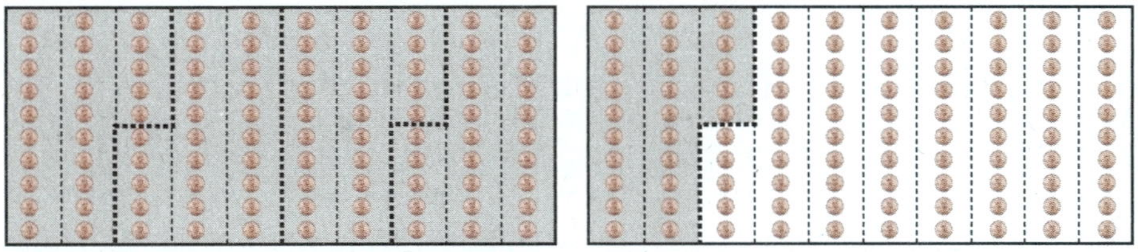

$\frac{4}{4} + \frac{1}{4}$

$0.25 + 0.25 + 0.25 + 0.25 + 0.25 = 1.25$

$\frac{25}{100} + \frac{25}{100} + \frac{25}{100} + \frac{25}{100} + \frac{25}{100} = \frac{125}{100} = 1\,\frac{25}{100}$

---

13 6 de 4 partes iguales $= 1\frac{2}{4}$

$\frac{1}{4} + \frac{1}{4} + \frac{1}{4} + \frac{1}{4} + \frac{1}{4} + \frac{1}{4} = \frac{6}{4}$

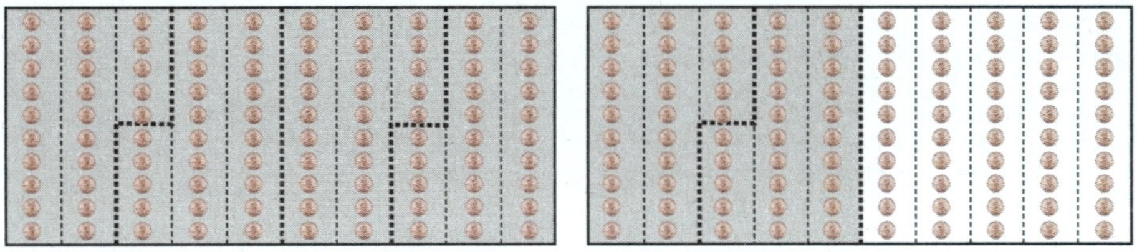

$\frac{4}{4} + \frac{2}{4}$

$0.25 + 0.25 + 0.25 + 0.25 + 0.25 + 0.25 = 1.50$

$\frac{25}{100} + \frac{25}{100} + \frac{25}{100} + \frac{25}{100} + \frac{25}{100} + \frac{25}{100} = \frac{150}{100} = \frac{100}{100} + \frac{50}{100} = 1 + \frac{50}{100} = 1\,\frac{50}{100}$

---

14 7 de 4 partes iguales $= 1\frac{3}{4}$

$\frac{1}{4} + \frac{1}{4} + \frac{1}{4} + \frac{1}{4} + \frac{1}{4} + \frac{1}{4} + \frac{1}{4} = \frac{7}{4}$

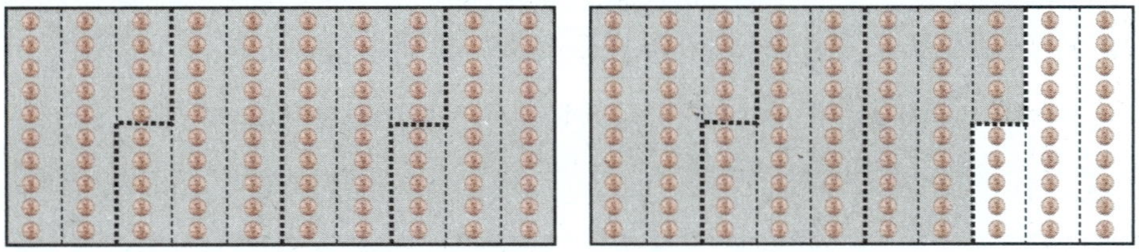

$\frac{4}{4} + \frac{3}{4}$

$0.25 + 0.25 + 0.25 + 0.25 + 0.25 + 0.25 + 0.25 = 1.75$

$\frac{25}{100} + \frac{25}{100} + \frac{25}{100} + \frac{25}{100} + \frac{25}{100} + \frac{25}{100} + \frac{25}{100} = \frac{175}{100} = \frac{100}{100} + \frac{75}{100} = 1 + \frac{75}{100} = 1\,\frac{75}{100}$

Representar fracciones y decimales equivalentes

Escribe una fracción y un decimal que represente la parte sombreada de cada entero.

15 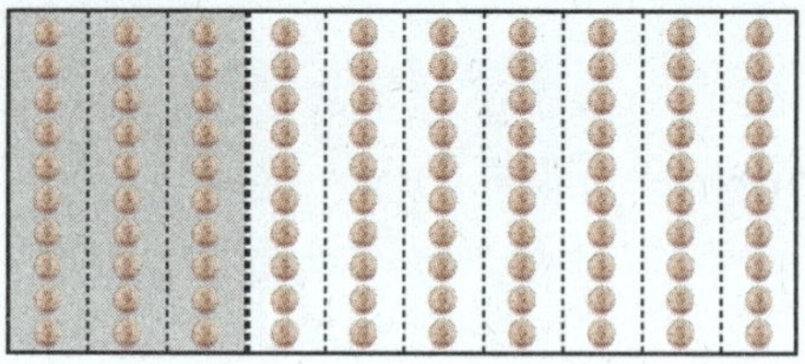

16 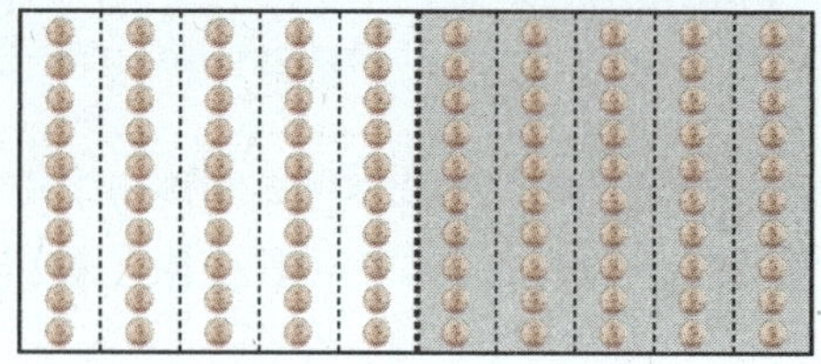

Divide cada entero y usa la parte sombreada para representar la fracción o el decimal dado.

17 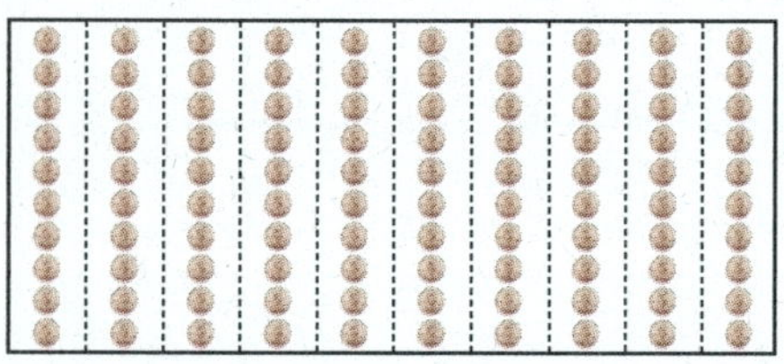 0.75

18  $\frac{9}{10}$

Sombrea estas cuadrículas para mostrar que $\frac{3}{2} = 1\frac{1}{2}$.

19 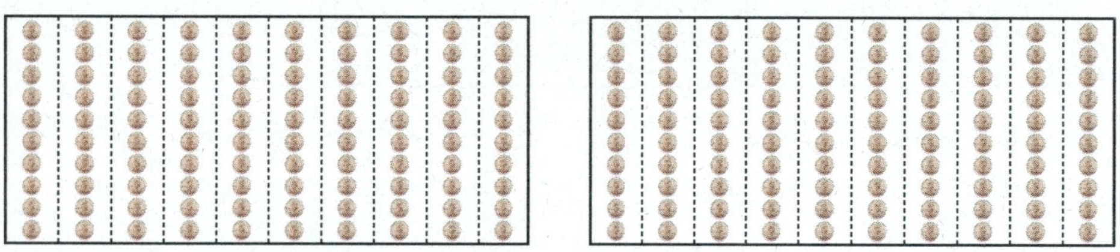

Comprobar la comprensión

Nombra una fracción y un decimal que represente 60 centavos como parte de 1 dólar. Dibuja un diagrama para apoyar tu respuesta.

Nombre ______________________________

VOCABULARIO
décimo
centésimo
número decimal

Comprender décimos y centésimos

Contesta las preguntas sobre las siguientes barras y rectas numéricas.

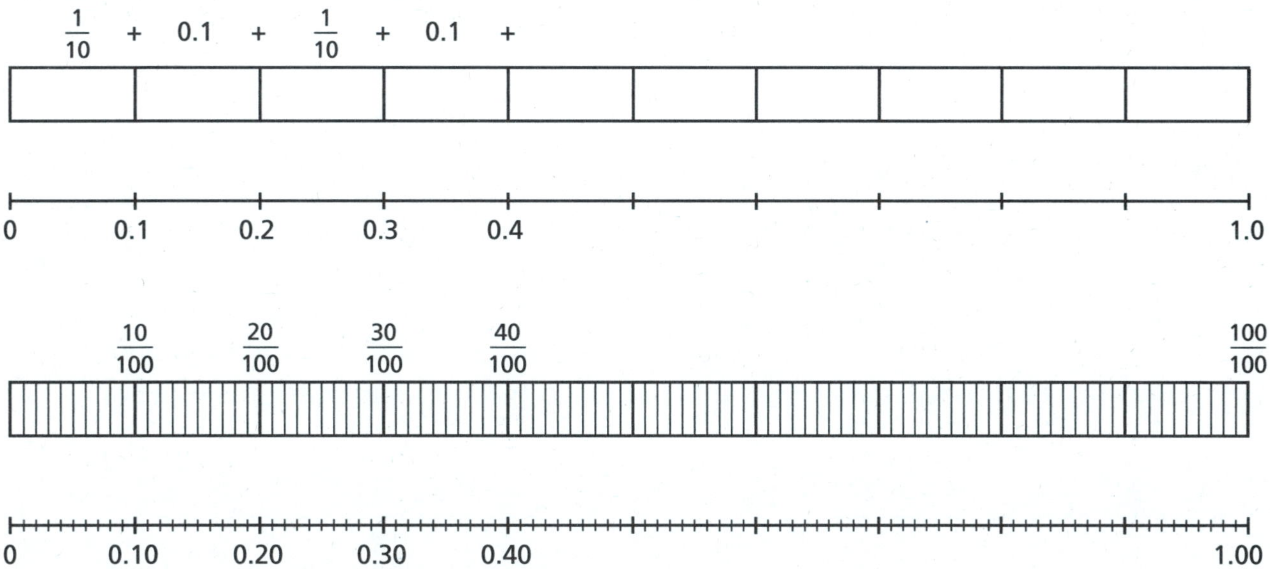

1. Las barras muestran **décimos** y **centésimos**. Termina de rotular las barras y rectas numéricas con fracciones y **números decimales**.

2. Usa tus conocimientos sobre fracciones y dinero (una moneda de 10¢ = un décimo de un dólar y una moneda de 1¢ = un centésimo de dólar) para explicar por qué 3 décimos es lo mismo que 30 centésimos.

____

____

____

3. Un décimo es mayor que un centésimo a pesar de que 10 es menor que 100. Explica por qué esto es así.

____

____

Practicar la escritura de números decimales

Escribe estos números en forma decimal.

4 8 décimos ______ 5 6 centésimos ______ 6 35 centésimos ______

7 $\frac{92}{100}$ ______ 8 $\frac{2}{10}$ ______ 9 $\frac{9}{100}$ ______

Responde las siguientes preguntas.

En el pequeño pueblo de Silver hay 100 personas. Cuatro son zurdas.

10 ¿Qué número decimal representa la fracción de personas zurdas?

______

11 ¿Qué número decimal representa la fracción de personas diestras?

______

Hay 10 niños jugando al voleibol y 6 de ellos son varones.

12 ¿Qué número decimal representa la fracción de jugadores que son varones?

______

13 ¿Qué número decimal representa la fracción de jugadores que son niñas?

______

Completa la tabla.

	Nombre de la moneda	Fracción de un dólar	Parte decimal de un dólar
14	Moneda de 1¢	$\frac{\quad}{100}$	
15	Moneda de 5¢	$\frac{\quad}{100} =$	
16	Moneda de 10¢	$\frac{\quad}{100} =$	
17	Moneda de 25¢	$\frac{\quad}{100} =$	

Comprobar la comprensión

Explica por qué 0.7 = 0.70.

0.1	0.01
0.1	0.01
0.2	0.02
0.2	0.02
0.3	0.03
0.3	0.03
0.4	0.04
0.4	0.04
0.5	0.05
0.5	0.05
0.6	0.06
0.6	0.06
0.7	0.07
0.7	0.07
0.8	0.08
0.8	0.08
0.9	0.09
0.9	0.09

.0	0
.0	0
.0	0
.0	0
>	<

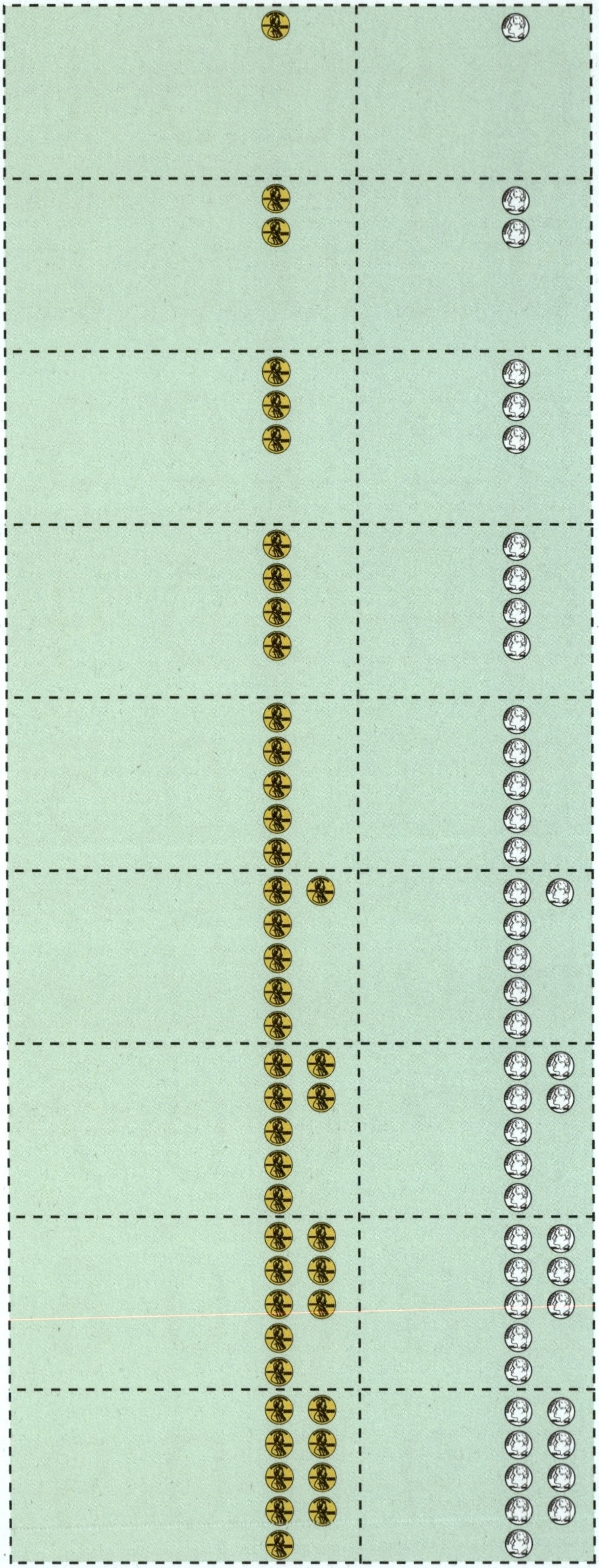

> <

Nombre ______________________________

Escribir números decimales

Escribe un número decimal para representar la distancia que viajó cada persona.

1. Aki viajó 3 décimos de las distancia y Steven viajó 5 décimos de la distancia.

   Aki ______________ Steven ______________

2. José viajó 25 centésimos de distancia y Lavisha viajó 18 centésimos de distancia.

   José ______________ Lakisha ______________

3. Yasir viajó 7 décimos de distancia y Danielle viajó 59 centésimos de distancia.

   Yasir ______________ Danielle ______________

4. Lesha viajó 8 centésimos de distancia y Kwang-Sun viajó 6 décimos de distancia.

   Lea ______________ Kwang-Sun ______________

Practicar la comparación

Escribe >, < o = para comparar estos números.

5. 0.4 ○ 0.04	6. 0.30 ○ 0.3	7. 0.7 ○ 0.24	8. 0.1 ○ 0.8
9. 0.61 ○ 0.8	10. 0.54 ○ 0.2	11. 0.11 ○ 0.15	12. 0.02 ○ 0.2
13. 0.5 ○ 0.50	14. 0.77 ○ 0.3	15. 0.06 ○ 0.6	16. 0.9 ○ 0.35
17. 0.4 ○ 0.7	18. 0.1 ○ 0.10	19. 0.5 ○ 0.81	20. 0.41 ○ 0.39
21. 0.9 ○ 0.09	22. 0.48 ○ 0.6	23. 0.53 ○ 0.4	24. 0.70 ○ 0.7

Problemas con números decimales

Resuelve.

Carlos ha pasado una semana vacacionando de los 10 días que tiene de vacaciones.

25 ¿Qué número decimal representa la parte de sus vacaciones ya pasadas? ______________

26 ¿Qué número decimal representa la parte de sus vacaciones que le queda? ______________

Jeremy gastó 3 monedas de 25¢ y una moneda de 5¢ en la librería de la escuela.

27 ¿Qué parte decimal de un dólar gastó? ______________

28 ¿Qué parte decimal de un dólar no gastó? ______________

Dana planea correr un décimo de milla cada día por 8 días.

29 ¿Cuál es la distancia total que correrá en 8 días? ______________

30 Si Dana corre 1 décimo de milla cada día por dos días más, ¿cuál será la distancia total que correrá en 10 días? ______________

Practicar escribir números decimales

Escribe el nombre en palabras de cada número.

31 0.1 ______________

32 0.73 ______________

33 0.09 ______________

34 0.5 ______________

Escribe un número decimal para cada nombre en palabras.

35 catorce centésimos ________

36 dos décimos ________

37 ocho décimos ________

38 seis centésimos ________

Comprobar la comprensión

Explica por qué $0.8 > 0.5$ usando uno o más métodos enseñados en esta lección.

Nombre ____________________

Comentar la simetría alrededor de las unidades

× 10 (mayor) ←→ ÷ 10 (menor)

1 → 10   1 → 10   1 → 10   1 → 10

Centenas	Decenas	UNIDADES	Décimos	Centésimos
100.	10.	1.	0.1	0.01
$\frac{100}{1}$	$\frac{10}{1}$	$\frac{1}{1}$	$\frac{1}{10}$	$\frac{1}{100}$
$100.00	$10.00	$1.00	$0.10	$0.01

1. Comenta las simetrías y relaciones que ves en la tabla de valor posicional.

2. ¿Es más fácil ver los patrones de valor posicional en **a** o en **b**? Comenta por qué.

   a. 500   50   5   .5   .05

   b. 500   50   5   0.5   0.05

Representar y leer números decimales

Haz números en el cuadro con tus tarjetas de código secreto decimal.

Valor posicional	Centenas	Decenas	UNIDADES	Décimos	Centésimos
Haz números			.		
Lee números				y décimos	centésimos

Escribir números en forma decimal

Lee y escribe cada número mixto como decimal.

3. $3\frac{1}{10}$ ______ 4. $5\frac{7}{100}$ ______ 5. $2\frac{46}{100}$ ______ 6. $28\frac{9}{10}$ ______

Lee y escribe cada decimal como número mixto.

7. 12.8 ______ 8. 3.05 ______ 9. 4.85 ______ 10. 49.7 ______

Lee cada nombre en palabras. Luego escribe un decimal para cada nombre.

11. sesenta y un centésimos

______

12. seis y catorce centésimos

______

13. setenta con ocho décimos

______

14. cincuenta y cinco y seis centésimos

______

Forma desarrollada

Escribe cada decimal en forma desarrollada.

15. 8.2 ______

16. 17.45 ______

17. 106.24 ______

18. 50.77 ______

19. 312.09 ______

20. 693.24 ______

Resuelve.

21. Hay 100 centímetros en 1 metro. Una serpiente se arrastra 3 metros y 12 centímetros más. ¿Qué decimal representa el número de metros que se arrastra la serpiente?

______

22. En un dólar hay 100 monedas de 1¢. Un frasco contiene 20 dólares. Le agregas 8 monedas de 1¢ al frasco. ¿Qué decimal representa el número de dólares en el frasco?

______

Comprobar la comprensión

Describe cómo cada valor posicional en un número decimal se relaciona con el valor posicional a su izquierda y el valor posicional a su derecha.

100 100	10 10	1 1
200 200	20 20	2 2
300 300	30 30	3 3
400 400	40 40	4 4
500 500	50 50	5 5
600 600	60 60	6 6
700 700	70 70	7 7
800 800	80 80	8 8
900 900	90 90	9 9

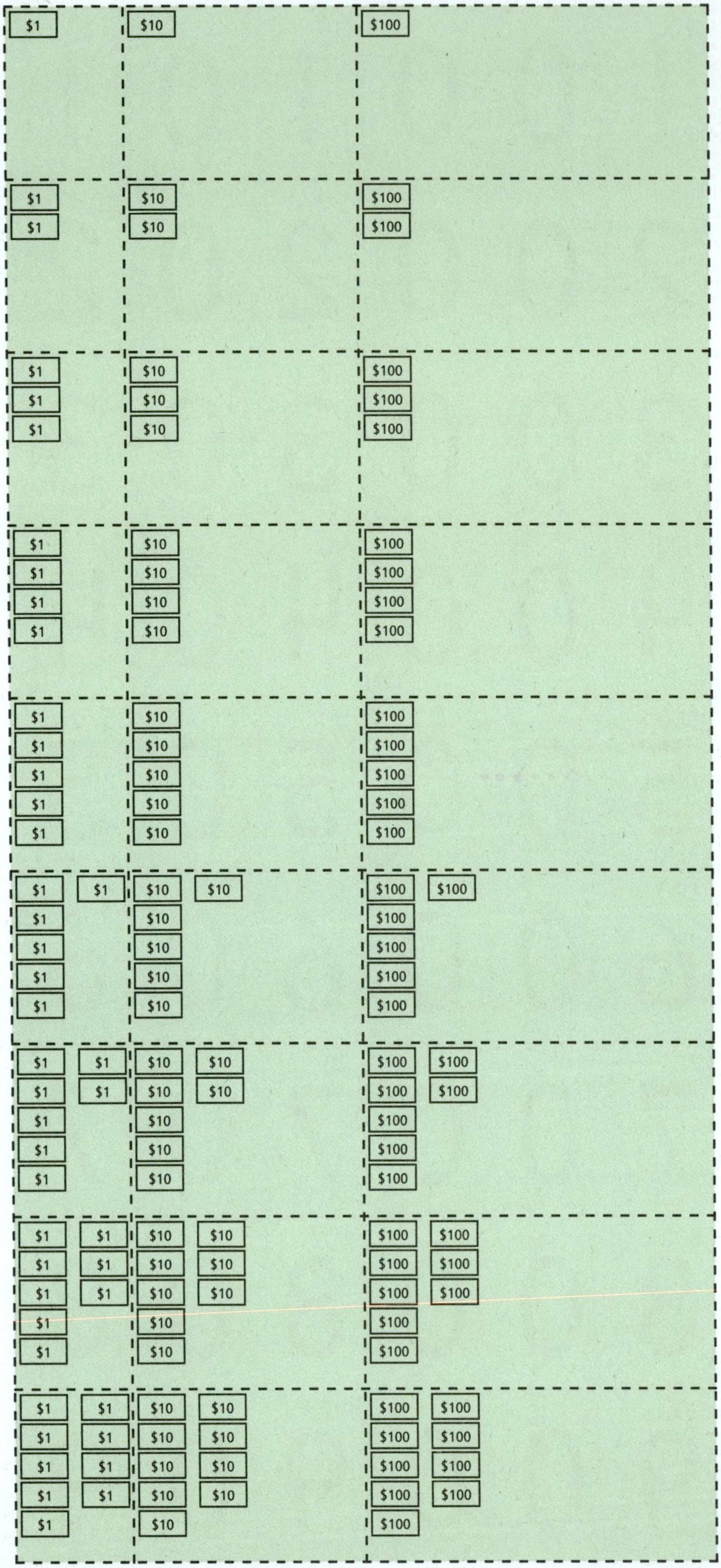

$1 $10 $100
$1 $10 $100
$1 $10 $100
$1 $10 $100
$1 $10 $100
$1 $10 $100
$1 $10 $100
$1 $10 $100
$1 $10 $100
$1 $10 $100
$1 $10 $100
$1 $10 $100
$1 $10 $100
$1 $10 $100
$1 $10 $100
$1 $1 $10 $10 $100 $100
$1 $10 $100
$1 $10 $100
$1 $10 $100
$1 $10 $100
$1 $1 $10 $10 $100 $100
$1 $1 $10 $10 $100 $100
$1 $10 $100
$1 $10 $100
$1 $10 $100
$1 $1 $10 $10 $100 $100
$1 $1 $10 $10 $100 $100
$1 $1 $10 $10 $100 $100
$1 $10 $100
$1 $10 $100
$1 $1 $10 $10 $100 $100
$1 $1 $10 $10 $100 $100
$1 $1 $10 $10 $100 $100
$1 $1 $10 $10 $100 $100
$1 $10 $100

Nombre ____________________

Ceros en números decimales mayores

Usa las tablas para contestar los problemas 1 a 4.

Insertar ceros a la derecha			
Números enteros		**Números decimales**	
3	30	0.3	0.30
67	670	6.7	6.70

Insertar ceros a la izquierda			
Números enteros		**Números decimales**	
3	03	0.3	0.03
67	067	6.7	6.07

1. ¿Qué pasa si insertamos un cero a la derecha de un número entero?

2. ¿Qué pasa si insertamos un cero a la derecha de un número decimal?

3. ¿Qué pasa si insertamos un cero a la izquierda de un número entero?

4. ¿Qué pasa si insertamos un cero a la izquierda de un número decimal justo después del punto decimal?

5. Cuando se trata de agregar ceros adicionales, ¿son los números enteros y decimales iguales o diferentes? Explica tu respuesta.

6. ¿Tienen el mismo valor los siguientes pares de números? Explica por qué.

   0.6 y .6 ______ .25 y 0.25 ______ 0.9 y 0.90 ______

Comparar decimales

Puedes usar tus conocimientos sobre valor posicional y la ubicación de ceros en los números decimales para comparar números decimales.

Problema:	**Solución:**	
¿Cuál de estos números es mayor: 2.35, 2.3 o 2.4?	2.35 2.30 2.40	Con las posiciones alineadas y los ceros adicionales agregados podemos ver cuál es mayor.

Escribe >, < o = para comparar estos números.

7. 27.5 ◯ 8.37
8. 6.04 ◯ 5.98
9. 7.36 ◯ 7.38
10. 36.9 ◯ 37.8
11. 0.5 ◯ 0.26
12. 0.09 ◯ 0.9
13. 0.8 ◯ 0.80
14. 0.42 ◯ 0.6

Usa la tabla para contestar los problemas 15 y 16.

Longitudes de insectos	
Nombre	**Longitud**
Mariquita	0.64 cm
Polilla	0.3 cm
Mosquito	0.32 cm
Grillo	1.8 cm
Abejorro	2 cm

15. Francis midió algunos insectos comunes. La tabla muestra las longitudes en centímetros. Haz una lista de los insectos del más largo al más corto.

_______ _______ _______ _______ _______

Más largo — Más corto

16. Maya leyó sobre un insecto palito que mide 1. 16 cm de longitud. Comparó su longitud con la de los otros insectos en la tabla. Maya dice que el mosquito es más largo que el insecto palito porque 0.32 > 0.16. ¿Es correcto el razonamiento de Maya? Explica.

____

Comprobar la comprensión

Escribe >, < o = para comparar estos números.

20.7 ◯ 20.07

Nombre ______________________________

Matemáticas y hojas de otoño

El clima en diferentes partes de Estados Unidos tiene efectos muy evidentes sobre plantas y árboles. En las partes cálidas del país los árboles pueden conservar sus hojas durante todo el año. En los estados del norte, el clima otoñal hace que las hojas cambien de color. La gente de todo el país hace viajes para ver y fotografiar las hojas rojas, amarillas, anaranjadas y marrones. Una excursión para ver hojas de otoño puede consistir en conducir a través de un parque nacional, andar en bicicleta por un sendero o caminar por las montañas.

Resuelve.

Muestra tu trabajo.

1. Un parque muy popular para fotografiar hojas en otoño es el parque estatal de Macedonia Brook en Kent, Connecticut. El Sendero Amarillo es el más corto y mide $\frac{51}{100}$ de milla de longitud. ¿Cuál es esta fracción escrita como decimal?

____

2. La familia Rogers visita Massachusetts para ver cómo cambian de color las hojas. El sendero Old Eastern Marsh mide 1 $1\frac{2}{5}$ millas de longitud. El sendero Bradford Rail mide $1\frac{3}{10}$ millas de longitud.

   La familia Rogers quiere recorrer el sendero más largo. ¿Cuál deberían recorrer?

____

El parque Clarkston

Joshua y Lily van hacia el norte para participar en una caminata por el parque Clarkston para fotografiar las hojas. Este es el mapa del parque con los diferentes senderos.

3 Escribe la longitud del sendero Oeste como número mixto.

____

4 ¿Qué sendero es más corto, el sendero Oeste o el sendero Norte? Escribe la comparación usando $>$, $<$ o $=$.

____

5 Escribe la longitud del sendero Inferior como número mixto.

____

6 ¿Qué sendero es más largo, el sendero Inferior o el sendero Sur? Escribe la comparación usando $>$, $<$ o $=$.

____

7 Escribe una fracción equivalente a la longitud del sendero Norte.

____

8 Nombra qué sendero representa cada punto en la recta numérica con ayuda de los números de referencia.

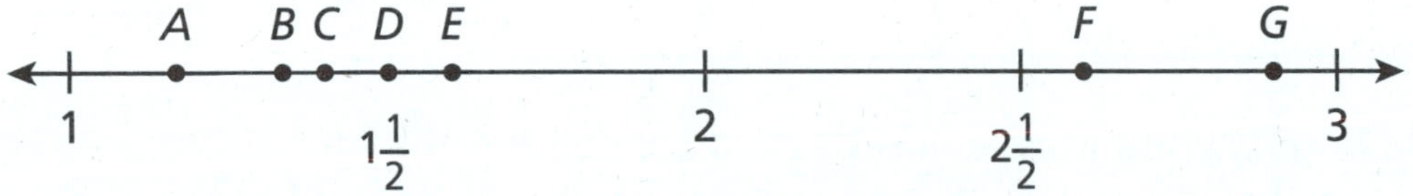

A: ____________________

B: ____________________

C: ____________________

D: ____________________

E: ____________________

F: ____________________

G: ____________________

Prueba rápida 3 de la Unidad 7

Nombre ____________________ Fecha ____________

Escribe la respuesta correcta.

1. Mark tiene 100 canicas. Ocho son canicas de abejorro. ¿Qué número decimal representa la fracción de las canicas de abejorro?

   ____

2. Un huevo de insecto puede ser tan pequeño como dos centésimos de milímetro de longitud. ¿Cómo se escribe este número en forma decimal?

   ____

3. En una granja de árboles, 0.28 de los árboles son robles. Escribe este decimal como fracción.

   ____

4. James corrió una carrera en 2.2 horas. Casey corrió la misma carrera en 2.25 horas. ¿A quién le tomó menos tiempo correr la carrera?

   ____

5. Traci recorrió 2.8 millas en su bicicleta el lunes. Recorrió 2.7 millas el martes. ¿Qué día recorrió una distancia más larga? Escribe la comparación con $>$, $<$ o $=$.

   ____

Nombre ______________________ Fecha ______________

Camino al conocimiento

Suma o resta.

1. $\begin{array}{r} 512 \\ +\ 436 \\ \hline \end{array}$

2. $\begin{array}{r} 38{,}923 \\ +\ 35{,}468 \\ \hline \end{array}$

3. $\begin{array}{r} 782{,}465 \\ -\ 447{,}869 \\ \hline \end{array}$

4. $\begin{array}{r} 674 \\ -\ 338 \\ \hline \end{array}$

5. $\begin{array}{r} 128{,}492 \\ +\ 56{,}932 \\ \hline \end{array}$

6. $\begin{array}{r} 2{,}492 \\ +\ 455 \\ \hline \end{array}$

7. $\begin{array}{r} 76{,}829 \\ +\ 2{,}457 \\ \hline \end{array}$

8. $\begin{array}{r} 32{,}589 \\ -\ 3{,}741 \\ \hline \end{array}$

9. $\begin{array}{r} 935 \\ +\ 562 \\ \hline \end{array}$

10. $\begin{array}{r} 8{,}241 \\ +\ 4{,}976 \\ \hline \end{array}$

11. $\begin{array}{r} 40{,}670 \\ -\ 19{,}843 \\ \hline \end{array}$

12. $\begin{array}{r} 9{,}945 \\ -\ 3{,}831 \\ \hline \end{array}$

13. $\begin{array}{r} 3{,}280 \\ -\ 1{,}159 \\ \hline \end{array}$

14. $\begin{array}{r} 506 \\ -\ 305 \\ \hline \end{array}$

15. $\begin{array}{r} 670{,}834 \\ -\ 88{,}560 \\ \hline \end{array}$

Nombre ____________________

VOCABULARIO
milésimo

Ampliar la tabla de valor posicional

× 10 (Mayor) ⟷ ÷ 10 (Menor)

Millares	Centenas	Decenas	UNIDADES	Décimos	Centésimos	Milésimos
1,000.	100.	10.	1.	0.1	0.01	0.001
$\frac{1,000}{1}$	$\frac{100}{1}$	$\frac{10}{1}$	$\frac{1}{1}$	$\frac{1}{10}$	$\frac{1}{100}$	$\frac{1}{1,000}$
$1,000.00	$100.00	$10.00	$1.00	$0.10	$0.01	$0.001

(Between each pair of adjacent columns: 1 ⟷ 10)

1 ¿Hay simetrías alrededor del lugar de la unidad para los lugares de millares y milésimos? Comenta por qué sí o por qué no.

Escribe el número equivalente de centésimos y milésimos.

2 0.2 = __________ = __________

3 0.9 = __________ = __________

Usa tus tarjetas de código secreto decimal para hacer números en el recuadro.

Valor posicional	Millares	Centenas	Decenas	UNIDADES	Décimos	Centésimos	Milésimos
Hacer números					.		
Leer números					y décimos	centésimos	milésimos

Escribir números en forma decimal

Lee y escribe cada número mixto como decimal.

4 $6\frac{3}{100}$ ________ 5 $12\frac{705}{1,000}$ ________ 6 $41\frac{4}{1,000}$ ________ 7 $7\frac{9}{10}$ ________

Lee y escribe cada decimal como número mixto.

8 26.312 ________ 9 2.1 ________ 10 3.88 ________ 11 8.450 ________

Lee cada nombre en palabras. Luego, escribe un decimal para cada nombre en palabras.

12 cinco décimos

____

13 nueve con un milésimo

____

14 diez con dos centésimos

____

15 seiscientos ocho milésimos

____

Forma desarrollada

Escribe cada decimal en forma desarrollada.

Ejemplo: 2.936 $(2 \times 1) + (9 \times 0.1) + (3 \times 0.01) + (6 \times 0.001)$

16 14.25 ________________

17 320.401 ________________

18 6.008 ________________

19 1,086.9 ________________

Resuelve.

20 Un envase nuevo de cuentas contiene 1,000 cuentas. Sara tiene un envase nuevo y 14 cuentas que le sobran. ¿Qué número decimal representa la cantidad de envases que tiene Sara?

____

21 Un envase nuevo de cuentas contiene 1,000 cuentas. Wia tiene $2\frac{1}{2}$ envases nuevos. Escribe tres números decimales diferentes para representar el número de envases que tiene Wia.

____

Comprobar la comprensión

Describe cómo se relaciona el lugar de los milésimos con el lugar de los centésimos.

1,000 1,000	0.001 0.001
2,000 2,000	0.002 0.002
3,000 3,000	0.003 0.003
4,000 4,000	0.004 0.004
5,000 5,000	0.005 0.005
6,000 6,000	0.006 0.006
7,000 7,000	0.007 0.007
8,000 8,000	0.008 0.008
9,000 9,000	0.009 0.009

.000

.000

.000

.000

$1,000

$1,000
$1,000

$1,000
$1,000
$1,000

$1,000
$1,000
$1,000
$1,000

$1,000
$1,000
$1,000
$1,000
$1,000

$1,000 $1,000
$1,000
$1,000
$1,000
$1,000

$1,000 $1,000
$1,000 $1,000
$1,000
$1,000
$1,000

$1,000 $1,000
$1,000 $1,000
$1,000 $1,000
$1,000
$1,000

$1,000 $1,000
$1,000 $1,000
$1,000 $1,000
$1,000 $1,000
$1,000

Nombre ______________________________

Usar una recta numérica

Puedes usar una recta numérica para comparar y ordenar números decimales.

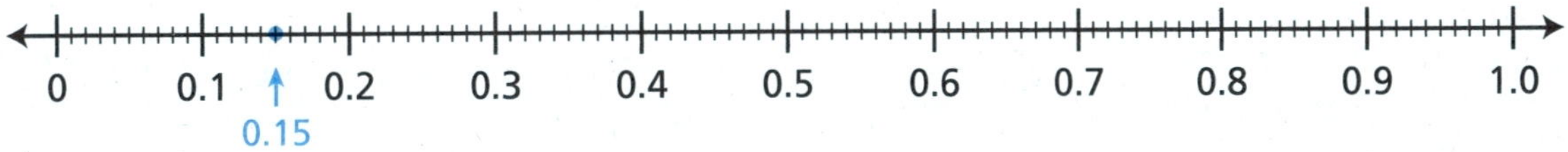

1. Rotula puntos en la recta numérica anterior para representar 0.09, 0.23 y 0.17.
2. Escribe los números en el ejercicio 1 en orden de menor a mayor.

   ____

3. ¿Cómo puedes usar la recta numérica para comparar 0.59 y 0.83?

   ____

Ordena los decimales de menor a mayor.

4. 0.5, 0.2, 0.1 ________________
5. 0.13, 0.08, 0.2 ________________
6. 0.12, 0.3, 0.04 ________________
7. 1.0, 0.1, 0.11 ________________

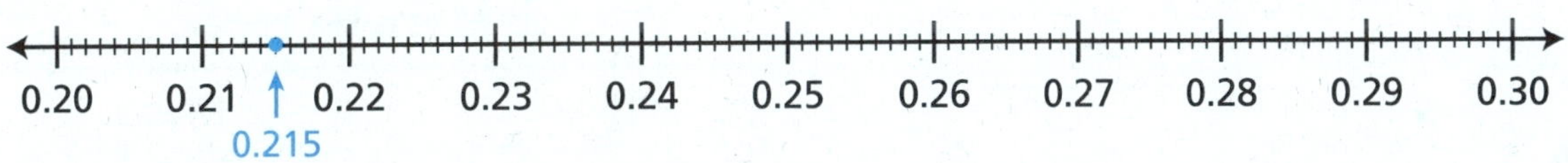

8. Rotula puntos en la recta numérica anterior para representar 0.250, 0.271 y 0.225.
9. Escribe los números en el ejercicio 8 en orden de mayor a menor.

   ____

10. Explica cómo sabes que 0.310 es mayor que 0.269.

    ____

Usa la recta numérica para ordenar los decimales de mayor a menor.

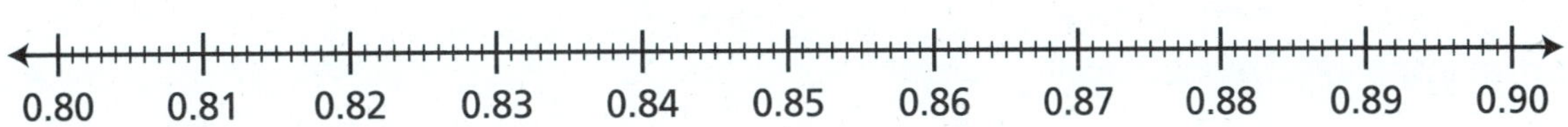

11. 0.815, 0.85, 0.891 ________________
12. 0.882, 0.808, 0.822 ________________

Usar el valor posicional

Puedes usar tus conocimientos sobre valor posicional y la colocación de ceros en números decimales para comparar y ordenar números decimales.

Problema:

¿Cuál de estos números es mayor: 0.35, 0.318 o 0.4?

Solución:

0.350
0.318
0.400

Con los lugares alineados y los ceros adicionales agregados, podemos ver cuál es mayor.

Escribe <, > o = para comparar los números.

13 0.36 ◯ 0.82 14 0.405 ◯ 0.62 15 0.98 ◯ 0.7 16 2.3 ◯ 0.95

17 0.626 ◯ 0.65 18 0.850 ◯ 0.85 19 0.7 ◯ 0.07 20 0.54 ◯ 0.504

21 Un geólogo midió la masa de algunas muestras de rocas. La tabla muestra la masa en kilogramos. Haz una lista de las rocas de la mayor hasta la menor masa.

mayor ____________

____

____

____

Least ____________

Masa de rocas	
Tipo	**Masa**
Cuarzo	0.25 kg
Arenisca	0.062 kg
Pizarra	0.125 kg
Mármol	0.725 kg
Granito	0.8 kg

Encierra en un círculo el número en cada grupo que no tiene el mismo valor que los demás.

22 0.610 0.601 0.61 .61

23 4.8 4.80 4.08 4.800

Comprobar la comprensión

Explica cómo puedes usar una recta numérica para ordenar 0.73, 0.89 y 0.91 de menor a mayor.

Nombre ______________________________

Redondea al décimo más cercano

La siguiente recta numérica muestra un entero dividido en décimos.

Marco de redondeo

1. ¿Qué décimo decimal está marcado por el punto *A*? ________

2. El punto *B* está entre dos décimos decimales.

   ¿A qué décimo está más cercano? ________

0.6
B
0.5

3. El punto *C* también está entre dos décimos decimales. El espacio entre estos décimos ha sido dividido entre centésimos. ¿Qué centésimos están entre 0.8 y 0.9?

   ____

0.9
C
0.8

4. ¿Qué centésimo decimal está marcado por el punto *C*? ________

5. ¿A qué décimo está este centésimo más cercano? (Esta es la forma que redondeas un centésimo al décimo más cercano.) ________

La siguiente recta numérica muestra un entero dividido en centésimos.

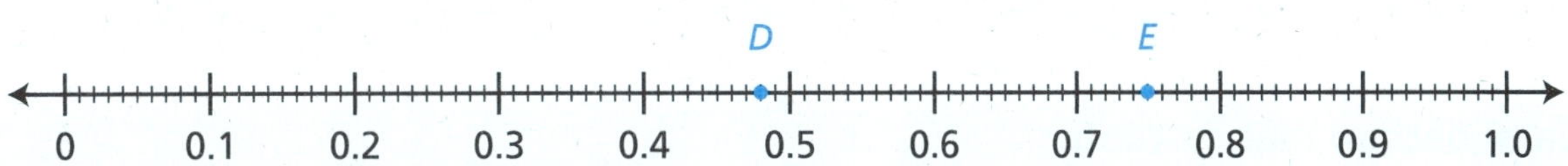

6. ¿Qué centésimo está marcado por el punto *D*? ________

   Redondea este centésimo al décimo más cercano. ________

0.5
D
0.4

7. Cuando quieres redondear un número que está exactamente en la mitad de dos unidades de redondeo, redondéalo al número próximo mayor. ¿Qué número está marcado por el punto *E*? ________

   Redondea este número al décimo más cercano. ________

0.8
E
0.7

Redondear con milésimos

La siguiente recta numérica muestra un décimo dividido en diez centésimos.

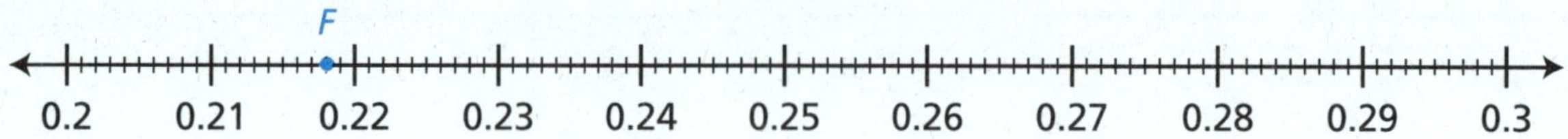

El punto *F* está entre dos centésimos. El espacio entre estos centésimos se ha dividido en milésimos.

0.22
F
0.21

8 ¿Qué número decimal está marcado por el punto *F*? ______

9 ¿De qué décimo está más cerca el punto *F*, 0.2 o 0.3? ______

0.3
F
0.2

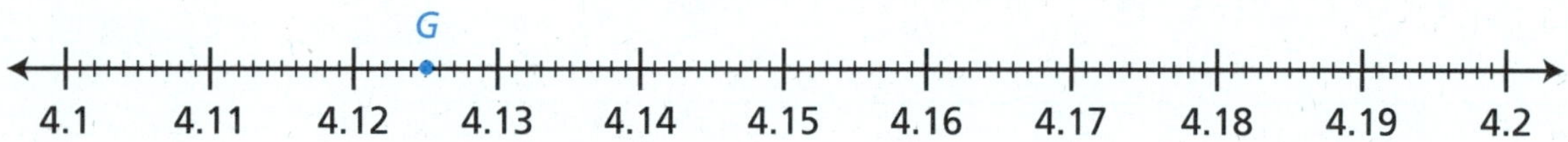

10 ¿Entre qué centésimos está el punto *G*? ______

4.2
G
4.1

11 ¿Qué número decimal está marcado por el punto *G*? ______

¿Cuánto es este número redondeado al décimo más cercano? ______

Practicar el redondeo

Redondea al décimo más cercano.

12 0.72 ______ **13** 0.35 ______ **14** 3.46 ______

15 0.238 ______ **16** 4.182 ______ **17** 5.225 ______

18 0.659 ______ **19** 0.198 ______ **20** 0.907 ______

Comprobar la comprensión

¿Cuánto es 9.573 redondeado al décimo más cercano? ______

Prueba rápida 4 de la unidad 7

Nombre ____________________ **Fecha** __________

Escribe la respuesta correcta.

1. Lee y escribe el número mixto como decimal.

   $21\frac{206}{1,000}$

   ____

2. Escribe el número en forma desarrollada.

   302.651

   ____

3. La tabla muestra los puntajes en una competencia de gimnasia. Haz una lista de los competidores en orden desde el puntaje más alto al más bajo.

Competidor	Puntaje
Rahul	8.950
Andrei	7.895
Saul	8.595
Alberto	8.095

   ____

4. Usa la recta numérica. ¿Cuánto es 0.273 redondeado al décimo más cercano?

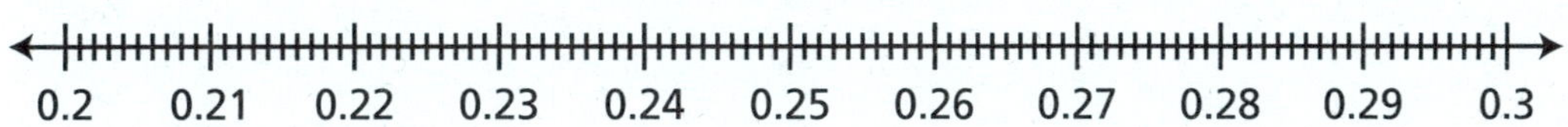

   ____

5. Hay 1,000 asientos en un teatro. De estos, 455 asientos están en el nivel inferior. ¿Qué número decimal representa el número de asientos en el nivel inferior?

   ____

Comprobar el conocimiento 23

Nombre Fecha

Camino al conocimiento

Multiplica.

1. $1 \times 3 = \square$
2. $3 \times 2 = \square$
3. $4 \times 3 = \square$
4. $4 \times 1 = \square$
5. $2 \times 5 = \square$
6. $6 \times 1 = \square$
7. $6 \times 6 = \square$
8. $8 \times 4 = \square$
9. $5 \times 7 = \square$
10. $9 \times 3 = \square$
11. $8 \times 8 = \square$
12. $6 \times 9 = \square$
13. $7 \times 10 = \square$
14. $10 \times 10 = \square$
15. $8 \times 9 = \square$

Repaso/Prueba de la Unidad 7 **Nombre** ______________________ **Fecha** ______________

1 Para los Ejercicios 1a al 1d, escribe > o < para hacer verdadera la desigualdad.

1a. $\frac{3}{5} \bigcirc \frac{1}{5}$

1c. $\frac{9}{10} \bigcirc \frac{9}{12}$

1b. $\frac{2}{8} \bigcirc \frac{2}{3}$

1d. $\frac{5}{8} \bigcirc \frac{7}{8}$

2 Elige números de las fichas para formar una fracción equivalente con el menor denominador posible.

2 3 4 6

$\frac{8}{12} = \frac{\square}{\square}$

3 Farid mide las masas de cuatro libros en kilogramos. Él anota los datos en la tabla. ¿Qué dos libros tienen la misma masa?

Masas de libros				
libro	1	2	3	4
Masa (kg)	1.12	1.20	1.02	1.2

Ⓐ Libros 1 y 3

Ⓑ Libros 2 y 3

Ⓒ Libros 3 y 4

Ⓓ Libros 2 y 4

4 En una encuesta, $\frac{7}{10}$ de los estudiantes dijeron haber visto las noticias la semana pasada. Completa la ecuación de fracción.

$\frac{7}{10} = \frac{\square}{100}$

Nombre ______ Fecha ______

5 Un sendero mide $\frac{7}{12}$ de milla de largo. Elige la longitud de sendero más corta que $\frac{7}{12}$ de milla. Marca todas las que correspondan.

Ⓐ $\frac{3}{8}$ de milla Ⓑ $\frac{2}{3}$ de milla Ⓒ $\frac{3}{4}$ de milla Ⓓ $\frac{1}{2}$ milla

6 En promedio, un chimpancé pasa alrededor de $\frac{2}{5}$ del día durmiendo. Una ardilla pasa cerca de $\frac{5}{8}$ del día durmiendo. Un perezoso de tres dedos pasa cerca de $\frac{5}{6}$ del día durmiendo. Para los Ejercicios del 6a al 6d, elige Verdadero o Falso para describir mejor el enunciado.

6a. Un chimpancé pasa más tiempo del día durmiendo que un perezoso de tres dedos. ○ Verdadero ○ Falso

6b. Una ardilla pasa más tiempo del día durmiendo que un chimpancé. ○ Verdadero ○ Falso

6c. Un perezoso de tres dedos pasa más tiempo del día durmiendo que una ardilla. ○ Verdadero ○ Falso

6d. El chimpancé duerme más que los otros dos tipos de animales. ○ Verdadero ○ Falso

7 Emily y Leah compraron cada una, una botella llena de agua para practicar. Sus botellas eran de la misma forma, pero la botella de Leah era más alta que la de Emily. Cada una se tomó $\frac{1}{2}$ de su agua.

Parte A

Haz un dibujo para mostrar las botellas de Emily y Leah. Sombrea las botellas para mostrar cuánta agua tenía cada niña al principio. Luego, tacha la cantidad que se tomó cada niña.

Parte B

¿Tomó cada niña la misma cantidad de agua? Explica.

Nombre ______________________ **Fecha** ______________

8 Localiza y dibuja un punto en la recta numérica para la fracción o número mixto. Luego, rotúlalo con su letra correspondiente.

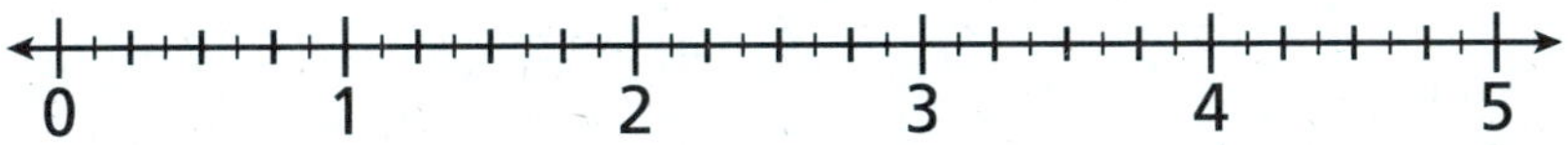

a. $4\frac{1}{2}$ b. $\frac{7}{8}$ c. $1\frac{3}{4}$ d. $3\frac{1}{4}$ e. $2\frac{3}{8}$

9 Para los Ejercicios 9a al 9c, completa la cadena de fracciones equivalentes.

9a. $\frac{2}{5} = \frac{\square}{10} = \frac{\square}{15} = \frac{\square}{20}$

9b. $\frac{6}{12} = \frac{\square}{6} = \frac{1}{\square}$

9c. $\frac{5}{8} = \frac{\square}{16} = \frac{\square}{24} = \frac{20}{\square}$

10 Escribe cinco fracciones que sean equivalentes a $\frac{1}{6}$.

11 Una lagartija tiene una longitud de $\frac{43}{100}$ de metro. Escribe $\frac{43}{100}$ en forma decimal.

Nombre ______________________ Fecha ______________

12 Tione estudia los escarabajos. Anota las longitudes de algunos escarabajos en la tabla.

Longitud (en pulgadas)	Número de escarabajos
$\frac{1}{4}$	2
$\frac{1}{2}$	3
$\frac{3}{4}$	6
1	1
$1\frac{1}{4}$	4
$1\frac{1}{2}$	2

Parte A

Haz un diagrama de puntos para representar los datos.

Parte B

¿Cuántos escarabajos miden menos de 1 pulgada de largo? ______ escarabajos.

13 Usa la recta numérica. Redondea cada número al décimo más cercano.

13a. 4.125 ______ **13b.** 4.156 ______ **13c.** 4.182 ______

14 Escribe un decimal para que el enunciado sea verdadero.

0.1 0.3 0.8

☐ > 0.650 0.15 > ☐ ☐ = 0.30

15 Un guardabosques vio 10 ciervos. Había dos machos y 8 hembras. ¿Qué fracción o número decimal representa la parte de los ciervos hembras? Marca todas las que correspondan.

Ⓐ $\frac{2}{10}$

Ⓑ 0.2

Ⓒ 0.80

Ⓓ 0.08

Ⓔ $\frac{8}{10}$

Ⓕ 0.8

16 Cada modelo representa un dólar entero. La parte sombreada representa la parte de un dólar que Loren retiró del banco.

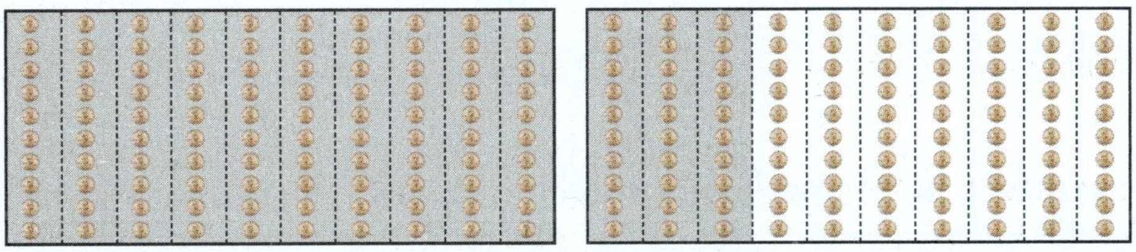

Parte A

Escribe un número mixto para representar la parte de un dólar que Loren retiró del banco.

☐

Parte B

Loren dice que puede representar la parte de un dólar que retiró del banco como 1.3, pero no como 1.30. ¿Estás de acuerdo? Explica por qué.

Nombre ____________________ Fecha ____________________

17 Beth escribió el número sesenta y uno con quinientos ocho milésimos en forma decimal.

¿Qué escribió Beth? [ ]

18 Las tarjetas coleccionables vienen en paquetes de 1,000. Becca tiene 3 paquetes completos y 7 tarjetas más. Para los Ejercicios 18a al 18d, elige Sí o No para indicar si el número de tarjetas representa el número de paquetes que tiene Beth.

18a. 3.007 ○ Sí ○ No

18b. 3 con 7 milésimos ○ Sí ○ No

18c. tres con un séptimo ○ Sí ○ No

18d. 3.7 ○ Sí ○ No

19 Un veterinario mide la masa de tres cachorros. La masa de Suzy es de 3.3 kilogramos. Buster tiene una masa de 3.03 kilogramos y la masa de Charlie es de 3.30 kilogramos.

Parte A

¿Es la masa de Suzy igual a la de Charlie? Explica.

Parte B

Un cuarto cachorro, Pluto, tiene una masa de 3.33 kilogramos. ¿Cuál de los cuatro cachorros tiene la menor masa? Explica cómo calculaste tu respuesta.

 Nombre ______ Fecha ______

Estacionamiento solo para bicicletas

Jacob lleva su bicicleta a la escuela y la estaciona en el soporte para bicicletas cerca de la entrada principal. Cuenta el número de bicicletas en el soporte cada día de escuela por una semana y registra su conteo en esta tabla.

Bicicletas en el soporte de la entrada principal					
Día	**lunes**	**martes**	**miércoles**	**jueves**	**viernes**
Número de bicicletas	3	7	4	8	10

1. El soporte tiene capacidad para 10 bicicletas. ¿Qué fracción del soporte se usó cada día?

______

______

2. Jenny cree que el martes, cerca de $\frac{1}{2}$ del soporte estaba ocupado. Jacob cree que $\frac{1}{2}$ del soporte se ocupó el miércoles. ¿Quién tiene razón? Usa un diagrama o recta numérica para justificar tu respuesta.

______

______

______

3. ¿Qué número decimal muestra la parte del soporte que se usó cada día?

______

______

4. Jacob cree que es más fácil escribir decimales que fracciones para describir la proporción ocupada del soporte cada día. ¿Crees que pensaría lo mismo si el soporte tuviera capacidad para 12 bicicletas? Explica tu razonamiento.

______

______

______

 Nombre _______________ Fecha _______________

Jacob contó el número de bicicletas en la entrada trasera durante la misma semana. El soporte de bicicletas de la entrada trasera también tiene capacidad para 10 bicicletas. Sus resultados se muestran en la siguiente tabla.

Bicicletas en el soporte de la entrada trasera					
Día	**lunes**	**martes**	**miércoles**	**jueves**	**viernes**
Número de bicicletas	7	4	8	7	2

5 ¿Qué fracción de los puestos se usó en el soporte de la entrada trasera el viernes?

____

6 ¿Qué día de la semana estuvieron ocupados $\frac{4}{5}$ de los puestos en la entrada trasera? Explica cómo resolviste el problema.

____

____

7 ¿Qué número decimal representa la parte del soporte de la entrada trasera que no estuvo ocupado cada día?

____

____

____

8 El lunes siguiente, $\frac{3}{5}$ del soporte de la entrada principal estaba ocupado y 0.3 del soporte de la parte trasera estaba ocupado. ¿Había más bicicletas en el soporte de la entrada principal o en el soporte de la parte trasera? Explica.

____

____

____

Dear Family:

In the first half of unit 8, your child will be learning to recognize and describe geometric figures. One type of figure is an angle. Your child will use a protractor to find the measures of angles.

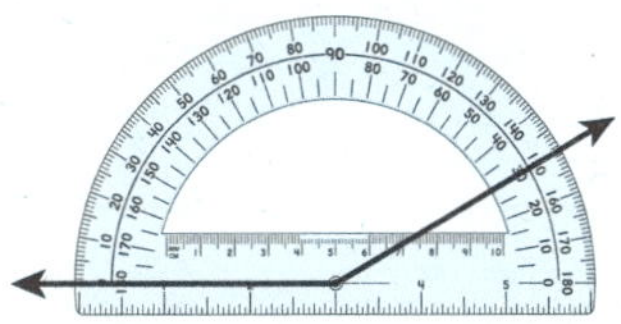

Other figures, such as triangles, may be named based on their angles and sides.

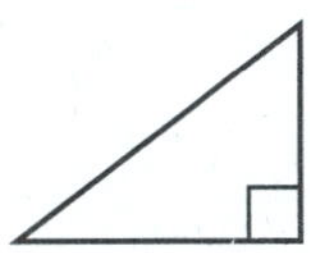

Right triangle

One right angle (90°)

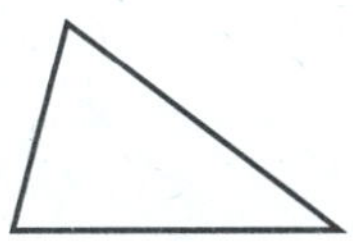

Acute triangle

All angles less than 90°

Obtuse triangle

One angle greater than 90°

Equilateral triangle

all three sides of equal length

Isosceles triangle

two sides of equal length

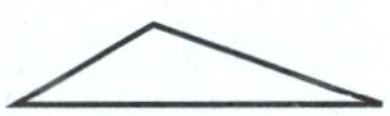

Scalene triangle

three sides of different lengths

Be sure that your child continues to review and practice the basics of multiplication and division. A good understanding of the basics will be very important in later math courses when students learn more difficult concepts in multiplication and division.

If you have any questions or comments, please contact me.

Thank you.

Sincerely,
Your child's teacher

Estimada familia:

En la primera parte de la Unidad 8, su niño aprenderá a reconocer y a describir figuras geométricas. Un ángulo es un tipo de figura. Su niño usará un transportador para hallar las medidas de los ángulos.

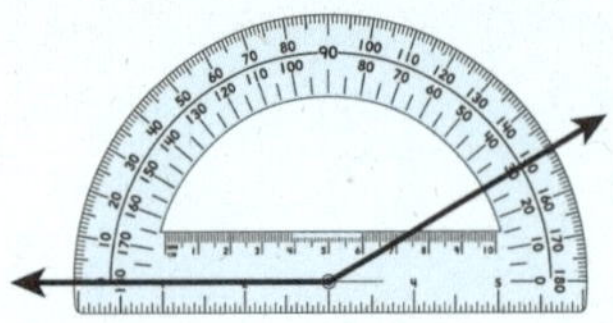

Otras figuras, como los triángulos, se nombran según sus ángulos y lados.

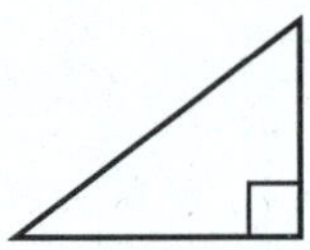

Triángulo rectángulo

Tiene un ángulo recto (90°)

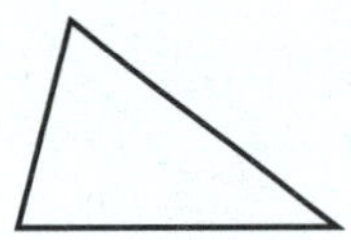

Triángulo acutángulo

Todos los ángulos son menores que 90°

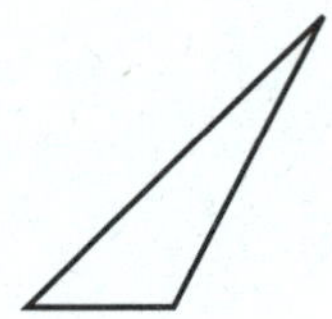

Triángulo obtusángulo

Tiene un ángulo mayor que 90°

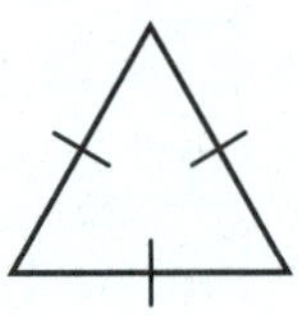

Triángulo equilátero

los tres lados tienen la misma longitud

Triángulo isósceles

dos lados tienen la misma longitud

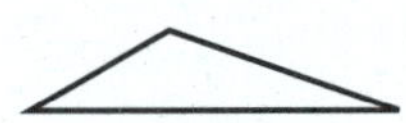

Triángulo escaleno

los tres lados tienen diferente longitud

Asegúrese de que su niño siga repasando y practicando las multiplicaciones y divisiones básicas. Es importante que domine las operaciones básicas para que, en los cursos de matemáticas de más adelante, pueda aprender conceptos de multiplicación y división más difíciles.

Si tiene alguna pregunta o algún comentario, por favor comuníquese conmigo.

Gracias.

Atentamente,
El maestro de su niño

ángulo agudo

ángulo

triángulo acutángulo

círculo

lados adyacentes

congruente

Figura formada por dos rayos con el mismo extremo.

Ángulo menor que un ángulo recto.

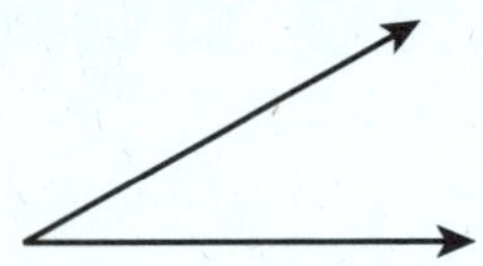

Figura plana que forma una trayectoria cerrada de manera que todos los puntos en esa trayectoria están a la misma distancia de un punto llamado centro.

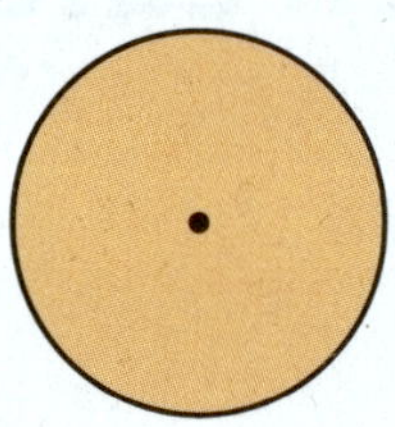

Triángulo con tres ángulos agudos.

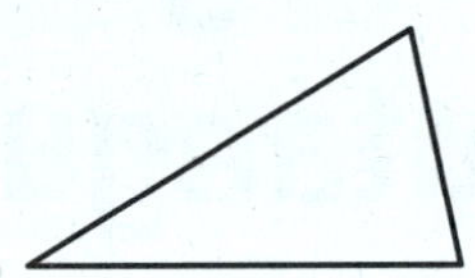

Figuras que tienen el mismo tamaño y la misma forma.

Dos lados que se unen en un punto.

Ejemplo:

Los lados *a* y *b* son adyacentes.

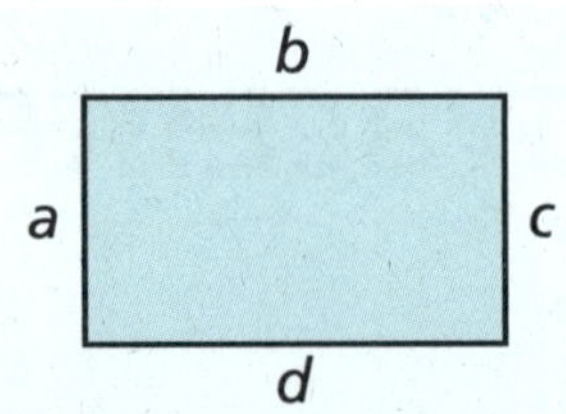

grado (°)

triángulo equilátero

diagonal de un cuadrilátero

rectas secantes

extremo

triángulo isósceles

Triángulo con tres lados de igual longitud.

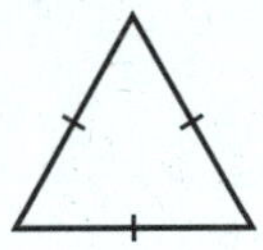

Unidad para medir ángulos.

Rectas que se unen en un punto.

Ejemplos:

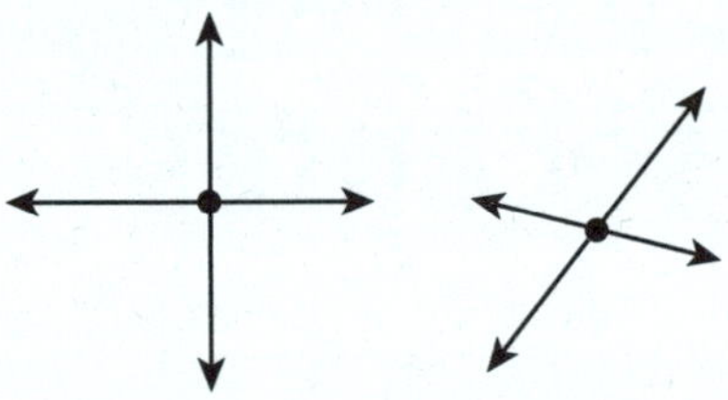

Segmento de recta que conecta dos esquinas opuestas (vértices).

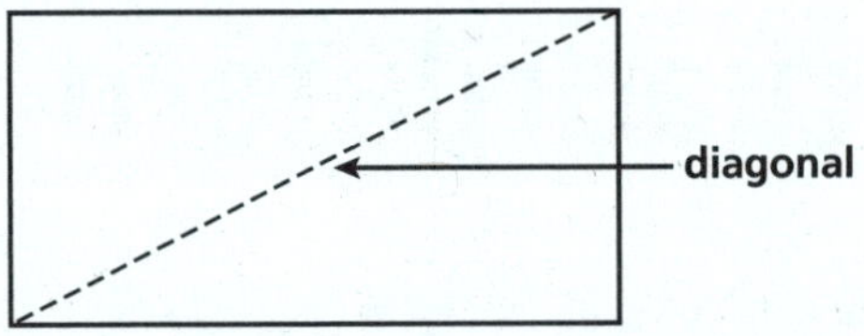

Triángulo con por lo menos dos lados de igual longitud.

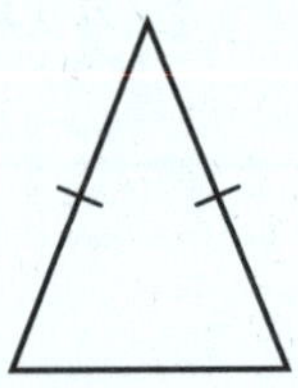

Punto al comienzo o al final de un segmento de recta o el punto inicial de un rayo.

cometa

segmento

recta

simetría lineal

eje de simetría

ángulo obtuso

Parte de una recta que tiene dos extremos.

Cuadrilátero con dos pares de lados adyacentes iguales.

Ejemplos:

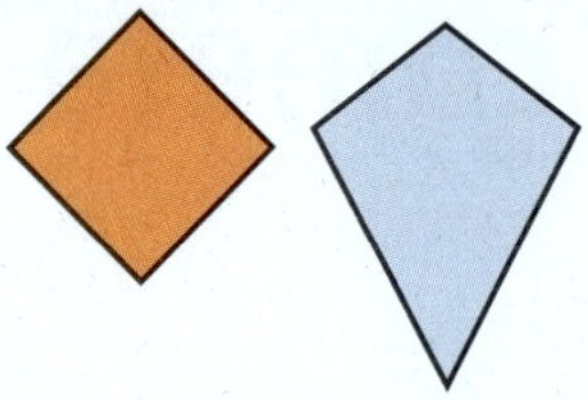

Una figura tiene simetría lineal si se puede doblar a lo largo de una recta para crear dos mitades que se corresponden exactamente.

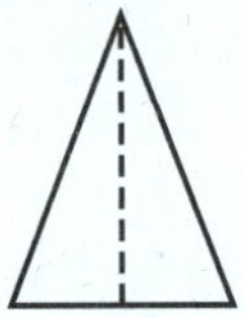

Trayecto recto que se extiende indefinidamente en direcciones opuestas.

Ejemplo:

recta *AB*

Ángulo mayor que un ángulo recto y menor que un ángulo llano.

Recta sobre la cual se puede doblar una figura de manera que las dos mitades se correspondan exactamente.

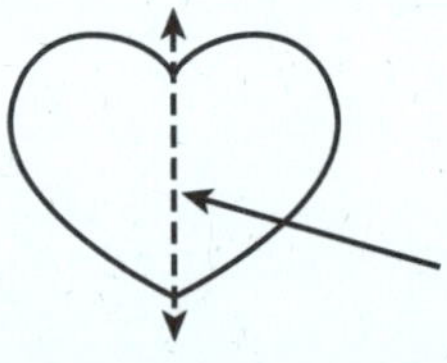

triángulo obtusángulo	paralelogramo
lados opuestos	rectas perpendiculares
rectas paralelas	punto

Cuadrilátero con ambos pares de lados opuestos paralelos.

Triángulo con un ángulo obtuso.

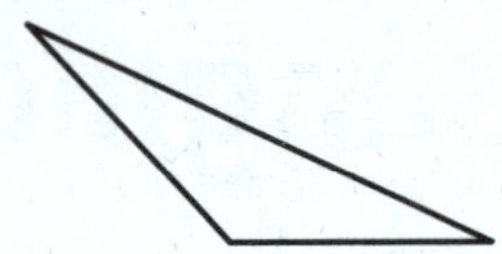

Las rectas, los segmentos o los rayos son perpendiculares si forman ángulos rectos.

Ejemplo:

Estas dos rectas son perpendiculares.

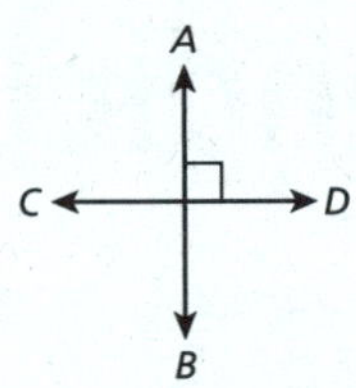

Lados que están uno frente al otro y que no se unen en ningún punto.

Ejemplo:

Sides *a* y *c* son opuestos.

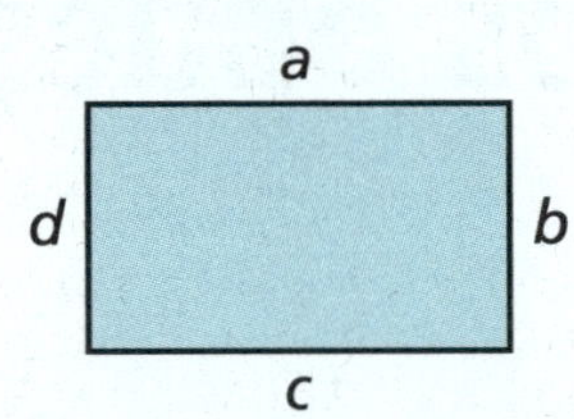

Ubicación en el plano. Generalmente representado por una marca puntual.

Las rectas en el mismo plano que nunca se intersecan son paralelas. Los segmentos y los rayos que forman parte de rectas paralelas, también son paralelos.

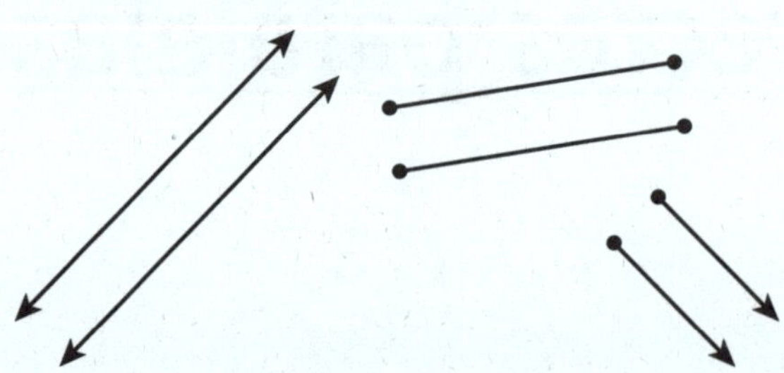

polígono

rayo

transportador

reflexión

cuadrilátero

ángulo cóncavo

Parte de una recta que tiene un extremo y se extiende infinitamente en una dirección.

Figura plana cerrada con lados formados por segmentos de rectas.

Vuelco de una figura sobre una recta llamada eje de reflexión.

Ejemplo:

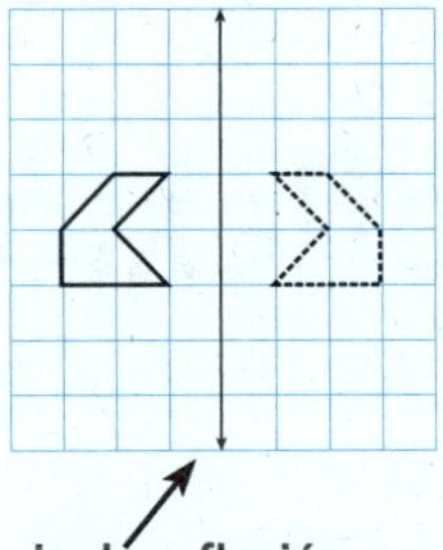

Instrumento semicircular para medir y construir ángulos.

Ángulo que mide más de 180° y menos de 360°.

Polígono con cuatro lados.

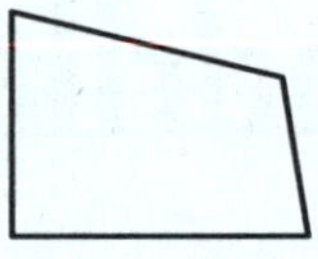

rombo	**rotación**
ángulo recto	**triángulo escaleno**
triángulo rectángulo	**ángulo llano**

Giro de una figura en grados (°), tanto en sentido de las manecillas del reloj o en sentido contrario a las manecillas del reloj.

Ejemplo:

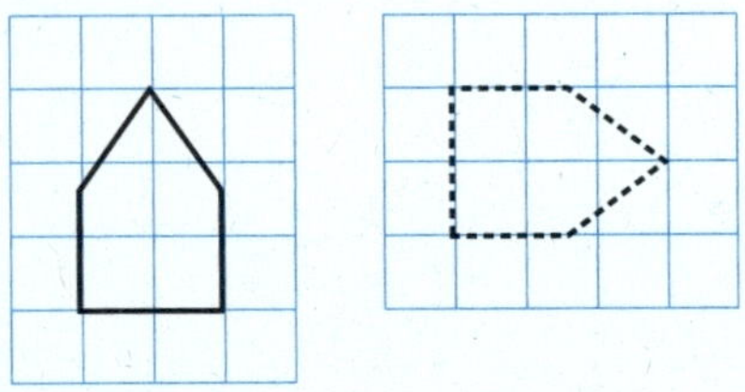

Paralelogramo con lados de igual longitud.

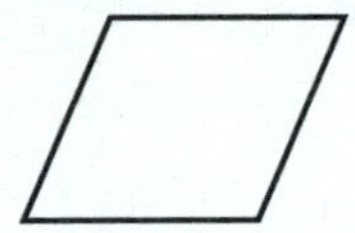

Triángulo sin lados iguales.

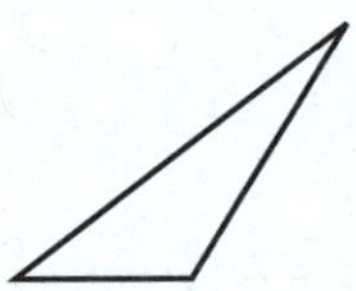

Ángulo que mide 90°.

Ángulo que mide 180°.

Triángulo con un ángulo recto.

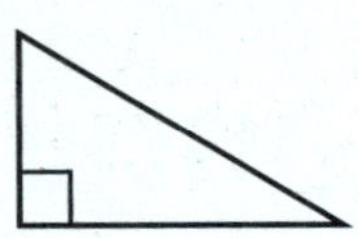

transformación	**diagrama de Venn**
traslación	**vértice de un ángulo**
trapecio	**vértice de un polígono**

Diagrama que usa círculos u otras figuras para mostrar cómo se relacionan los conjuntos.

Ejemplo:

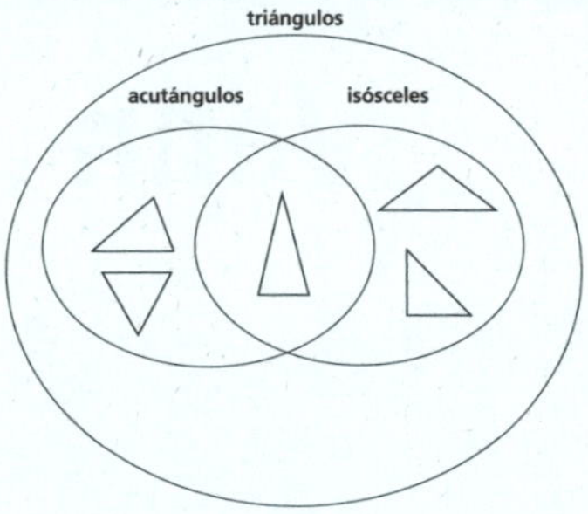

Cambio en la posición de una figura. Rotaciones, reflexiones y traslaciones son tipos de transformaciones

Punto compartido por dos lados de un ángulo.

Desplazamiento de una figura. Cada punto de la figura se mueve la misma distancia en la misma dirección.

Ejemplo:

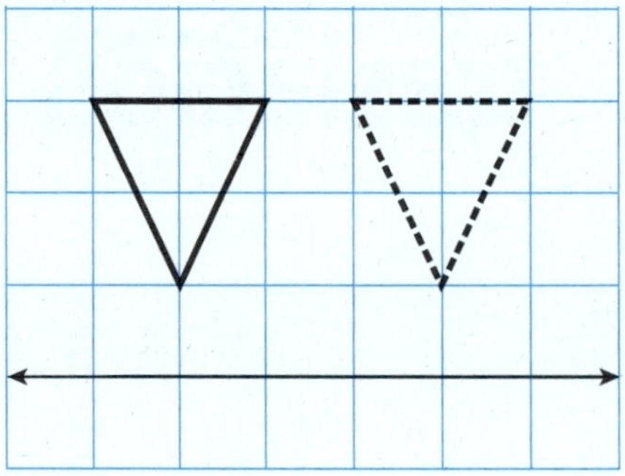

Punto compartido por dos lados de un polígono.

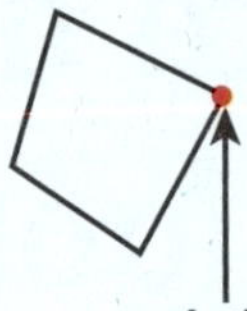

Cuadrilátero con exactamente un par de lados paralelos.

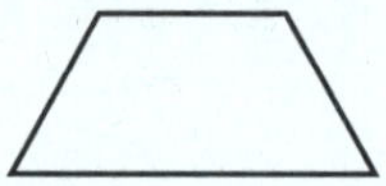

Nombre ______________________________

Puntos, rectas y segmentos

VOCABULARIO
punto
recta
segmento
extremo

Un **punto** se representa por una pequeña mancha circular. Se nombra con una mayúscula.

• *X*

Una **recta** es un camino recto que se extiende sin límites en ambas direcciones. Cuando dibujas una recta, pones flechas en los extremos para mostrar que ésta va más allá. Las líneas se nombrar por dos puntos cualquieras sobre la recta. Aquí están $\overleftrightarrow{AB}$, $\overleftrightarrow{GK}$ y $\overleftrightarrow{PN}$.

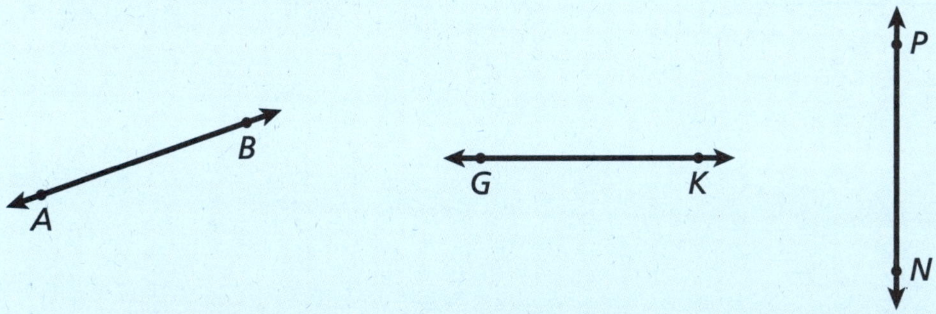

Un **segmento** es parte de una recta. Tiene dos finales, llamados **extremos**. Los segmentos se nombran por sus extremos. Aquí están $\overline{RS}$, $\overline{WT}$ y $\overline{DJ}$.

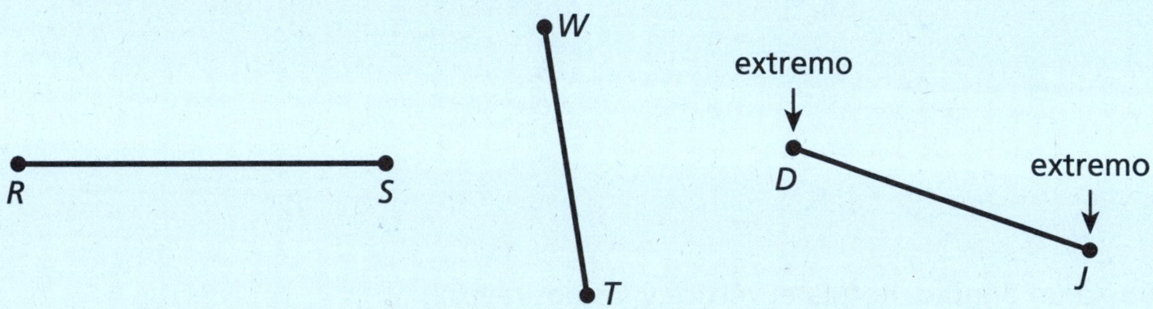

1. Puedes medir para hallar la longitud de un segmento, pero no puedes medir para hallar la longitud de una recta. Explica por qué.

____

____

____

____

Dibujar puntos, rayos y ángulos

VOCABULARIO
ángulo
rayo
vértice de un ángulo

Un **ángulo** está formado por dos **rayos** con el mismo extremo, llamado **vértice**.

Puedes rotular figuras con letras para nombrarlas. Esta es $\angle ABC$. Sus rayos son $\overrightarrow{BA}$ y $\overrightarrow{BC}$.

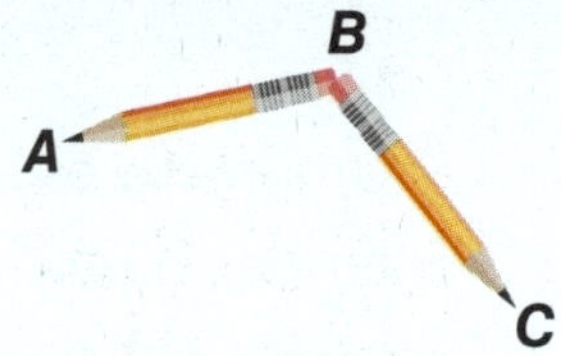

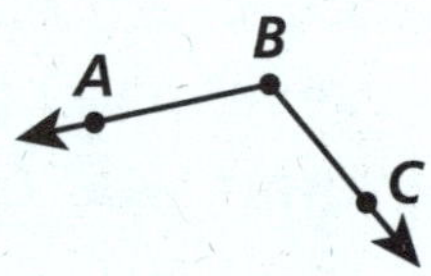

Dibuja y rotula cada figura.

2. Dibuja y rotula un punto. Escribe el nombre de tu punto. ____________

3. Dibuja un rayo. Rotula el extremo. Escribe el nombre de tu rayo. ____________

4. Dibuja un ángulo. Rotula el vértice y los dos rayos. Escribe el nombre de tu ángulo. ____________

Nombre ______________________________

Comentar los ángulos

Los ángulos pueden tener diferentes tamaños.

VOCABULARIO
ángulo agudo
ángulo recto
ángulo obtuso

Comenta los grupos de ángulos.

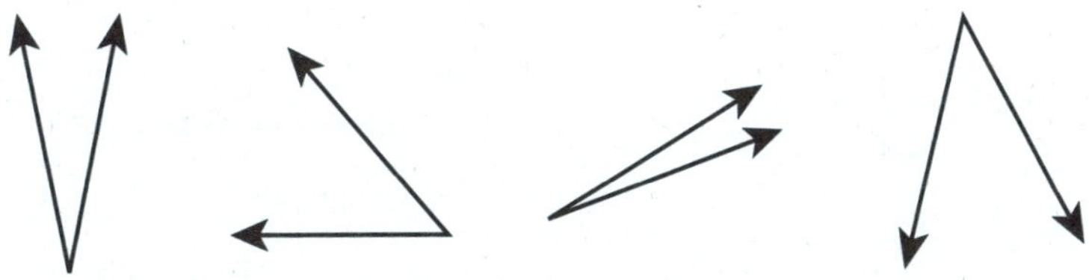

5 ¿En qué se parecen todos estos **ángulos agudos**?

____

____

6 ¿En qué se diferencia un ángulo agudo de un **ángulo recto**?

____

____

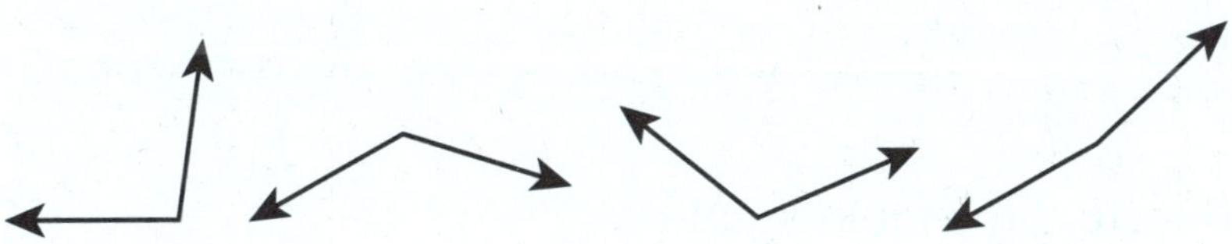

7 ¿En qué se parecen todos estos **ángulos obtusos**?

____

____

8 ¿En qué se diferencia un ángulo obtuso de un ángulo recto?

____

____

9 ¿En qué se diferencia un ángulo obtuso de un ángulo agudo?

____

____

Clasificar ángulos

Usa las letras para nombrar cada ángulo. Luego escribe *agudo, recto* u *obtuso* para describir cada ángulo.

10 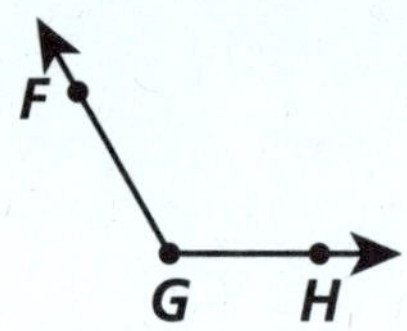

11 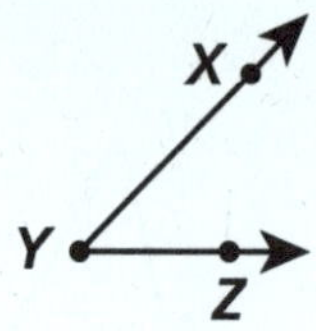

12 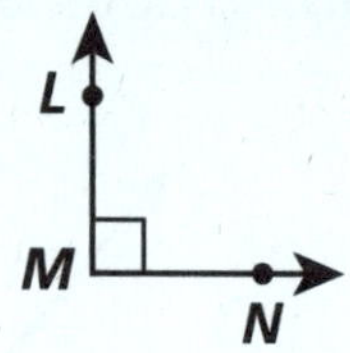

13 Usa las letras para nombrar dos ángulos agudos y dos ángulos obtusos en esta figura. Escribe *agudo* u *obtuso* para describir cada ángulo.

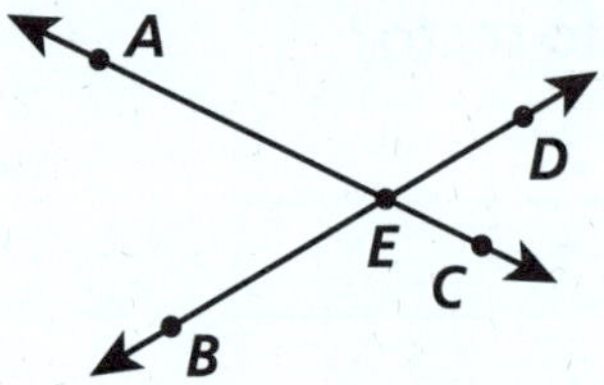

14 Dibuja y rotula un ángulo recto, un ángulo agudo y un ángulo obtuso.

Comprobar la comprensión

Dibuja y rotula una recta, un segmento y un rayo.

Nombre ______________________________

Clasificar ángulos

Recorta por las líneas discontinuas.

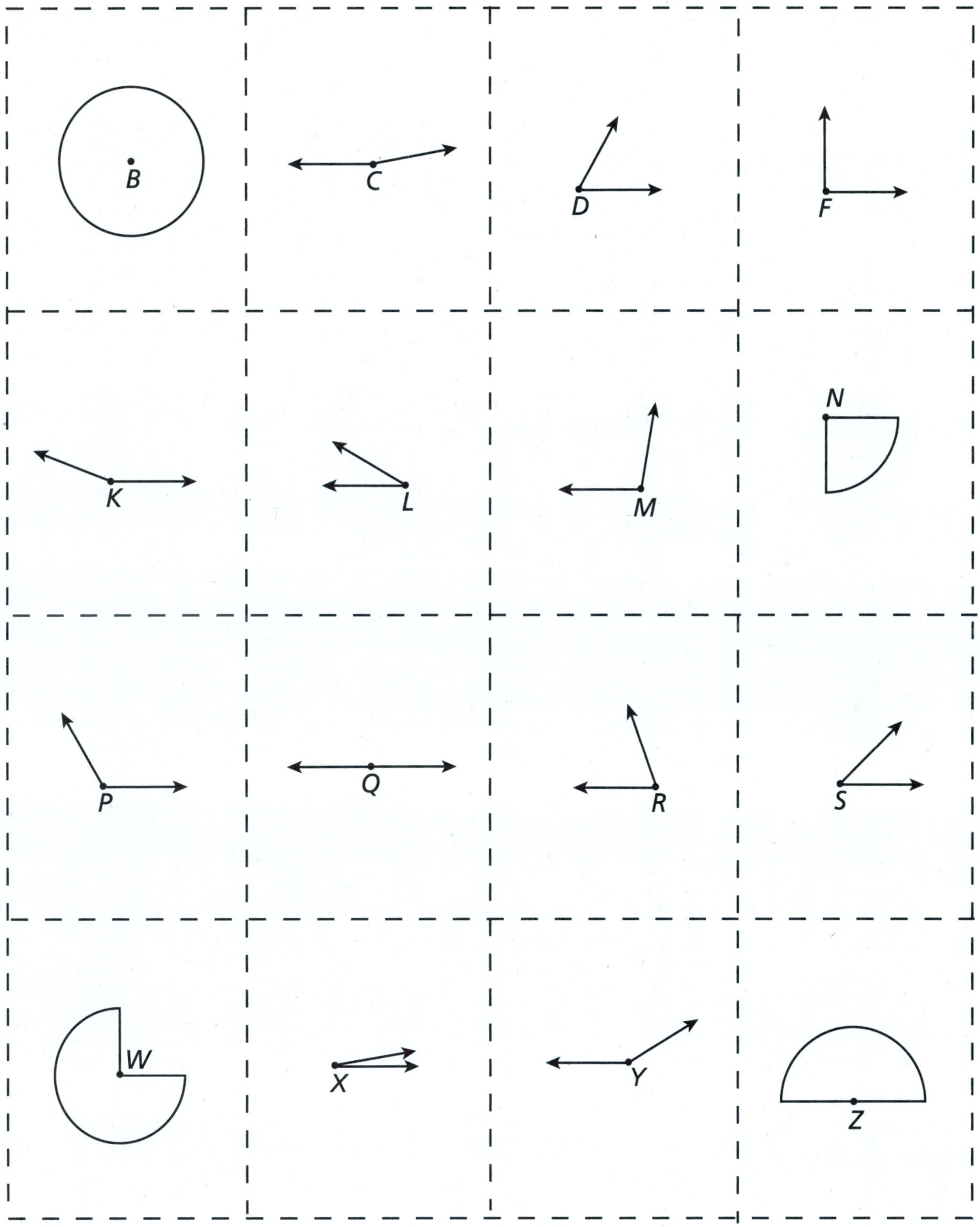

Nombre ______________________

VOCABULARIO
grado
ángulo recto
ángulo llano

Presentar los grados

Los ángulos se miden en unidades llamadas **grados**. Un grado es la medida de una rotación muy pequeña desde un rayo a otro.

Este ángulo mide 1 grado.

La medida de un ángulo es el número total de ángulos de 1 grado que caben dentro de él.

Este ángulo mide 5 grados.

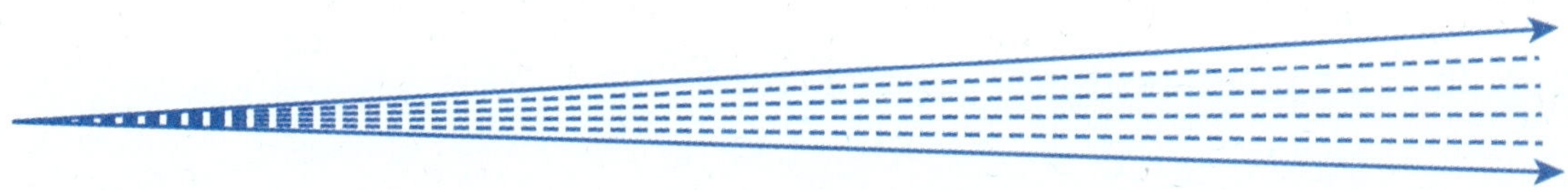

El símbolo de grados es un pequeño círculo elevado (°). Puedes escribir la medida del ángulo arriba como 5°. $5 \times 1° = 5°$

Un **ángulo recto** mide 90°. Una rotación de 90° describe un cuarto de círculo.

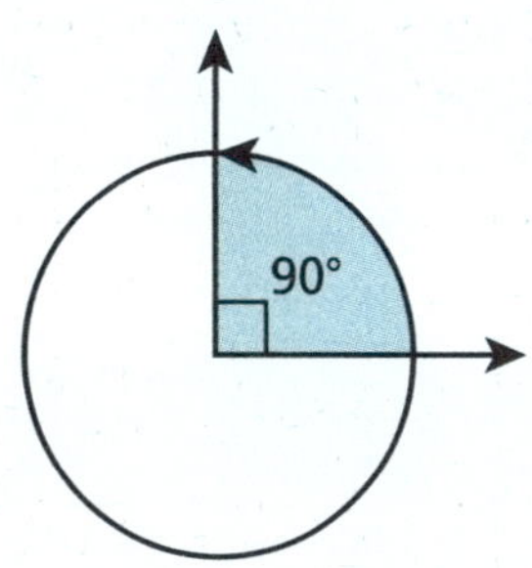

Un **ángulo llano** mide 180°. Una rotación de 180° describe medio círculo.

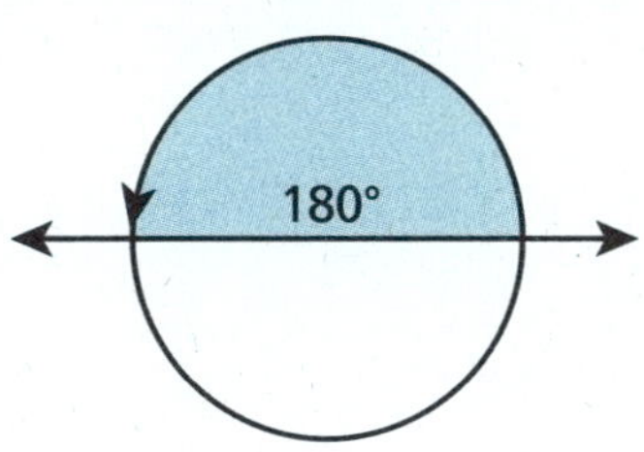

El ángulo a continuación mide 360°. Una rotación de 360° describe un círculo completo.

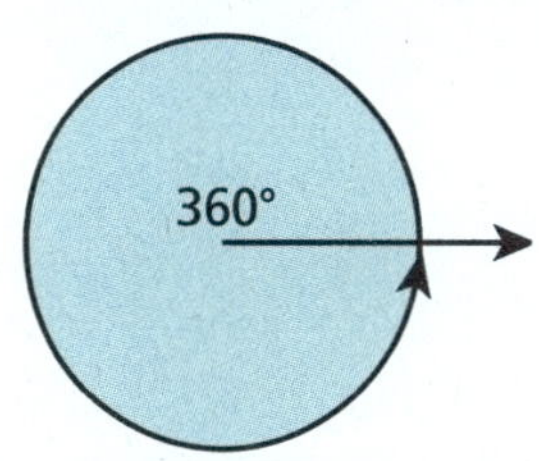

Usar un transportador

VOCABULARIO
transportador

Un **transportador** es un instrumento que se usa para medir ángulos en grados. Este transportador muestra que ∠*ABC* mide 90°.

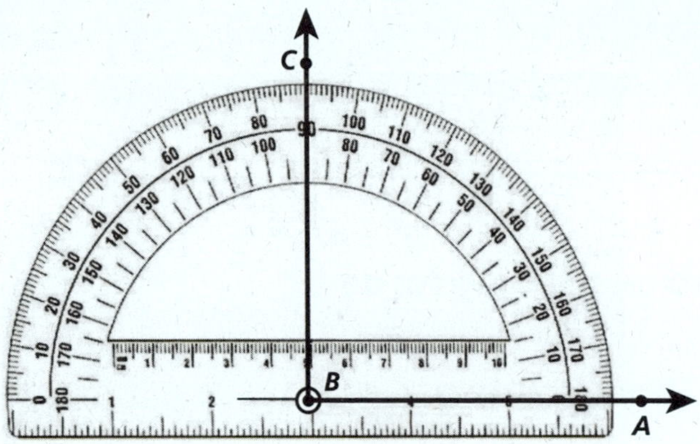

Mide cada ángulo con tu transportador. Escribe la medida.

1
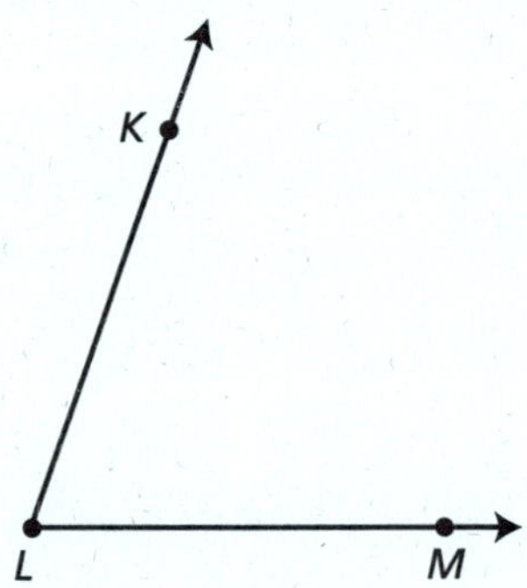

∠*KLM* = ______

2
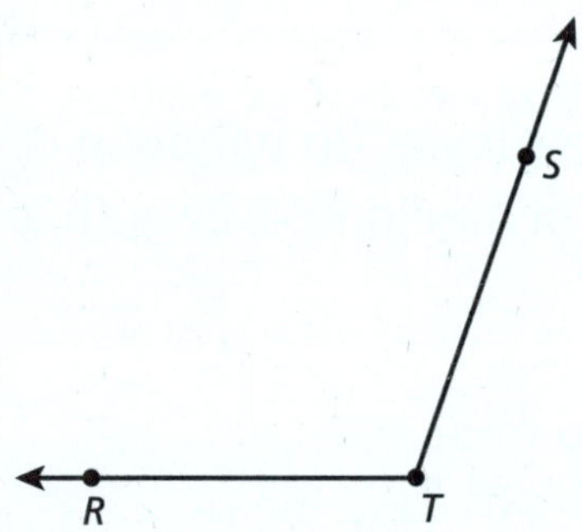

∠*STR* = ______

3
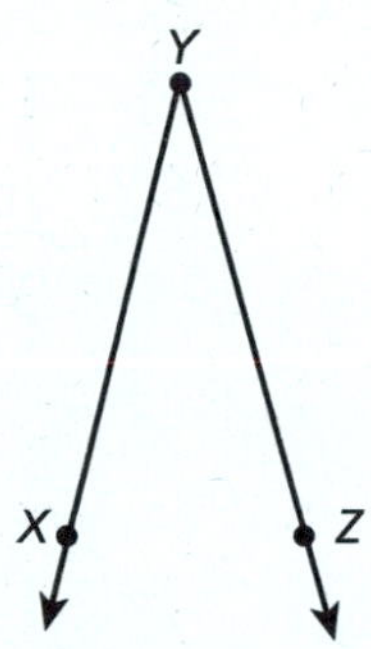

∠*XYZ* = ______

4
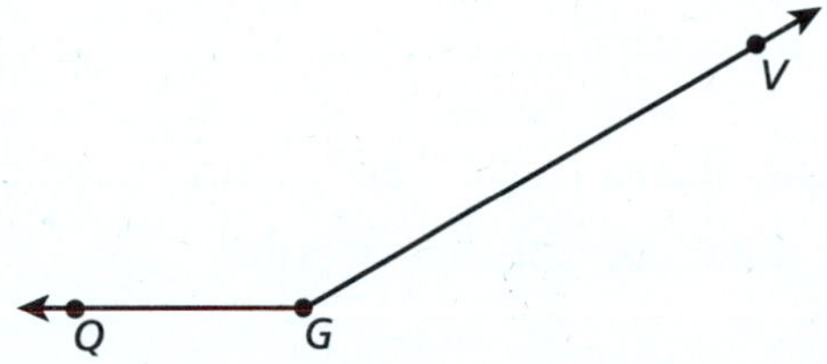

∠*QGV* = ______

Nombre ______________________________

Hacer esquemas de ángulos

Haz un esquema de cada ángulo o dibújalo usando un transportador.

5. 90°

6. 45°

7. 180°

8. 360°

Usar el razonamiento

Usa las figuras de la derecha para contestar las siguientes preguntas.

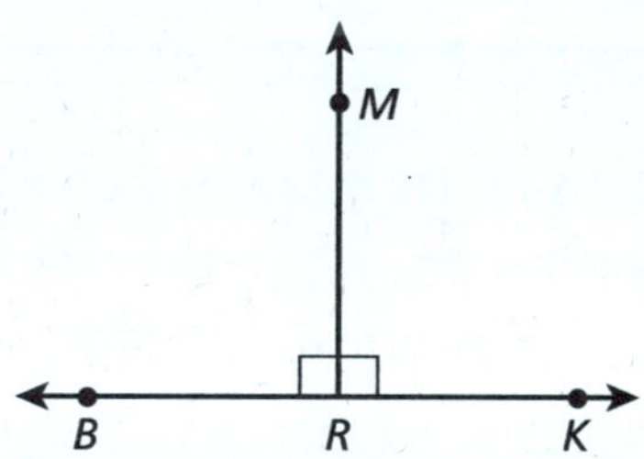

9. Nombra un ángulo recto en cada figura.

____

10. Nombra un ángulo llano en cada figura.

____

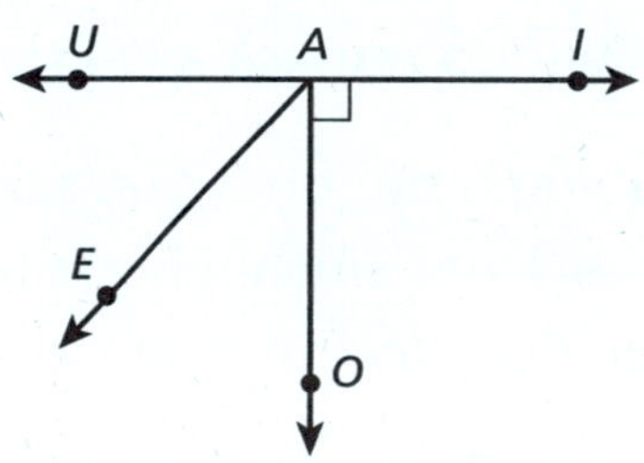

11. ¿Cuánto más grande es la medida de ∠*KRB* que la medida de ∠*IAO*?

____

12. ¿Qué ángulo parece ser un ángulo de 45°?

____

13. La medida de ∠*IAE* is 135°.

¿Cuánto mide ∠*OAE*? ______

¿Cuánto mide ∠*UAE*? ______

Los ángulos en la vida real

A continuación, se muestra un mapa del vecindario de Jon. Las calles del este y del oeste tiene nombres de los presidentes de los Estados Unidos. Las calles del norte y del sur están enumeradas. Las avenidas tienen letras. La casa de Jon está en la esquina de Lincoln y la Primera.

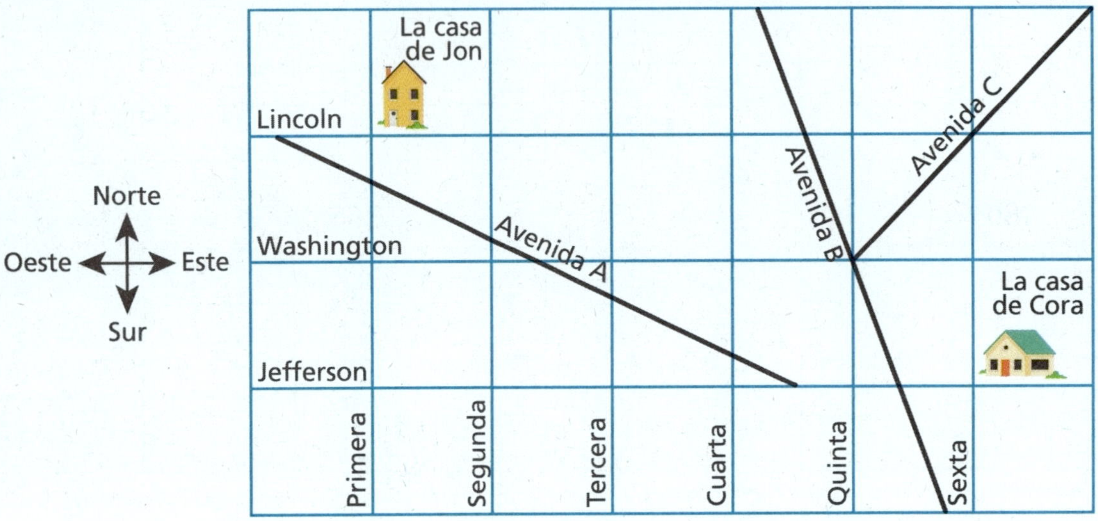

14 ¿Qué te dicen las flechas a la izquierda del mapa?

____

15 Jon sale de su casa y conduce su bicicleta hacia el sur por la Primera. ¿Qué tipo de ángulo forma cada vez que gira por estas rutas? ¿Cuánto mide cada ángulo?

- Jon gira al sureste en la Avenida A. ______________________
- Cuando llega a Washington, gira al oeste. ______________________
- Cuando regresa a la Primera, gira al sur. ______________________

16 La prima de Jon, Cora, sale de la casa de Jon y conduce al este por Lincoln hacia la Avenida B. Dibuja el ángulo que Cora forma si gira al sureste. ¿Cuánto mide el ángulo?

____

Comprobar la comprensión
Dibuja un ángulo de 90°, un ángulo de 135° y un ángulo de 180°.

Nombre ______________________________

VOCABULARIO
círculo
ángulo cóncavo

Medir ángulos en un círculo

Puedes mostrar todos los diferentes tipos de ángulos en un círculo.

Ángulo agudo

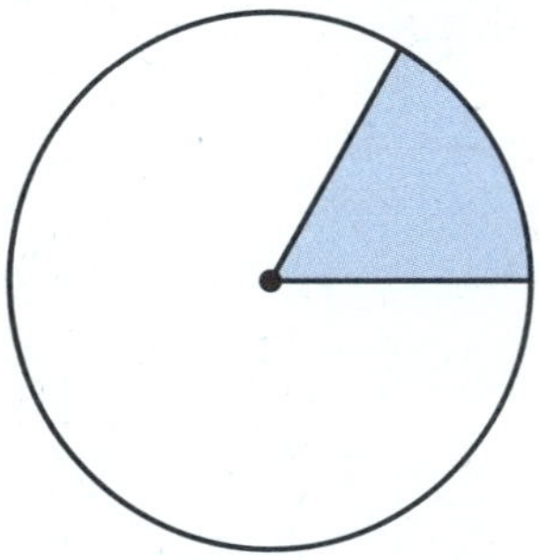

Mayor que 0° y menor que 90°

Ángulo recto

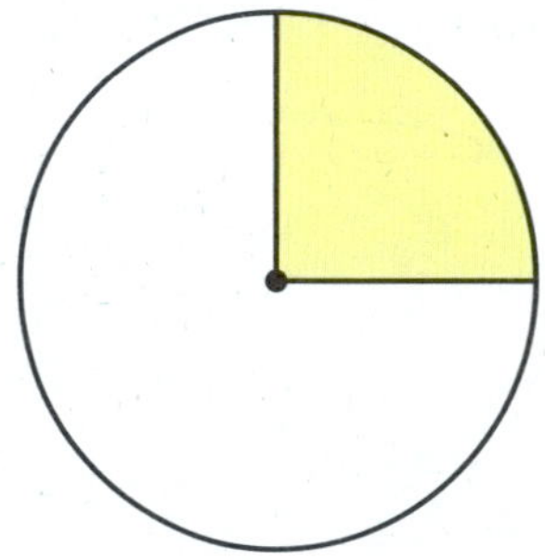

90°

Ángulo obtuso

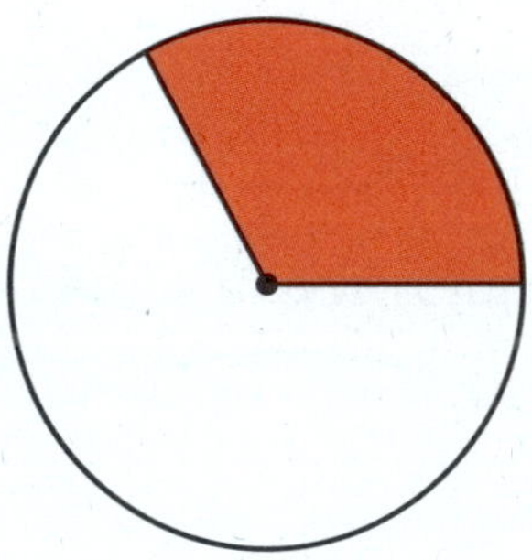

Mayor que 90° y menor que 180°

Ángulo llano

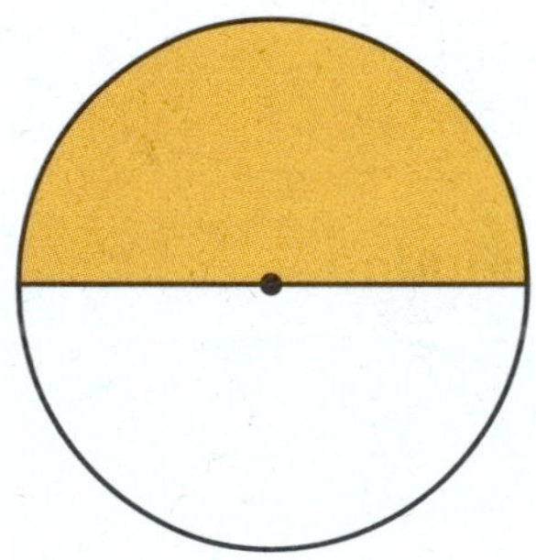

180°

Ángulo cóncavo

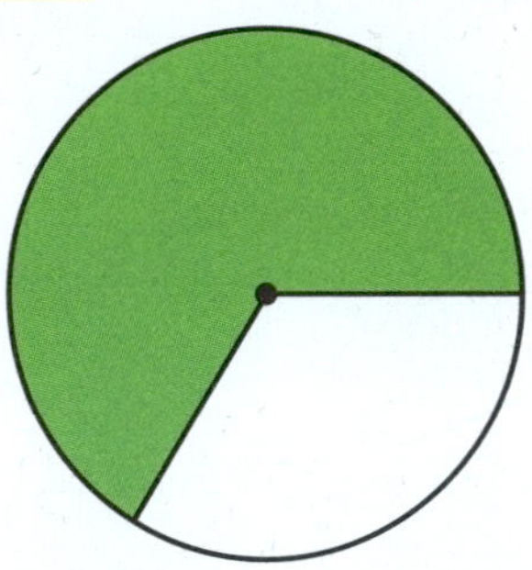

Mayor que 180° y menor que 360°

Círculo

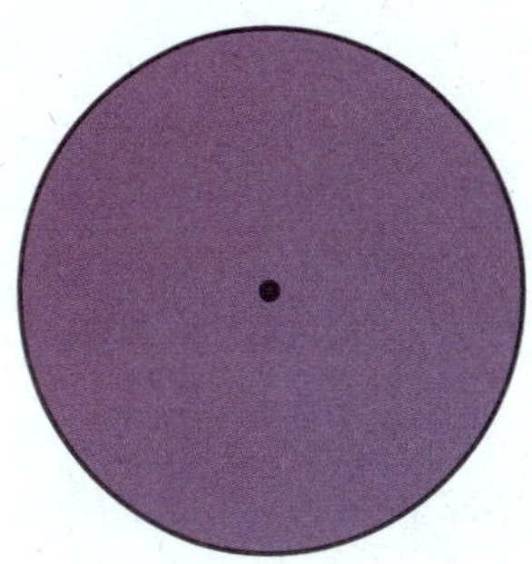

360°

Dibujar ángulos en un círculo

Usa una escuadra y un transportador para dibujar y sombrear un ángulo de cada tipo. Mide y rotula cada ángulo.

1. Ángulo obtuso

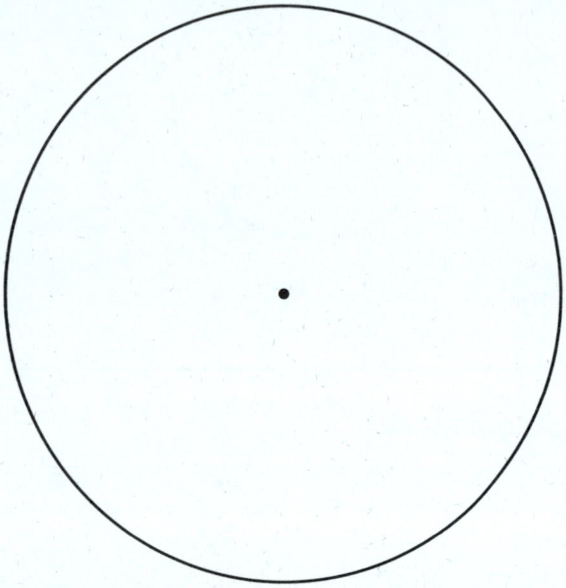

2. Ángulo llano

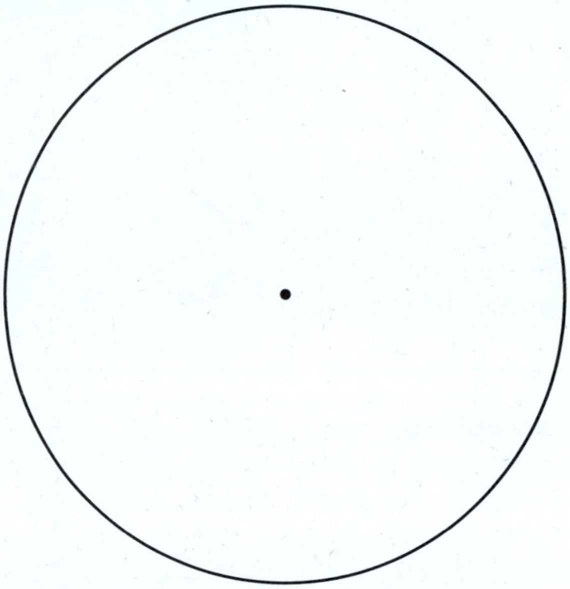

3. Ángulo agudo

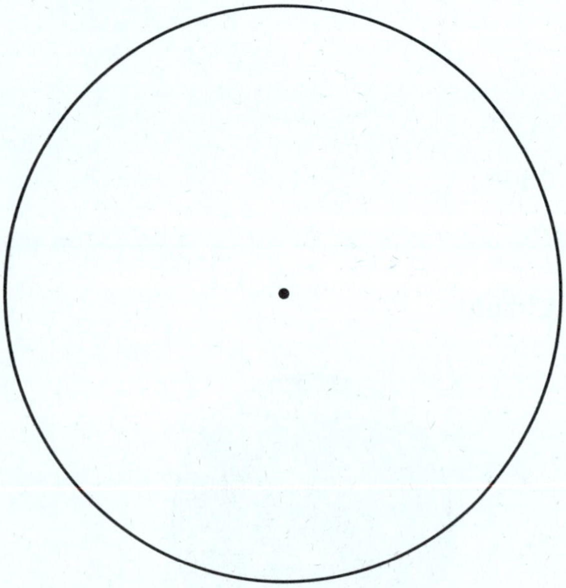

4. Tres ángulos con la suma de 360°.

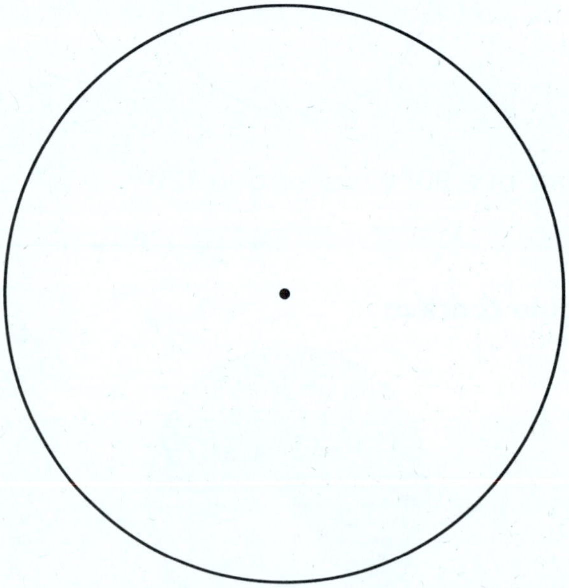

Comprobar la comprensión

Escribe una ecuación de suma que muestre la suma de las medidas de tus ángulos en el Ejercicio 4.

Prueba rápida 1 de la Unidad 8

Nombre ____________________ Fecha ____________

Escribe la respuesta correcta.

1. Mide el ángulo *ABC*. Indica si es un ángulo agudo, obtuso o recto.

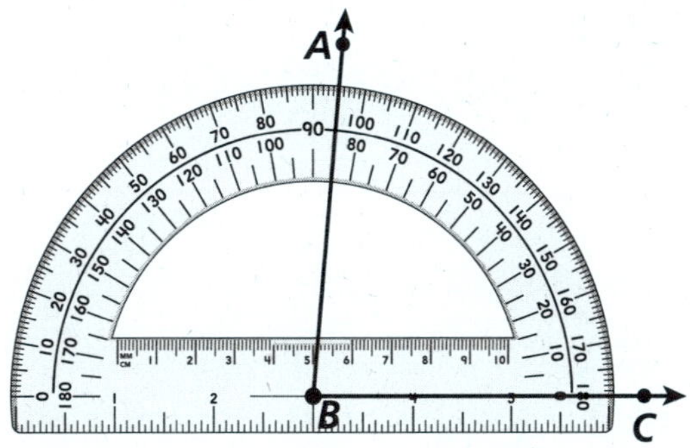

____

2. Liam hace un esquema de un ángulo de 45°. Encierra en un círculo el ángulo que trazó Liam.

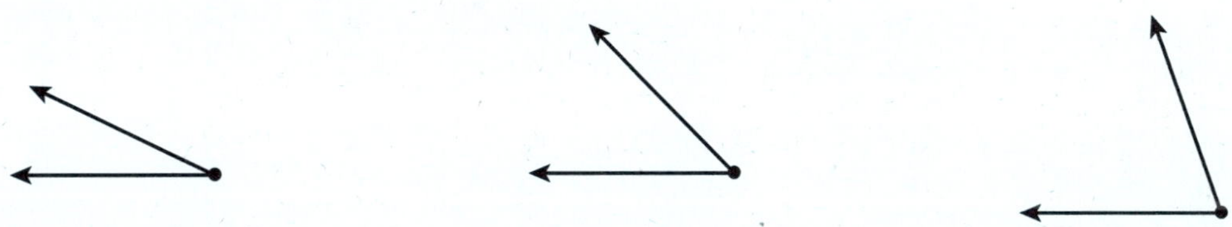

Dibuja la figura.

3. Rayo *EF*

4. Ángulo recto *ABC*

5. Ángulo obtuso *DEF*

Comprobar el conocimiento 24

Nombre ____________________ Fecha ____________

Camino al conocimiento

Suma o resta.

1.
```
  434
+ 315
```

2.
```
  572
− 358
```

3.
```
  374,583
+  44,625
```

4.
```
  506,721
− 452,899
```

5.
```
  3,274
+   835
```

6.
```
  30,430
− 18,478
```

7.
```
  813
+ 526
```

8.
```
  56,923
−  7,361
```

9.
```
  7,846
− 2,515
```

10.
```
  676
− 421
```

11.
```
  5,707
− 2,644
```

12.
```
  17,948
+ 23,324
```

13.
```
  672,943
−  45,867
```

14.
```
  4,839
+ 6,127
```

15.
```
  67,359
+  4,418
```

Nombre ______________________________

VOCABULARIO
triángulo rectángulo
triángulo obtusángulo
triángulo acutángulo

Comentar los ángulos de un triángulo

El prefijo *tri-* significa "tres", por lo que es fácil recordar que un triángulo tiene 3 ángulos. Los triángulos reciben sus nombres según los ángulos que tienen.

- Un **triángulo rectángulo** tiene un ángulo recto, que mostramos dibujando un pequeño cuadrado en el ángulo recto.
- Un **triángulo obtusángulo** tiene un ángulo obtuso.
- Un **triángulo acutángulo** tiene tres ángulos agudos.

1. Puedes también usar letras para escribir y hablar sobre triángulos. Este triángulo es *ΔQRS*. Nombra sus tres ángulos y sus tipos.

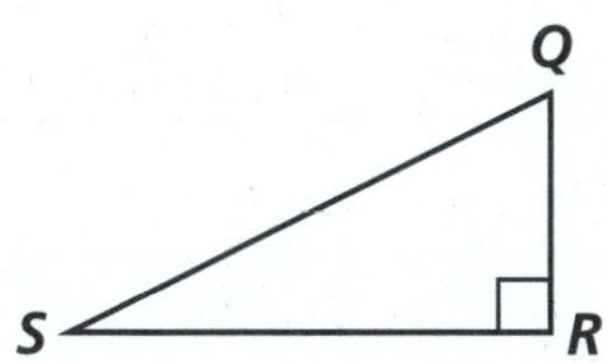

____

____

____

2. ¿Qué tipo de triángulo es *ΔQRS*? ¿Cómo lo sabes?

____

____

3. Dibuja y rotula un triángulo rectángulo, un triángulo acutángulo y un triángulo obtusángulo.

Identificar ángulos de un triángulo

Nombrar cada triángulo por sus ángulos. Explica tu razonamiento.

4 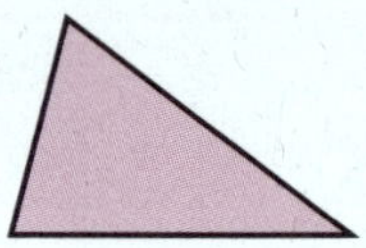

5 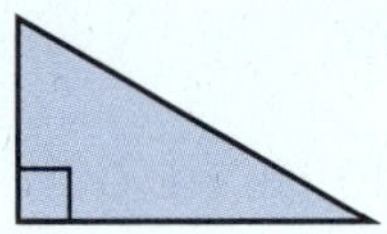

6 

7 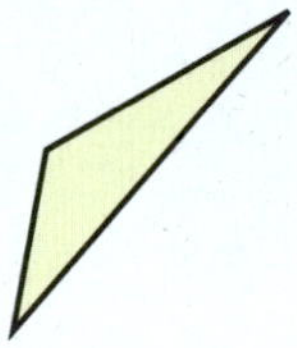

8 

9 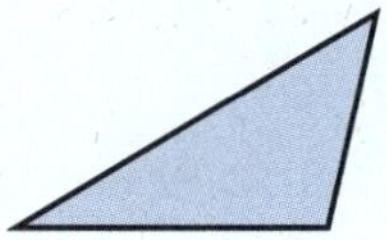

10 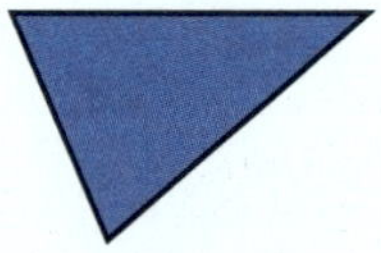

11 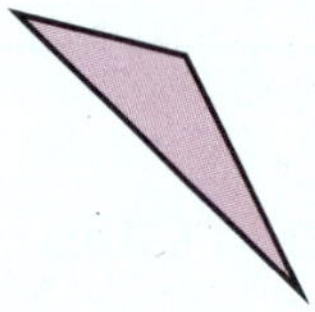

12 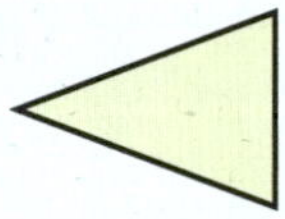

13 

14 

15 

16 Describe cómo los ángulos hacen que un triángulo se diferencie del otro.

Nombre ______________________________

Comentar los lados de un triángulo

VOCABULARIO
triángulo equilátero
triangulo isósceles
triángulo escaleno

Los triángulos se pueden nombrar por sus lados. Unas pequeñas " marcas" en los lados de los triángulos nos dicen cuando los lados son iguales.

- El prefijo *equi-* significa "igual". Los triángulos que tienen tres lados iguales se llaman **equiláteros**.

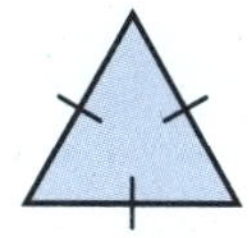

- Los triángulos que tienen dos lados iguales se llaman **isósceles**. La palabra *isósceles* proviene de palabras muy antiguas que significan "piernas iguales".

- Los triángulos sin lados iguales se llaman **escalenos**. Todos los triángulos que no son ni equiláteros ni isósceles son escalenos.

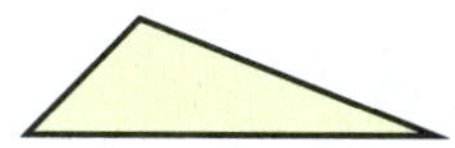

Usa estos triángulos para contestar las preguntas.

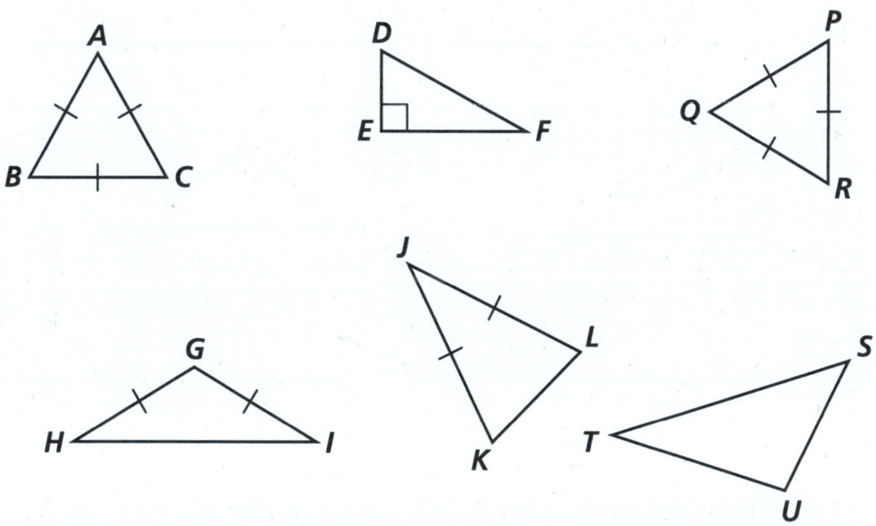

17 Escribe los nombres en letras de los triángulos escalenos.

____

18 Escribe los nombres en letras de los triángulos equiláteros.

____

19 Escribe los nombres en letras de los triángulos isósceles.

____

Identificar los lados de un triángulo

Nombra cada triángulo por sus lados. Explica tu razonamiento.

20 

21 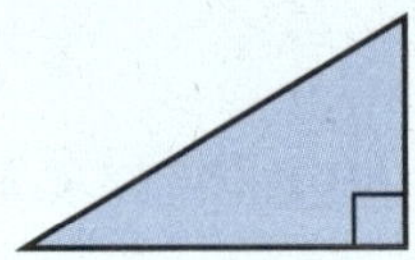

22 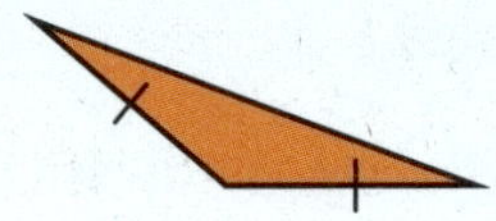

23 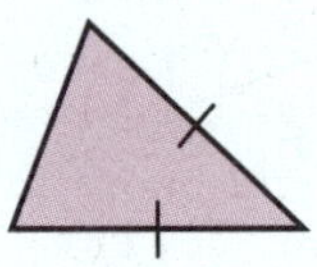

24 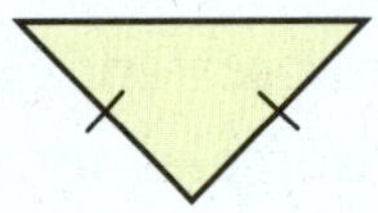

25 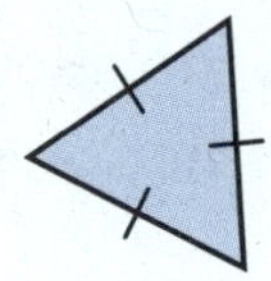

26 

27 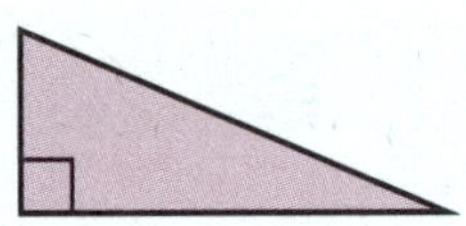

28 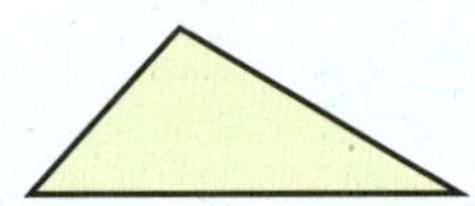

29 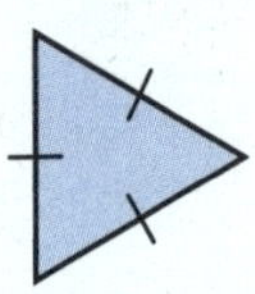

30 

31 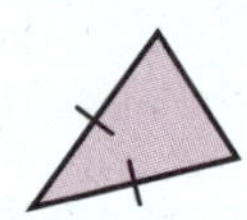

32 Describe cómo los lados hacen que un triángulo se diferencie del otro.

Nombre ______________________

Ordenar los triángulos de diferentes maneras

VOCABULARIO
Diagrama de Venn

33 Escribe una mayúscula y una minúscula dentro de cada triángulo a continuación, usando las claves a la derecha.

Recorta los triángulos y usa el **diagrama de Venn** a continuación para ordenarlos de diferentes maneras.

agudo = a
obtuso = o
recto = r

Isósceles = I
Escaleno = S
Equilátero = E

Triángulos

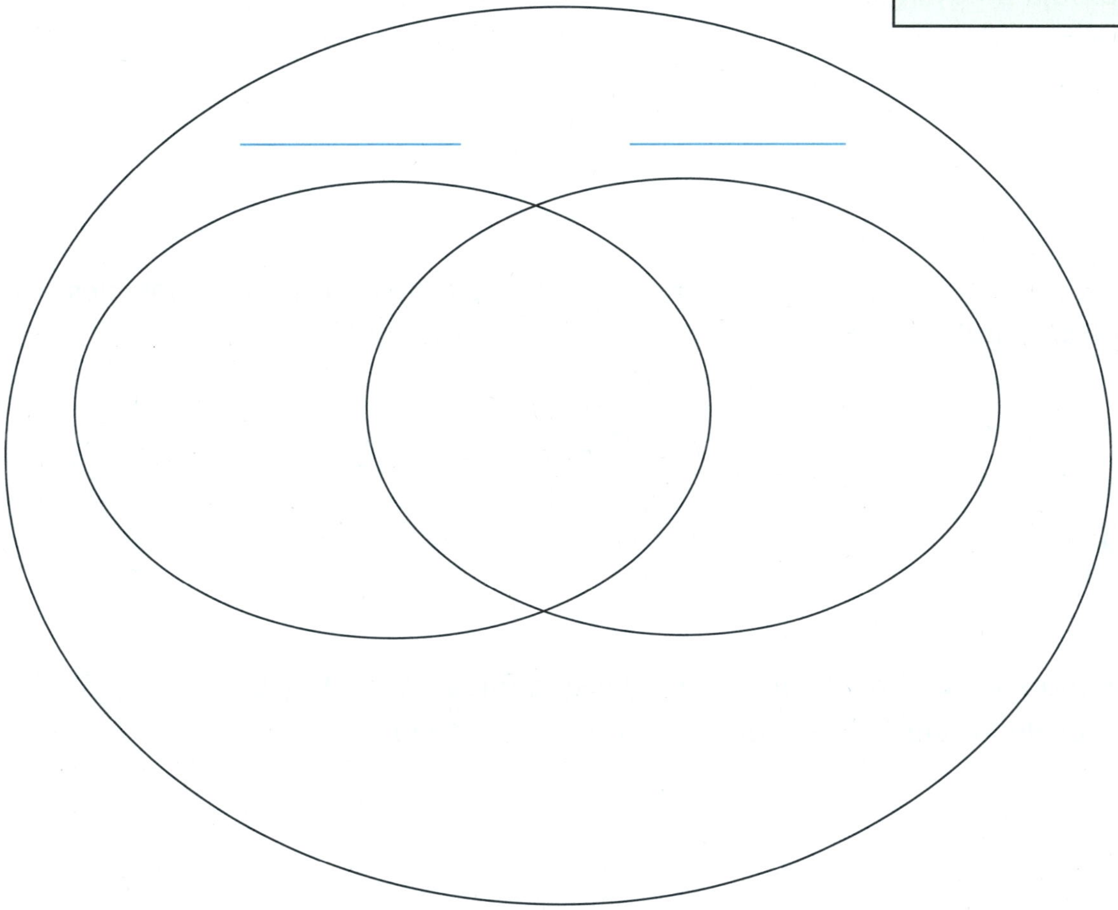

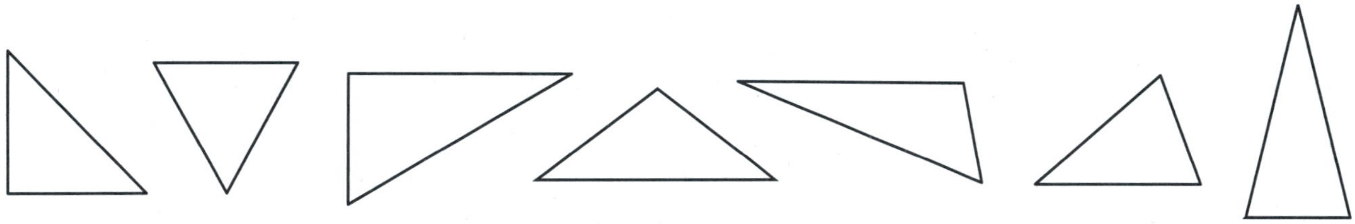

Posibles maneras de nombrar triángulos

Dibuja cada triángulo. Si no puedes, explica por qué.

34 Dibuja un triángulo escaleno rectángulo.	35 Dibuja un triángulo escaleno obtusángulo.
36 Dibuja un triángulo equilátero rectángulo.	37 Dibuja un triángulo isósceles acutángulo.
38 Dibuja un triángulo equilátero obtusángulo.	39 Dibuja un triángulo isósceles rectángulo.

Comprobar la comprensión

Nombra un triángulo con los ángulos que midan 45°, 45° y 90°, y dos de los lados que midan 7 centímetros cada uno.

Nombre ______________________________

Sumar las medidas de los ángulos

Dos ángulos pueden unirse para formar otro ángulo. La medida del ángulo completo es la suma de las medidas de los ángulos más pequeños. La medida del ángulo completo que se muestra es 105°.

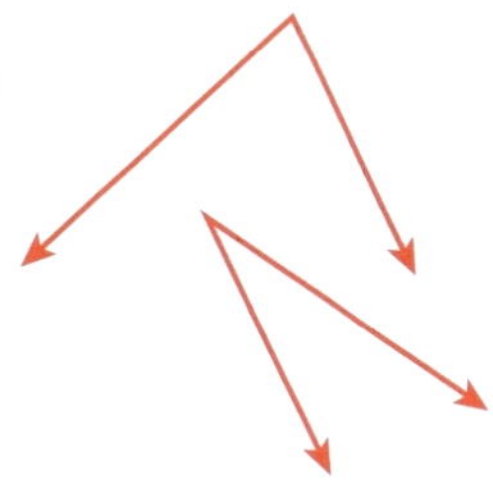

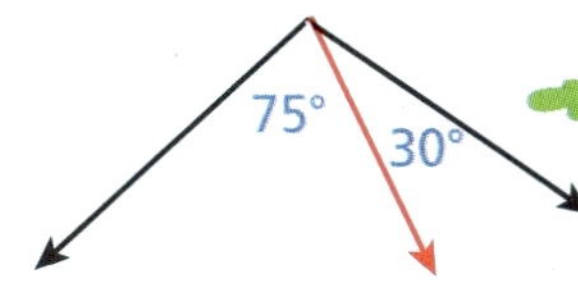

75° + 30° = 105°

¿Qué tipo de ángulo se forma cuando dos ángulos se unen? ¿Cuál es su medida?

1.
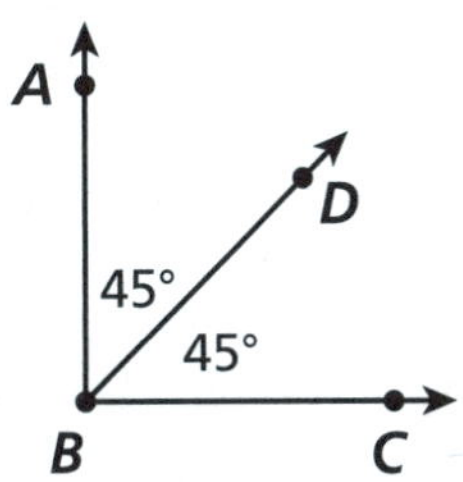

____

2.
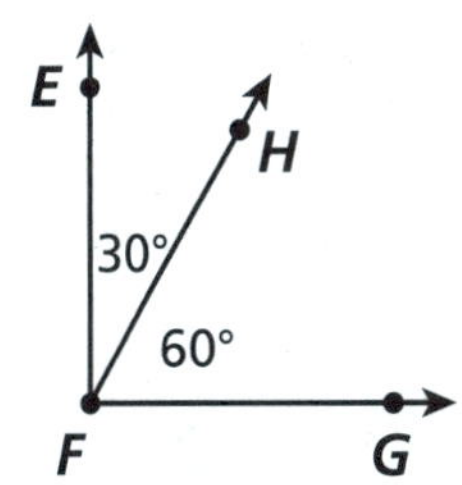

____

3.
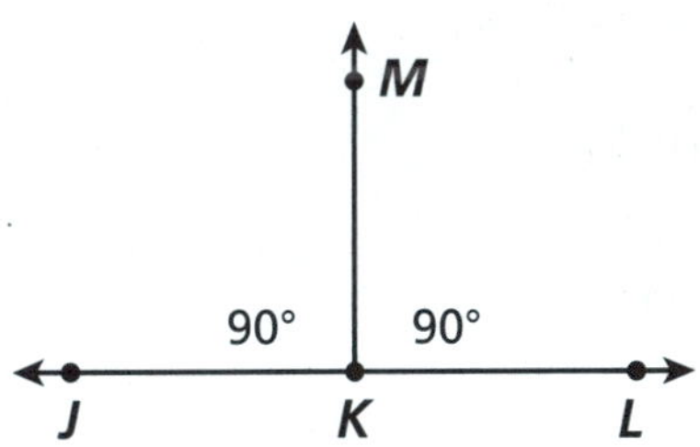

____

4.
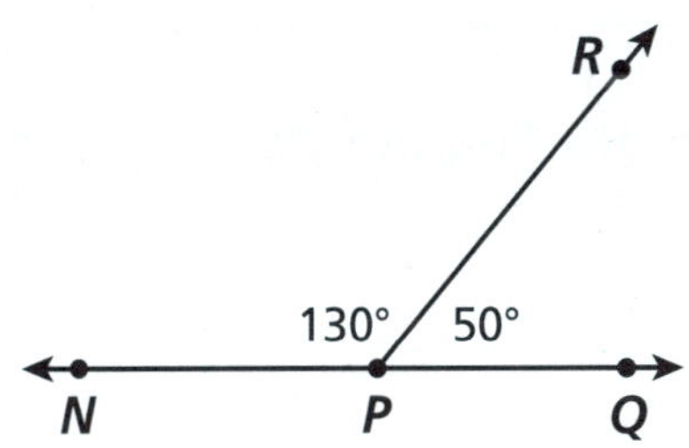

____

5. Un ángulo está formado por dos ángulos que miden 80° y 70°. Escribe y resuelve una ecuación para hallar la medida del ángulo completo.

Muestra tu trabajo.

____

____

____

Unir ángulos

Forma ángulos nuevos con los ángulos que se muestran.

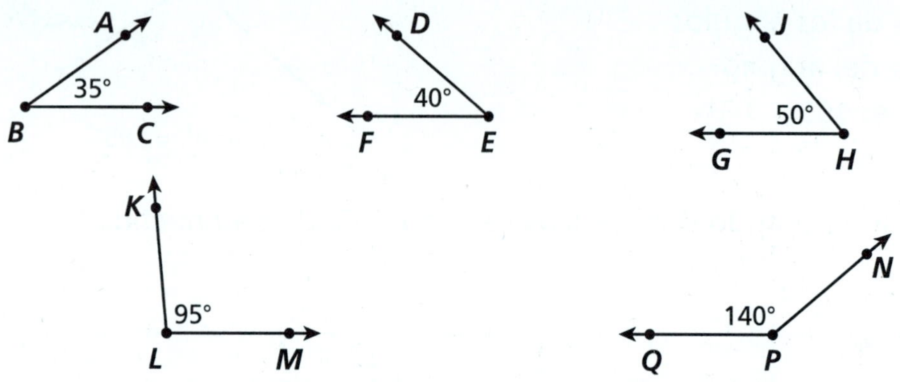

6 ¿Qué dos ángulos debes unir para formar un ángulo de 75°?

____

7 ¿Qué dos ángulos debes unir para formar un ángulo de 145°?

____

8 ¿Qué dos ángulos debes unir para formar un ángulo llano?

____

9 ¿Qué dos ángulos debes unir para formar un ángulo recto?

____

10 Si unes los cinco ángulos, ¿cuál sería la medida del ángulo completo? ¿Qué tipo de figura se formaría?

____

11 Usa un transportador y una escuadra para dibujar el ángulo formado uniendo ∠*ABC* y ∠*KLM*. Muestra su medida.

Nombre ____________________

Restar las medidas de los ángulos

Escribe una ecuación para calcular la medida del ángulo desconocido.

12 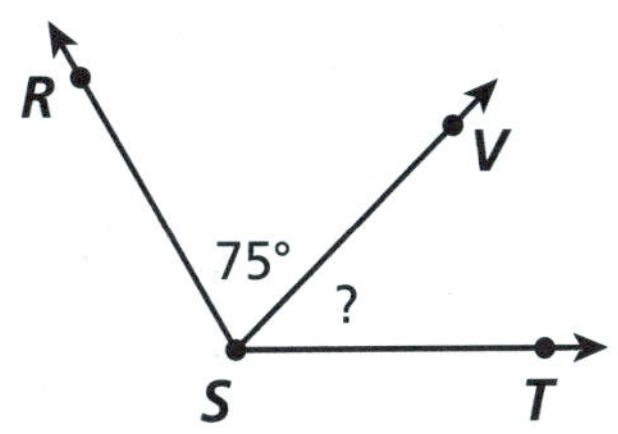

La medida de $\angle RST$ es 120°. ¿Cuál es la medida de $\angle VST$?

____

____

13 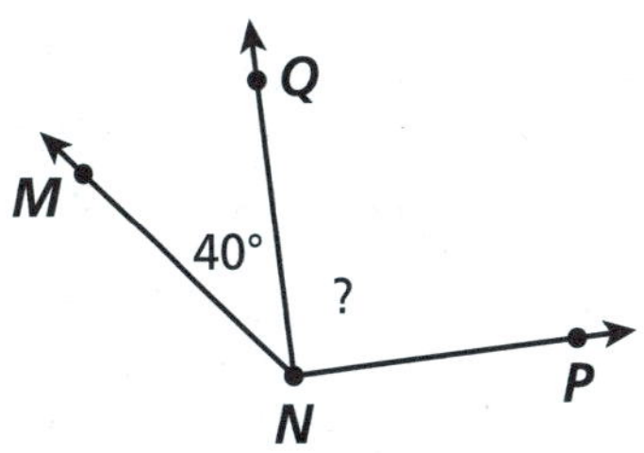

La medida de $\angle MNP$ es 130°. ¿Cuál es la medida de $\angle QNP$?

____

____

14 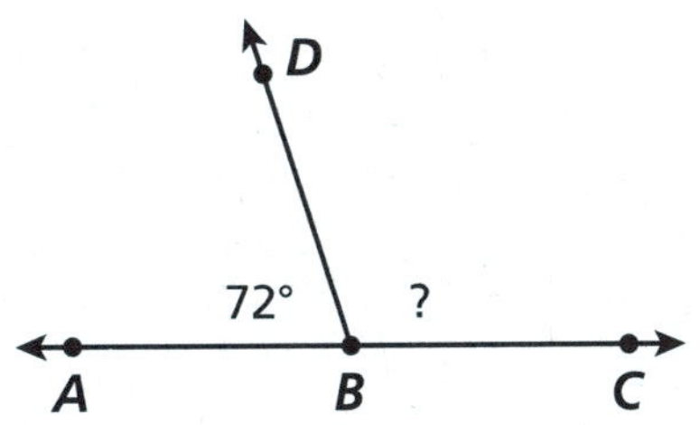

La medida de $\angle ABC$ es 180°. ¿Cuál es la medida de $\angle DBC$?

____

____

15 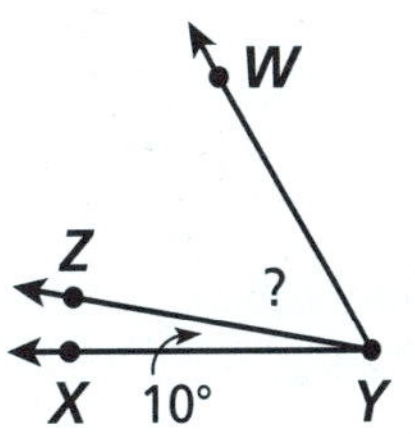

La medida de $\angle XYW$ es 60°. ¿Cuál es la medida de $\angle ZYW$?

____

____

16 Dibuja tu propio problema de ángulos y compártelo con un compañero.

____

17 Cuando un ángulo recto está formado por dos ángulos más pequeños, ¿qué es cierto sobre los ángulos más pequeños?

____

18 Cuando un ángulo llano está formado por dos ángulos más pequeños, ¿qué es cierto sobre los ángulos más pequeños?

____

____

¿Cuál es el error?

Queridos estudiantes de matemáticas,

Quiero calcular la medida de $\angle DBE$ en el siguiente diagrama.

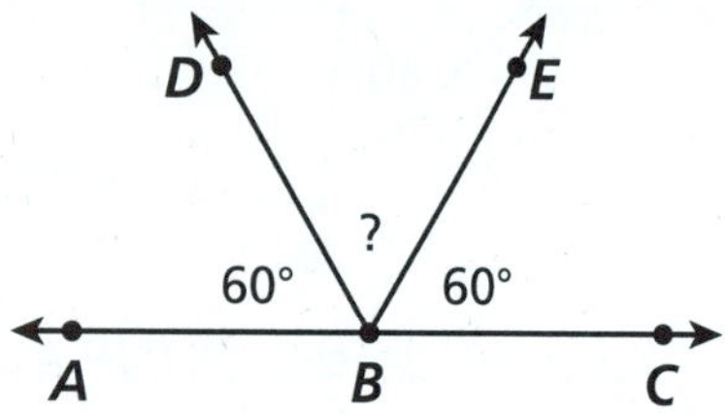

Escribí y resolví esta ecuación.

$180° - (60° + 60°) = x$

$180° - 60° + 60° = x$

$120° + 60° = x$

$180° = x$

Esta respuesta no tiene sentido.
¿Hice algo mal?

Tu amigo,
Pingüino Confundido

19 Escribe una respuesta para el Pingüino Confundido.

Comprobar la comprensión

Explica cómo usar una ecuación para hallar una medida de un ángulo desconocido.

Nombre ______________________

Sumar las medidas de los ángulos

Usa una ecuación para resolver.

1. La esquiadora forma ángulos con sus esquíes como se muestra. ¿Cuál es la suma de los ángulos?

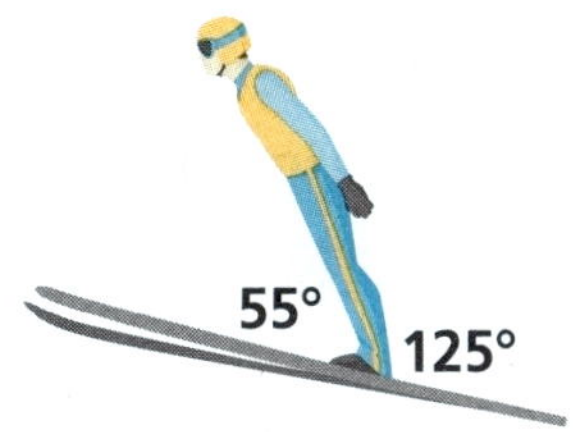

____

2. En el marco del techo que se muestra, ∠*ABD* y ∠*DBC* tienen la misma medida. ¿Cuál es la medida de ∠*DBA*? ¿Cuál es la medida de ∠*ABC*?

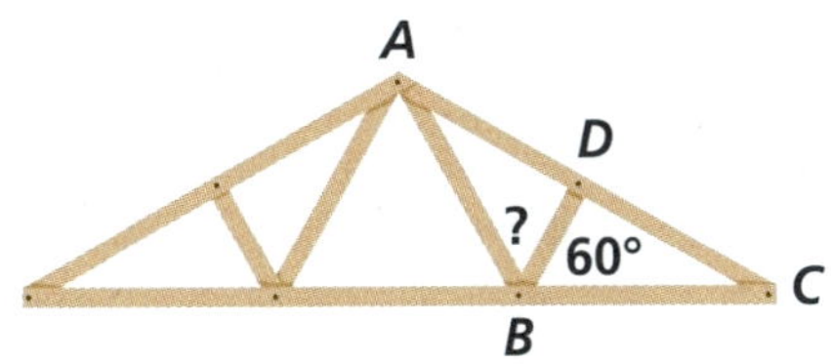

____

3. En la estructura del puente simple que se muestra, la medida de ∠*RSV* es 30° y ∠*VST* es un ángulo recto. ¿Cuál es la medida de ∠*RST*?

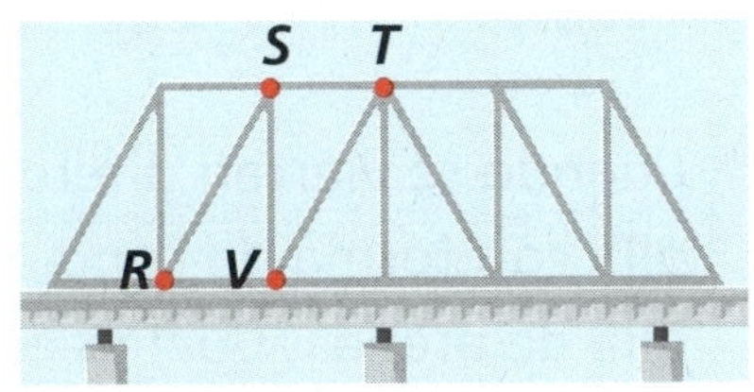

____

El círculo a la derecha representa todos los estudiantes en una clase. Cada sección representa los estudiantes en la clase que eligieron cierto tipo de animal como su mascota favorita. Se dan las medidas de los ángulos para algunas secciones.

4. ¿Cuál es la suma de las medidas de los ángulos de las secciones de gato, perro y caballo?

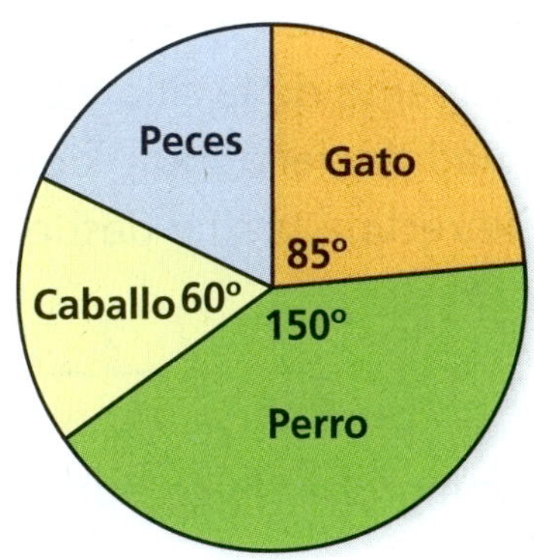

____

5. ¿Cuál es la medida del ángulo total para el círculo? ¿Cuál es la medida del ángulo de los peces?

____

Restar las medidas de los ángulos

Usa una ecuación para resolver.

6. En el marco del techo que se muestra, la medida de un ángulo es 80°. ¿Cuál es la medida del ángulo desconocido?

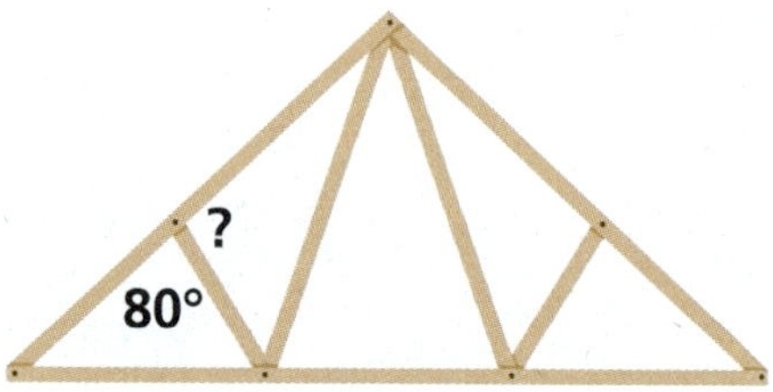

7. La baranda de unas escaleras forma un ángulo de 50° con el poste vertical que sale hacia arriba. ¿Cuál es la medida del ángulo desconocido en el diagrama?

8. Cuando se vierten diferentes sustancias, se forma una pila con forma de cono. El diagrama muestra una pila de arena. ¿Cuál es el ángulo que forma la arena con el suelo?

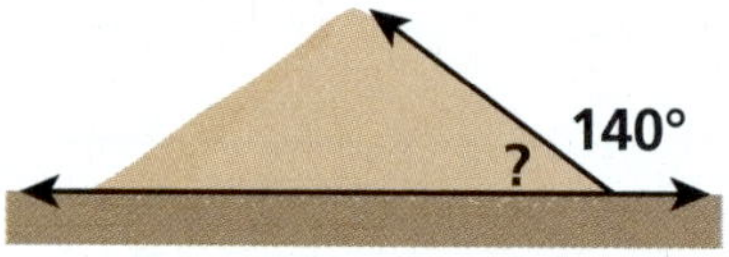

9. En una silla reclinable, puedes empujar desde una posición vertical para sentarte en un ángulo. En la silla que se muestra, el ángulo completo entre el respaldo de la silla y el asiento es de 130°. Halla la medida del ángulo desconocido para calcular cuánto se reclina la silla desde la posición vertical.

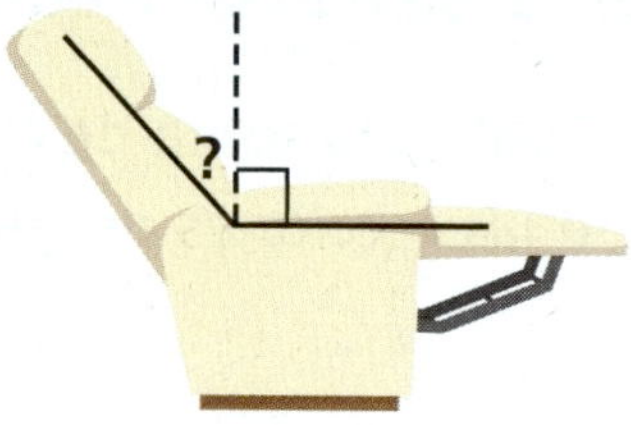

Comprobar la comprensión

Da un ejemplo de tu casa, salón de clase o vecindario donde puedas usar una ecuación para calcular una medida de un ángulo desconocido.

Prueba rápida 2 de la Unidad 8

Nombre ______________________ Fecha ______________

Escribe la respuesta correcta.

1. ¿Cuáles tres ángulos pueden unirse para formar un ángulo de 165°?

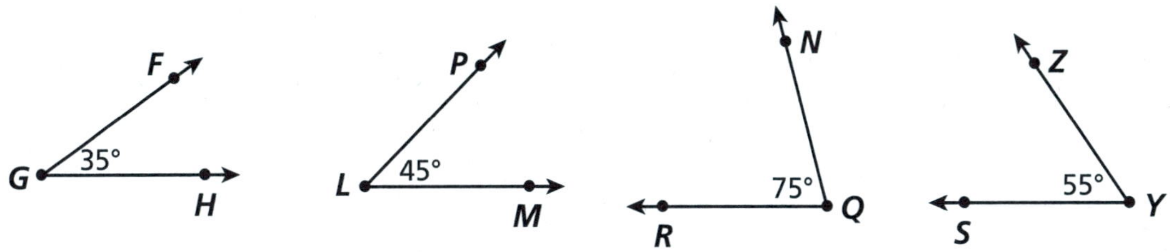

____

2. Jeri mide uno de los dos ángulos iguales en la figura que se muestra. Escribe una ecuación de suma para calcular la suma de los ángulos.

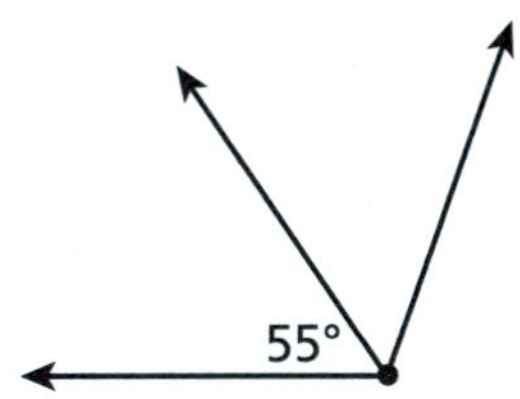

____

3. En el diseño de ventana que se muestra, la medida de uno de los ángulos es 60°. Escribe una ecuación de resta para calcular la medida del ángulo desconocido.

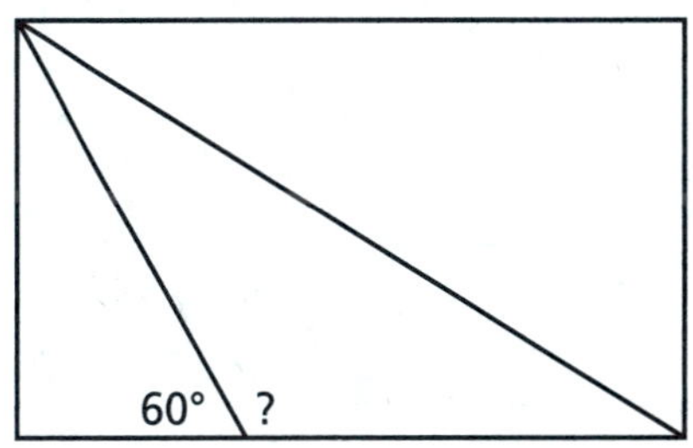

____

Nombra el triángulo según sus lados.

4.

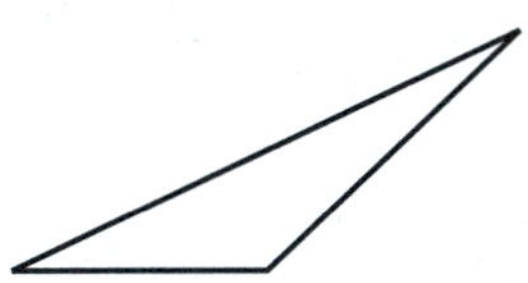

____

5.

____

Comprobar el conocimiento 25

Nombre ______________________ Fecha ______________

Camino al conocimiento

Suma o resta.

1. $\begin{array}{r} 1{,}573 \\ +\ 3{,}684 \\ \hline \end{array}$

2. $\begin{array}{r} 6{,}345 \\ -\ 4{,}114 \\ \hline \end{array}$

3. $\begin{array}{r} 32{,}583 \\ -\ 24{,}392 \\ \hline \end{array}$

4. $\begin{array}{r} 428 \\ +\ 361 \\ \hline \end{array}$

5. $\begin{array}{r} 719 \\ -\ 483 \\ \hline \end{array}$

6. $\begin{array}{r} 7{,}832 \\ +\ \ \ 556 \\ \hline \end{array}$

7. $\begin{array}{r} 78{,}362 \\ +\ 14{,}839 \\ \hline \end{array}$

8. $\begin{array}{r} 3{,}450 \\ -\ 2{,}137 \\ \hline \end{array}$

9. $\begin{array}{r} 273 \\ +\ 825 \\ \hline \end{array}$

10. $\begin{array}{r} 889 \\ -\ 523 \\ \hline \end{array}$

11. $\begin{array}{r} 387{,}387 \\ +\ 126{,}836 \\ \hline \end{array}$

12. $\begin{array}{r} 20{,}000 \\ -\ \ \ 4{,}357 \\ \hline \end{array}$

13. $\begin{array}{r} 708{,}427 \\ -\ 473{,}892 \\ \hline \end{array}$

14. $\begin{array}{r} 72{,}497 \\ +\ \ \ 3{,}538 \\ \hline \end{array}$

15. $\begin{array}{r} 548{,}702 \\ -\ \ \ 94{,}582 \\ \hline \end{array}$

Dear Family:

Your child has been learning about geometry throughout this unit. In this second half of the unit, your child will learn to identify and draw parallel, perpendicular, and intersecting lines as well as lines of symmetry that divide a figure into two halves that match exactly. Your child will be learning how to recognize and describe a group of geometric figures called quadrilaterals, which get their name because they have four (*quad-*) sides (*-lateral*). Six different kinds of quadrilaterals are shown here.

Square
4 equal sides
opposite sides parallel
4 right angles

Rectangle
2 pairs of parallel sides
4 right angles

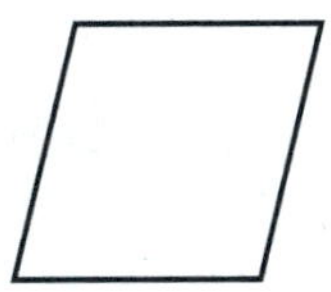

Rhombus
4 equal sides
opposite sides parallel

Parallelogram
2 pairs of parallel sides

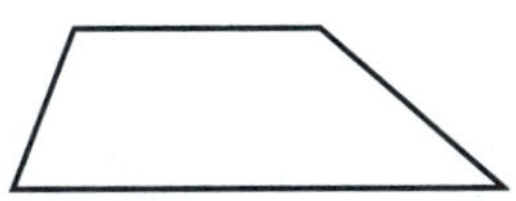

Trapezoid
exactly 1 pair of
opposite sides parallel

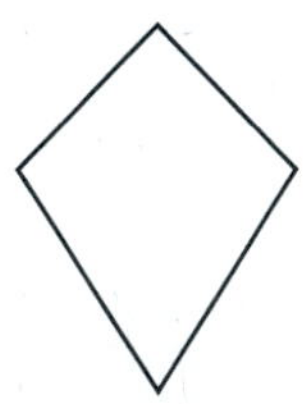

Kite
2 pairs of equal
adjacent sides

The unit concludes with exploring how figures, including quadrilaterals, can be rotated (turned), reflected (flipped), or translated (slid) to prove that they are the same size and shape and are congruent.

If you have any questions or comments, please contact me.

Sincerely,
Your child's teacher

Carta a la familia | Un vistazo general al contenido

Estimada familia:

Durante esta unidad, su niño ha estado estudiando geometría. En esta parte de la unidad, su niño aprenderá a identificar y dibujar rectas paralelas, perpendiculares y secantes así como ejes de simetría que dividen una figura en dos mitades exactas. Su niño aprenderá cómo reconocer y describir un grupo de figuras geométricas llamadas cuadriláteros, que reciben ese nombre porque tienen cuatro *(quadri-)* lados *(-lateris)*. Aquí se muestran seis tipos de cuadriláteros:

Cuadrado
4 lados iguales
lados opuestos paralelos
4 ángulos rectos

Rectángulo
2 pares de lados paralelos
4 ángulos rectos

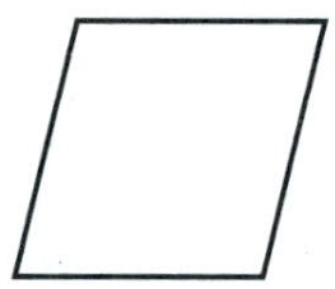

Rombo
4 lados iguales
lados opuestos paralelos

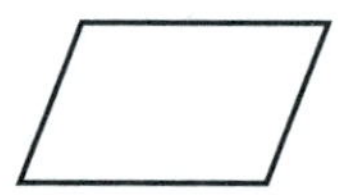

Paralelogramo
2 pares de lados paralelos

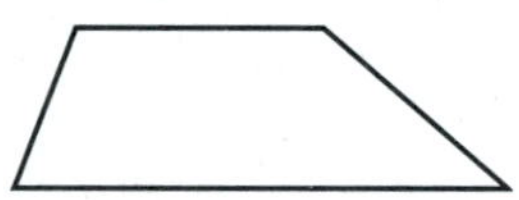

Trapecio
exactamente 1 par de lados paralelos opuestos

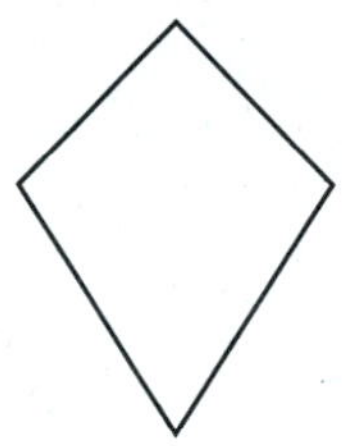

Cometa
2 pares de lados adyacentes iguales

La unidad concluye con la exploración de cómo las figuras, incluyendo los cuadriláteros, pueden girar (rotar), reflejarse (voltearse) o trasladarse (deslizarse) para probar que son del mismo tamaño y forma y son congruentes.

Si tiene alguna pregunta o algún comentario, por favor comuníquese conmigo.

Atentamente,
El maestro de su niño

Nombre ______________________________

VOCABULARIO
rectas paralelas
rectas secantes

Definir rectas paralelas

Las rectas o segmentos de recta en estos pares son **paralelas**.

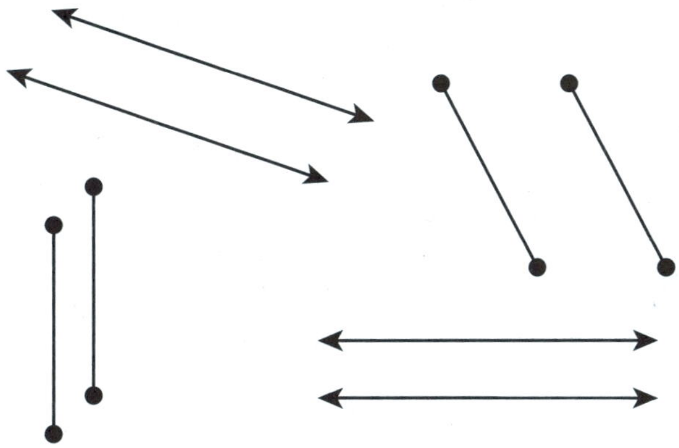

Las rectas o segmentos de recta en estos pares no son paralelas.

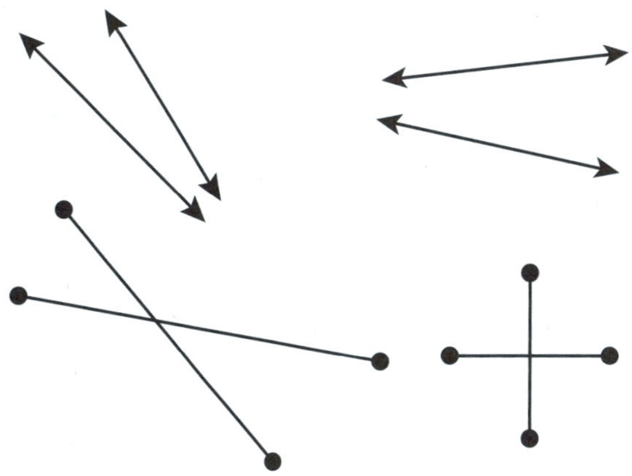

Las **rectas secantes** se encuentran en un punto.

1. ¿Qué crees que significa que dos rectas sean paralelas?

____

____

2. Si dos rectas son paralelas, ¿pueden llegar a intersectarse? ______________

Dibujar rectas paralelas

3. Dibuja y rotula un par de rectas paralelas.

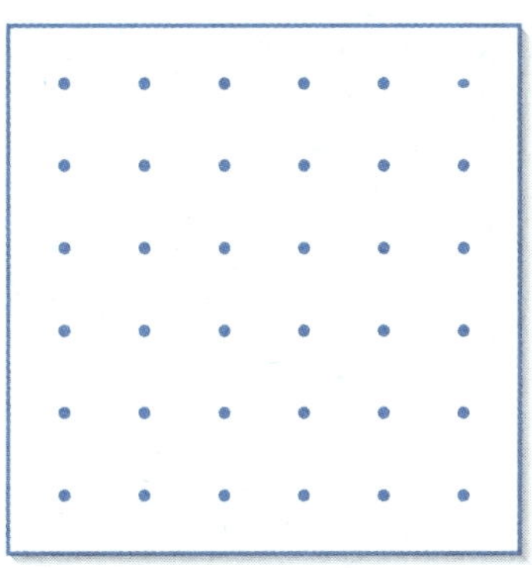

4. Dibuja y rotula una figura con un par de segmentos de recta paralelos.

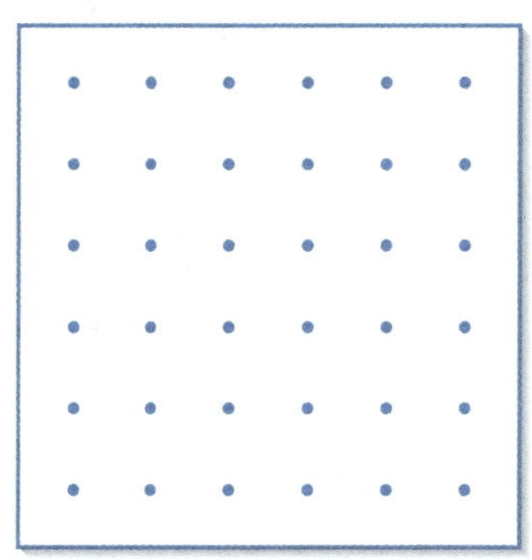

Definir rectas perpendiculares

VOCABULARIO
rectas perpendiculares

Las rectas o segmentos de recta en estos pares son **perpendiculares**.

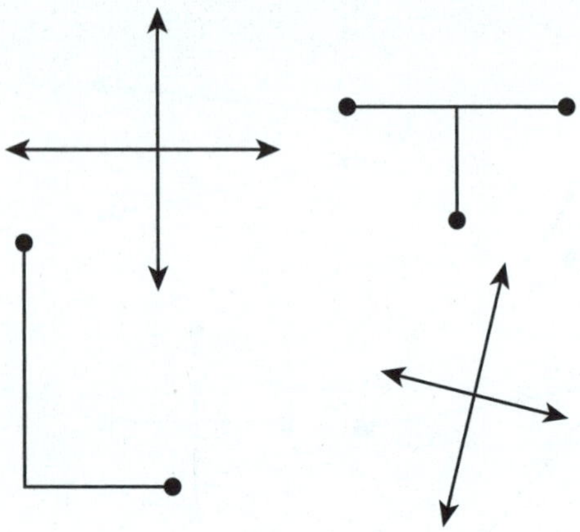

Las rectas o segmentos de recta en estos pares no son perpendiculares.

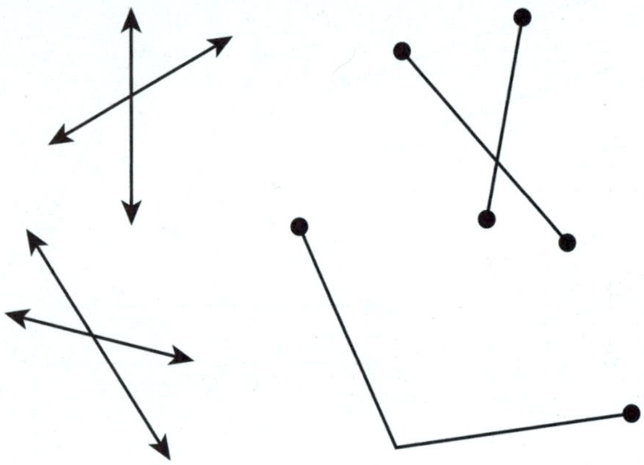

5 ¿Qué crees que significa que dos rectas sean perpendiculares?

____

____

6 Si dos rectas son perpendiculares, ¿siempre se intersectarán? ____________

7 ¿Todas las rectas secantes son perpendiculares? ____________

Dibujar rectas perpendiculares

8 Dibuja y rotula un par de rectas perpendiculares.

9 Dibuja y rotula una figura con un par de segmentos de recta perpendiculares.

Nombre ____________________

Identificar los tipos de rectas

Indica si cada par de rectas son *paralelas, perpendiculares* o *ninguna de las dos*.

10 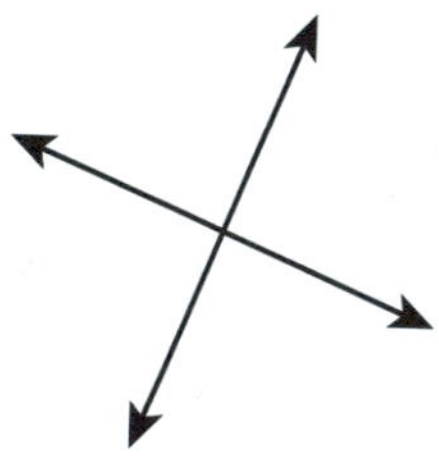

____

11 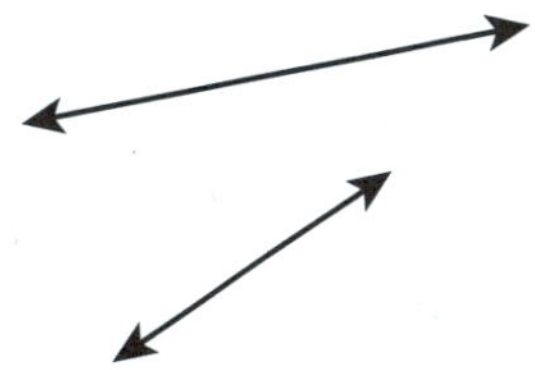

____

12 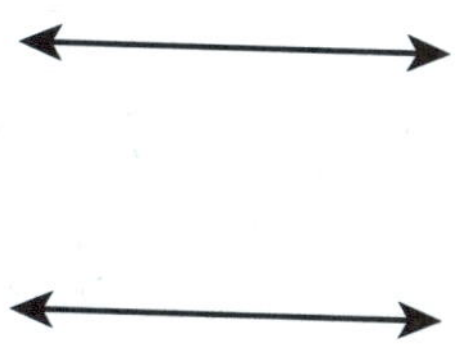

____

13 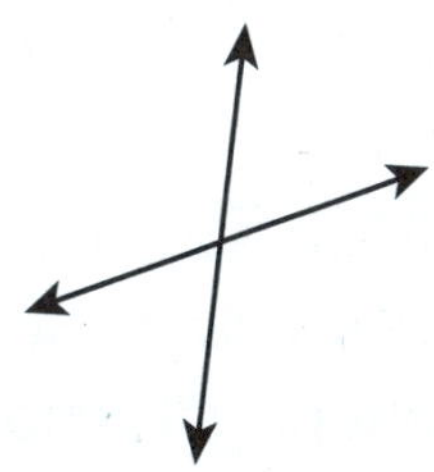

____

14 Dibuja un par de segmentos de rectas paralelas.

15 Primero, dibuja un segmento de 3 centímetros de largo. Luego, dibuja un segmento de 6 centímetros de largo que parezca perpendicular a tu primer segmento.

Segmentos de recta en un mapa

Usa el mapa.

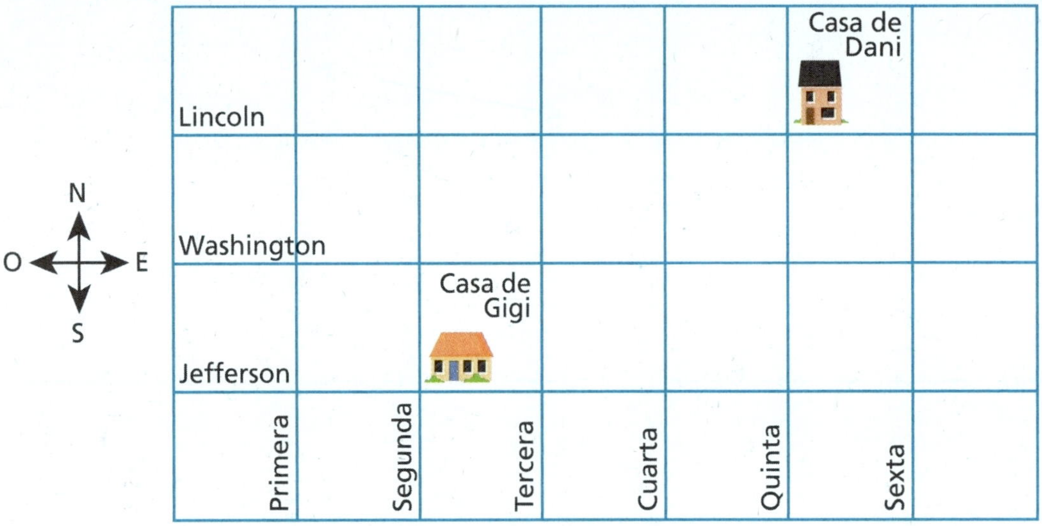

16 El miércoles, Dani salió de su casa y caminó hacia el oeste por la calle Lincoln. Gigi salió de su casa y caminó hacia el este por la calle Jefferson. ¿Qué tipo de segmentos de recta son la calle Lincoln y la calle Jefferson?

____

17 ¿Se encontrarán Dani y Gigi? Si es así, ¿dónde?

____

18 El viernes, Dani salió de su casa y caminó hacia el sur por la calle Quinta. Gigi salió de su casa y caminó hacia el este por la calle Jefferson. ¿Qué tipo de segmentos de recta son la calle Quinta y la calle Jefferson?

____

19 ¿Se encontrarán Dani y Gigi? Si es así, ¿dónde?

____

Comprobar la comprensión

Explica cómo saber si dos rectas son *paralelas*, *perpendiculares* o *ninguna de las dos*.

Nombre ______________________________

Identificar los lados de los cuadriláteros

VOCABULARIO
cuadrilátero
lados adyacentes
lados opuestos

Observa estos cuadriláteros.

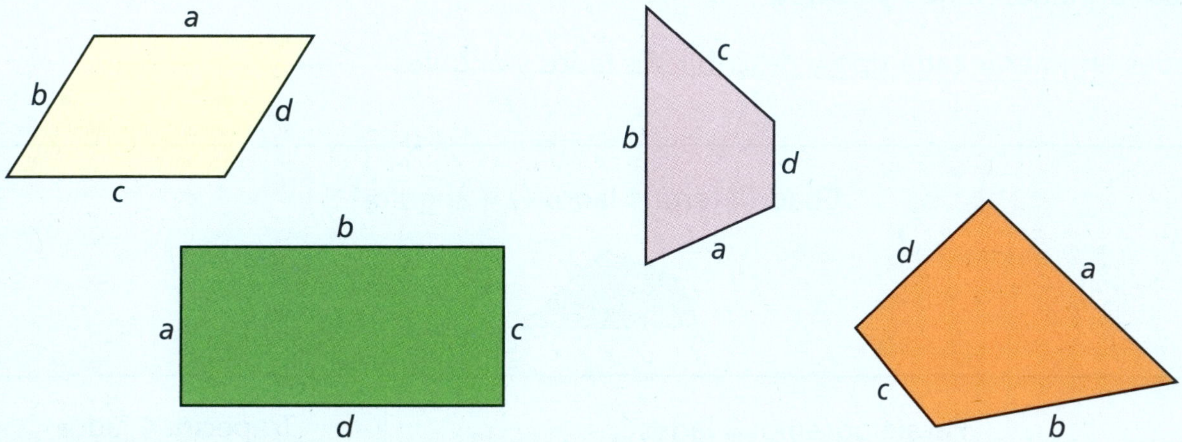

En todos los cuadriláteros, los lados rotulados *a* y *b* son **adyacentes** el uno al otro. Los lados rotulados *b* y *c* son también adyacentes el uno al otro.

1. ¿Qué crees que significa que dos lados sean adyacentes?

____

____

2. ¿Qué otros lados son adyacentes el uno al otro?

____

En todos los cuadriláteros, los lados rotulados *a* y *c* son **opuestos** el uno al otro.

3. ¿Qué crees que significa que dos lados sean opuestos el uno al otro?

____

____

4. ¿Qué otros lados son opuestos el uno al otro?

____

Identificar los tipos de cuadriláteros

VOCABULARIO
trapecio
paralelogramo
rombo
cometa

Algunos cuadriláteros son especiales porque tienen lados paralelos o ángulos rectos. Ya conoces los rectángulos y los cuadrados. Otros tipos de cuadriláteros son el **trapecio**, **paralelogramo**, **rombo** y **cometa**.

Puedes enumerar cada tipo y describir sus lados y ángulos.

Cuadrilátero: 4 lados (y 4 ángulos)

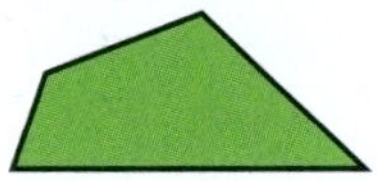

Paralelogramo: 4 lados
2 pares de lados opuestos paralelos

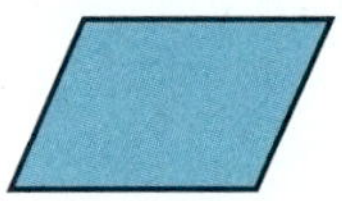

Trapecio: 4 lados
exactamente 1 par de lados opuestos paralelos

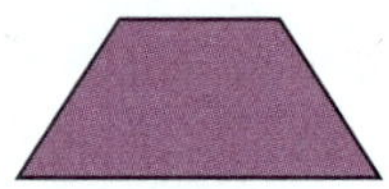

Rombo: 4 lados
2 pares de lados opuestos paralelos
4 lados iguales

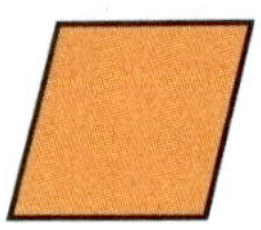

Rectángulo: 4 lados
2 pares de lados opuestos paralelos
4 ángulos rectos

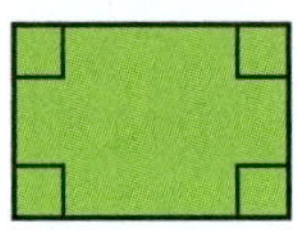

Cuadrado: 4 lados
2 pares de lados opuestos paralelos
4 ángulos rectos
4 lados iguales

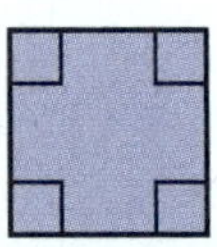

Cometa:
4 lados
2 pares de lados iguales adyacentes

Una cometa puede ser un cuadrado o un rombo, pero no todos los cometas son paralelogramos.

Es difícil ubicar una cometa en la tabla.

Nombre ______________________________

Dibujar cuadriláteros especiales

5 Dibuja un cuadrilátero que tenga exactamente un par de lados paralelos opuestos. ¿Qué tipo de cuadrilátero es este?

____

6 Dibuja un cuadrilátero que tenga dos pares de lados paralelos opuestos. ¿Qué tipo de cuadrilátero es este? ¿Hay más de una respuesta?

____

____

7 Dibuja un cuadrilátero que tenga dos pares de lados paralelos opuestos, 4 lados iguales y ningún ángulo recto. ¿Qué tipo de cuadrilátero es este?

____

Identificar relaciones

¿Por qué cada enunciado a continuación es verdadero?

8 Un rombo siempre es un paralelogramo, pero un paralelogramo no siempre es un rombo.

____

____

9 Un rectángulo es un paralelogramo, pero un paralelogramo no es necesariamente un rectángulo.

____

____

10 Un cuadrado es un rectángulo, pero un rectángulo no tiene por qué ser un cuadrado.

____

____

11 Completa el diagrama de Venn ubicando cada palabra en el mejor lugar.

Cuadrilátero	Paralelogramo	Rombo
Trapecio	Rectángulo	Cuadrado

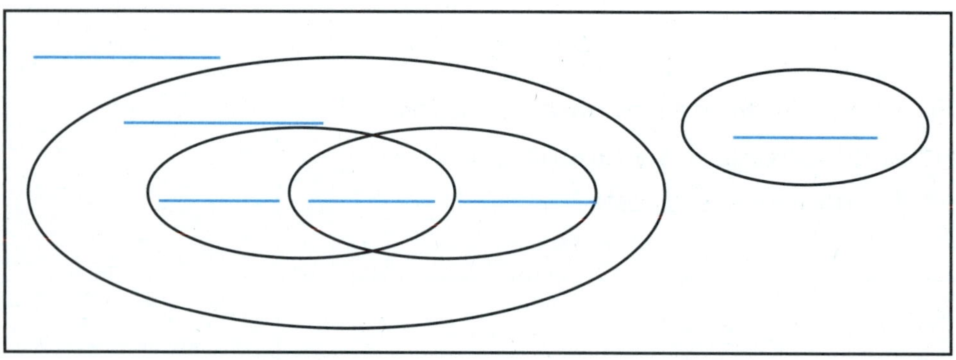

Comprobar la comprensión

Dibuja un cuadrilátero que no sea un paralelogramo.

Nombre ______________________________

Ordenar y clasificar cuadriláteros

Recorta a lo largo de las líneas discontinuas.

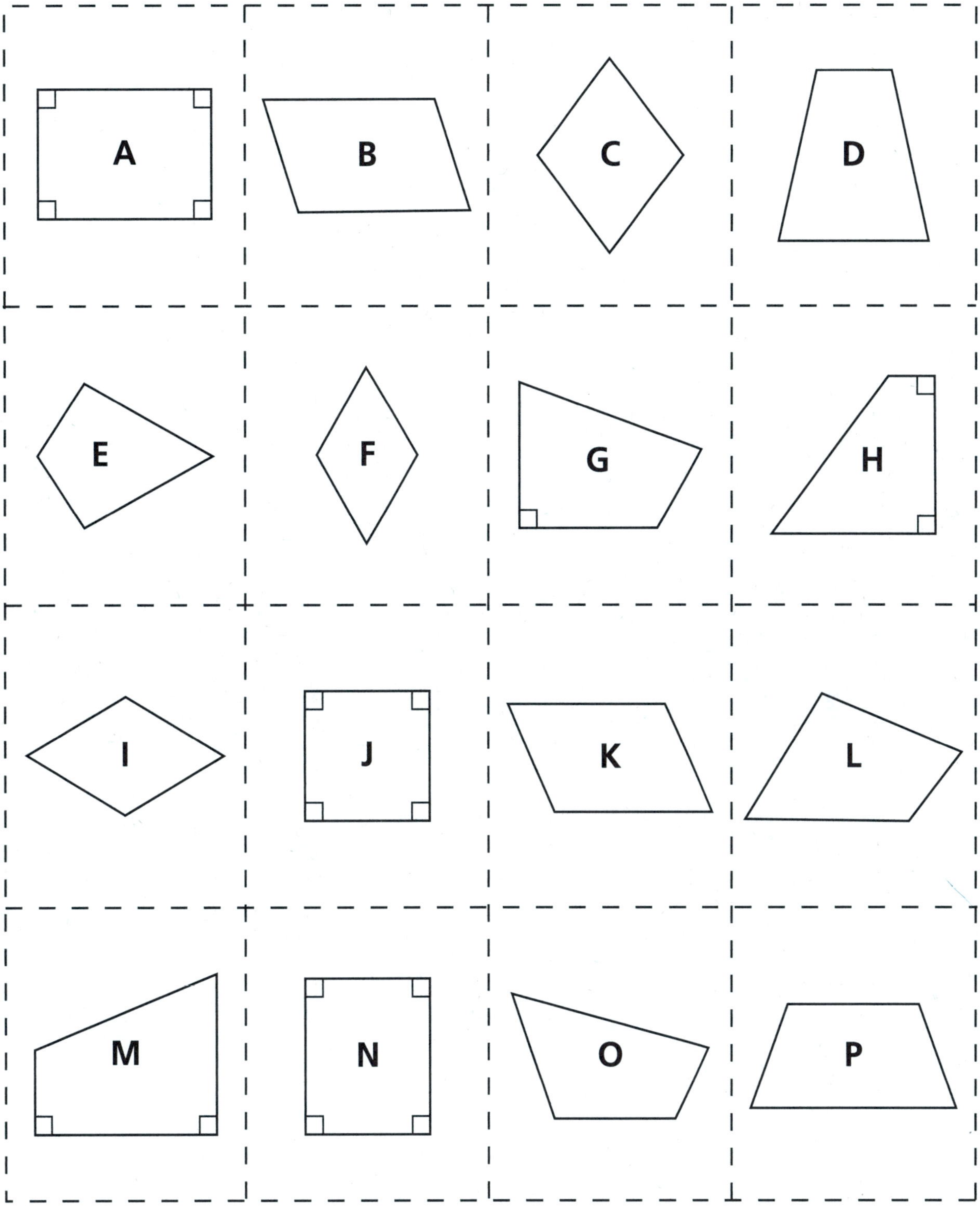

Nombre ______________________________

VOCABULARIO
diagonal de un cuadrilátero

Usar diagonales para formar triángulos

Una **diagonal de un cuadrilátero** es un segmento de recta que conecta dos esquinas opuestas (vértices). Puedes formar triángulos dibujando una diagonal en un cuadrilátero.

Haz una lista de todos los nombres de cada cuadrilátero en los Ejercicios 1 a 3. Luego usa letras para nombrar los triángulos que puedes formar con las diagonales y escribe qué tipo de triángulos son.

1
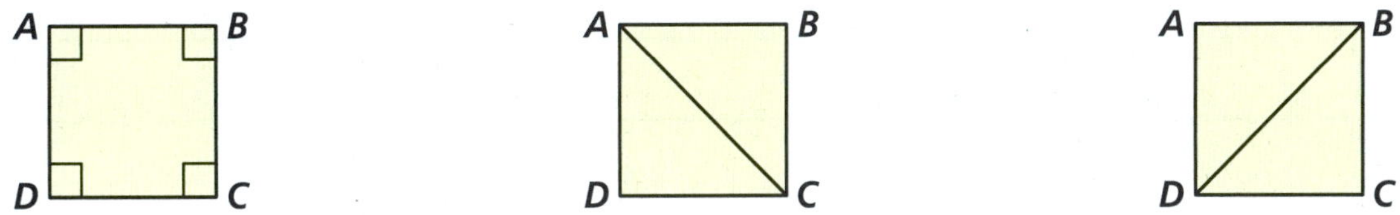

______________ ______________ ______________

______________ ______________ ______________

2
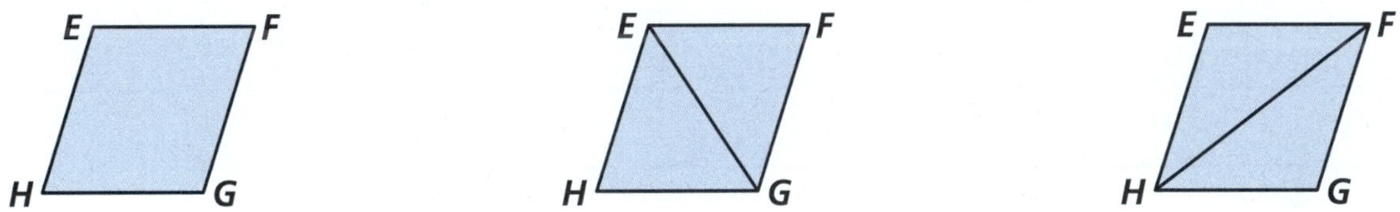

______________ ______________ ______________

______________ ______________ ______________

3
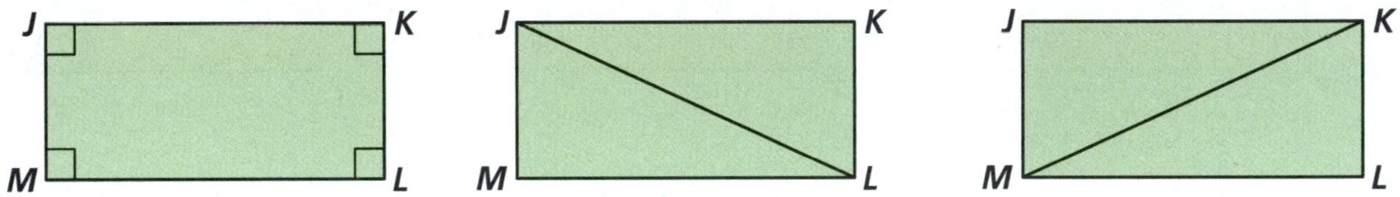

______________ ______________ ______________

______________ ______________ ______________

Usar diagonales para formar triángulos (continuación)

Haz una lista de todos los nombres de cada cuadrilátero en los Ejercicios 4 a 6. Luego usa letras para nombrar los triángulos que puedes formar con las diagonales e indica qué tipo de triángulos son.

4
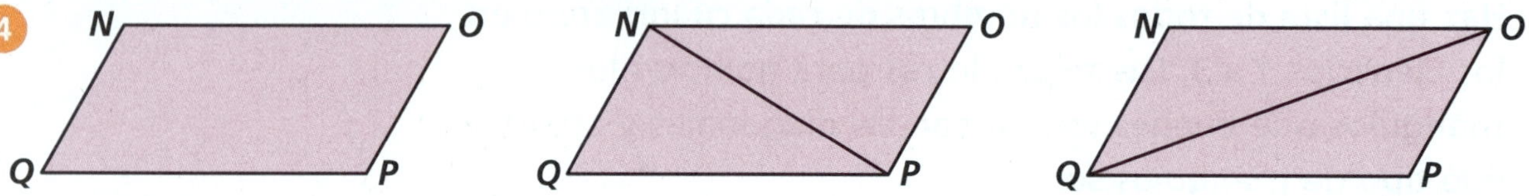

5
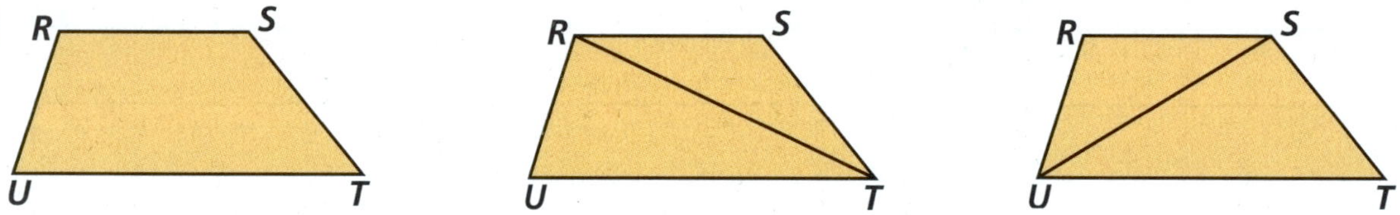

6
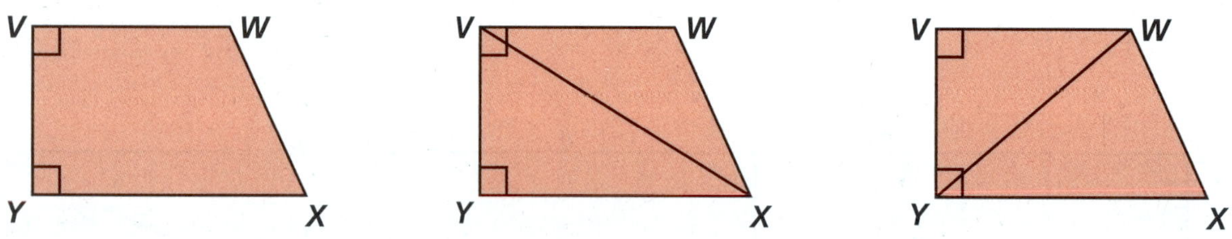

Nombre ____________________

Hacer cuadriláteros con triángulos

Puedes hacer un cuadrilátero uniendo los lados iguales de dos triángulos que tengan el mismo tamaño y forma.

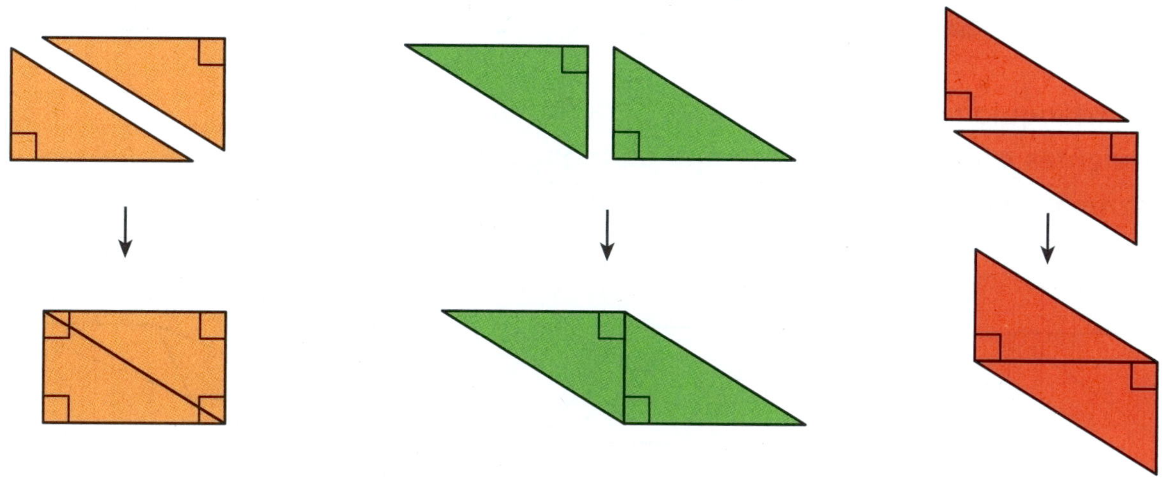

Recorta los triángulos a continuación. Para cada ejercicio, pega dos de los triángulos en este papel para que se unan las partes enunciadas. Luego escribe el nombre del cuadrilátero.

7 Une $\overline{AB}$ con $\overline{AB}$

8 Une $\overline{AC}$ con $\overline{AC}$

9 Une $\overline{BC}$ con $\overline{BC}$

____________________ ____________________ ____________________

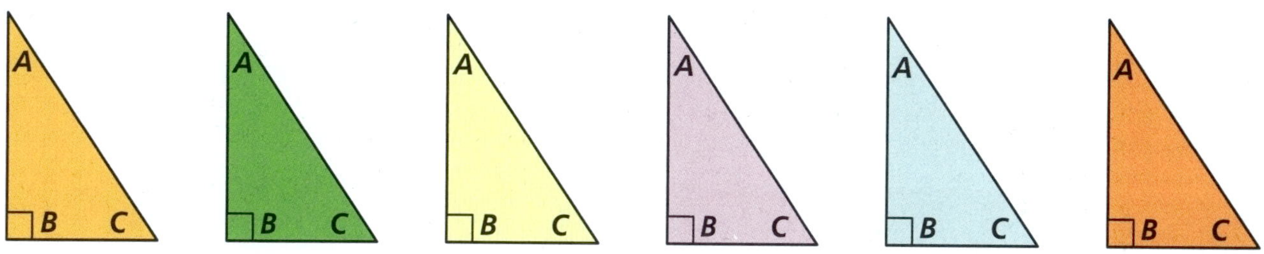

Corresponder cuadriláteros con triángulos

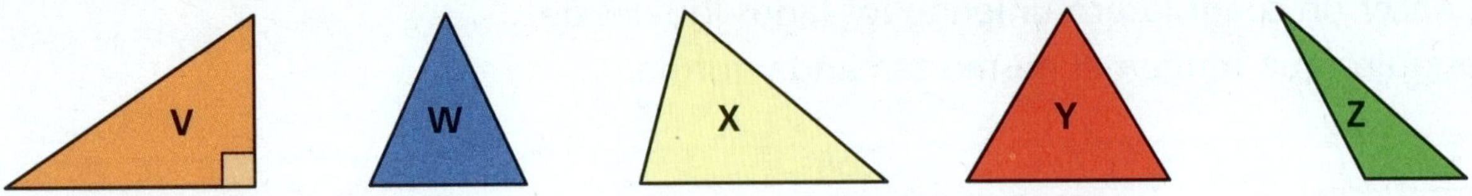

Nombra el triángulo que se usa dos veces para formar cada uno de los siguientes cuadriláteros. ¿Qué tipo de triángulo es? Luego haz una lista de todos los nombres de los cuadriláteros.

10 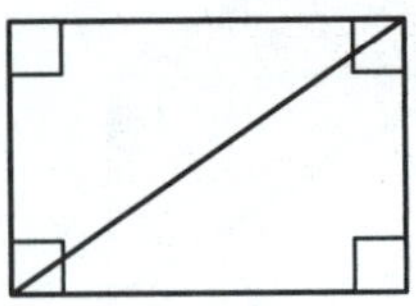

11 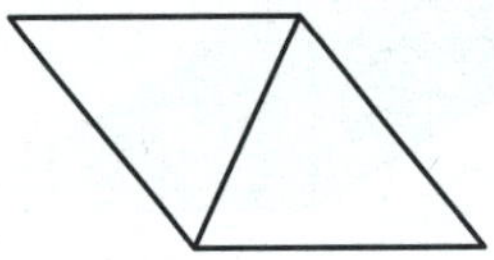

12 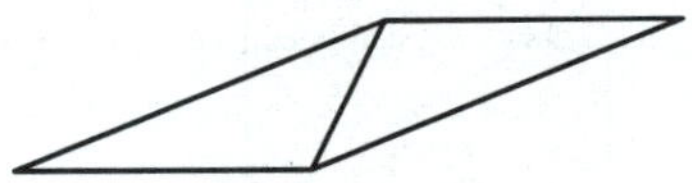

13 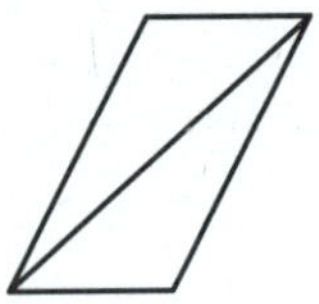

14 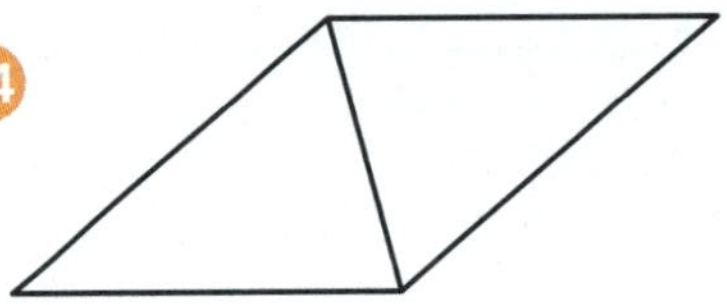

15 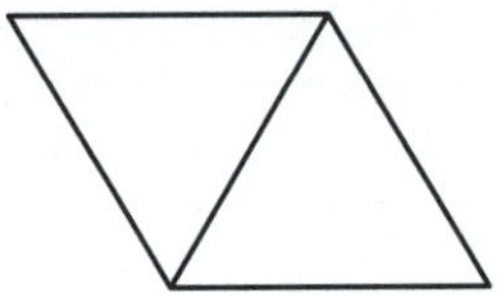

Nombre ______________________

Dibujar rectas perpendiculares en triángulos

VOCABULARIO
polígono
vértice de un polígono

Un **vértice** es un punto compartido por dos lados de un **polígono**. Los triángulos son ejemplos de polígonos.

Dibuja un triángulo escaleno *ABC*.

16 ¿Qué es cierto acerca de los lados de tu triángulo?

____

17 Dibuja un segmento desde un vértice, de manera que sea perpendicular al lado opuesto. Rotula el segmento y marca los ángulos rectos.

____

18 Nombra los triángulos formados.
¿Qué tipo de triángulos son?

____

____

19 ¿Los triángulos que formaste tienen el mismo tamaño y figura?

____

Dibuja un triángulo isósceles *JKL* para los Ejercicios 20 a 23.

20 ¿Qué es cierto acerca de los lados de tu triángulo?

____

21 Dibuja un segmento desde el vértice entre los lados iguales del triángulo, de manera que sea perpendicular al lado opuesto. Rotula el segmento y marca los ángulos rectos.

____

Dibujar rectas perpendiculares en triángulos (continuación)

Usa tu triángulo isósceles *JKL* para contestar las preguntas.

22 Nombra los segmentos formados por el segmento perpendicular en $\triangle JKL$. ¿Qué es cierto acerca de las longitudes de los segmentos?

____

____

23 Nombra los triángulos formados. ¿Tienen el mismo tamaño y figura?

____

¿Cuál es el error?

Queridos estudiantes de matemáticas,

Quise volver a hacer los Ejercicios 20 a 23 con un triángulo equilátero *PQR*. Descubrí que los segmentos $\overline{PS}$ y $\overline{RS}$ que formé no miden la mitad del lado $\overline{PR}$ y los nuevos triángulos no tienen la misma forma y tamaño.

¿Hice algo mal?

Tu amigo,
Pingüino Confundido

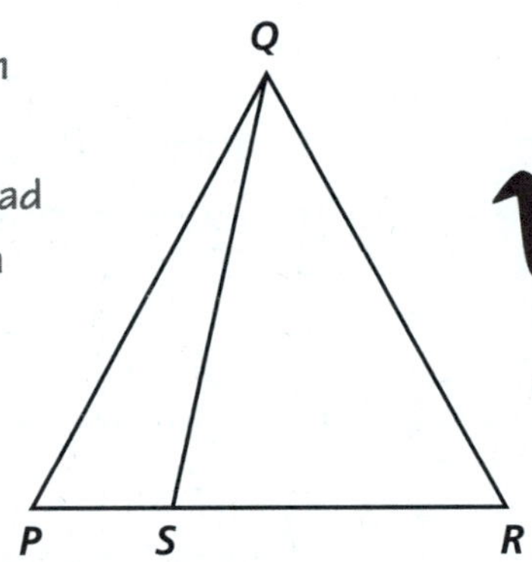

24 Escribe una respuesta para el Pingüino Confundido.

____

____

____

____

Comprobar la comprensión

Completa el enunciado. Puedes hacer _______________ dibujando una diagonal en un cuadrilátero.

Prueba rápida 3 de la Unidad 8

Nombre ______________________ **Fecha** ______________

Indica si las rectas son *paralelas* **o** ***perpendiculares*****.**

1 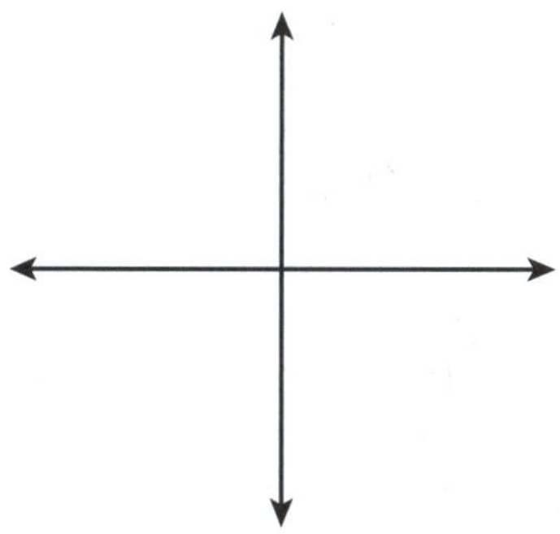

____

2 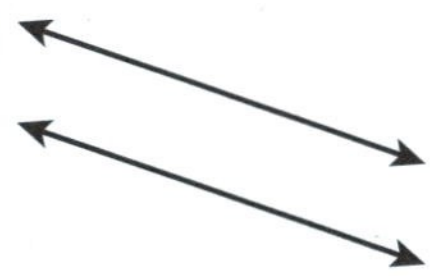

____

3 Deena dibuja cuatro segmentos de recta para hacer una figura. La figura tiene dos pares de lados paralelos y no tiene ángulos rectos. ¿Qué figura dibuja Deena?

____

4 Gerard hizo una placa que tiene cuatro lados con dos pares de lados adyacentes iguales. ¿Qué figura es la placa?

____

Haz una lista de todos los nombres para el cuadrilátero. Luego escribe el tipo de triángulos que puedes hacer con las diagonales.

5 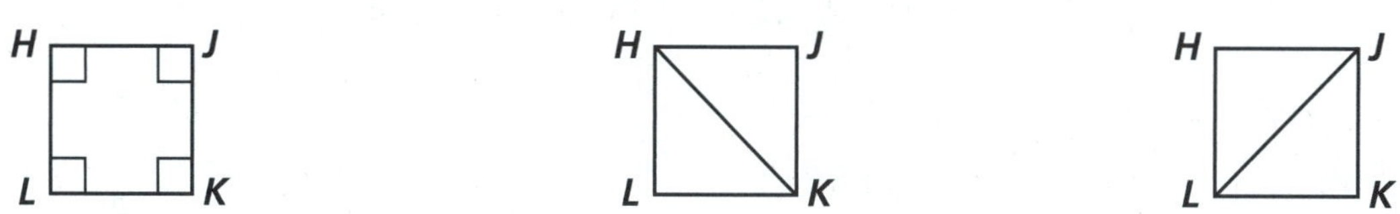

____

____

Comprobar el conocimiento 26

Nombre ____________________ Fecha ____________________

Camino al conocimiento

Suma o resta.

1. $\begin{array}{r} 1{,}846 \\ +\ 4{,}539 \\ \hline \end{array}$

2. $\begin{array}{r} 672 \\ -\ 459 \\ \hline \end{array}$

3. $\begin{array}{r} 38{,}729 \\ +\ 13{,}746 \\ \hline \end{array}$

4. $\begin{array}{r} 8{,}695 \\ -\ 4{,}265 \\ \hline \end{array}$

5. $\begin{array}{r} 475{,}932 \\ -\ \ 58{,}484 \\ \hline \end{array}$

6. $\begin{array}{r} 70{,}007 \\ -\ 43{,}862 \\ \hline \end{array}$

7. $\begin{array}{r} 348{,}421 \\ +\ \ 74{,}325 \\ \hline \end{array}$

8. $\begin{array}{r} 5{,}016 \\ -\ 3{,}204 \\ \hline \end{array}$

9. $\begin{array}{r} 783 \\ -\ 411 \\ \hline \end{array}$

10. $\begin{array}{r} 209 \\ +\ 360 \\ \hline \end{array}$

11. $\begin{array}{r} 62{,}678 \\ -\ \ 3{,}822 \\ \hline \end{array}$

12. $\begin{array}{r} 94{,}327 \\ +\ \ 3{,}882 \\ \hline \end{array}$

13. $\begin{array}{r} 704{,}586 \\ -\ 479{,}219 \\ \hline \end{array}$

14. $\begin{array}{r} 5{,}836 \\ +\ \ 816 \\ \hline \end{array}$

15. $\begin{array}{r} 815 \\ +\ 934 \\ \hline \end{array}$

 Nombre ______________________

Clasificar polígonos de acuerdo a sus ángulos

Usa estos polígonos para los Ejercicios 1 a 5.

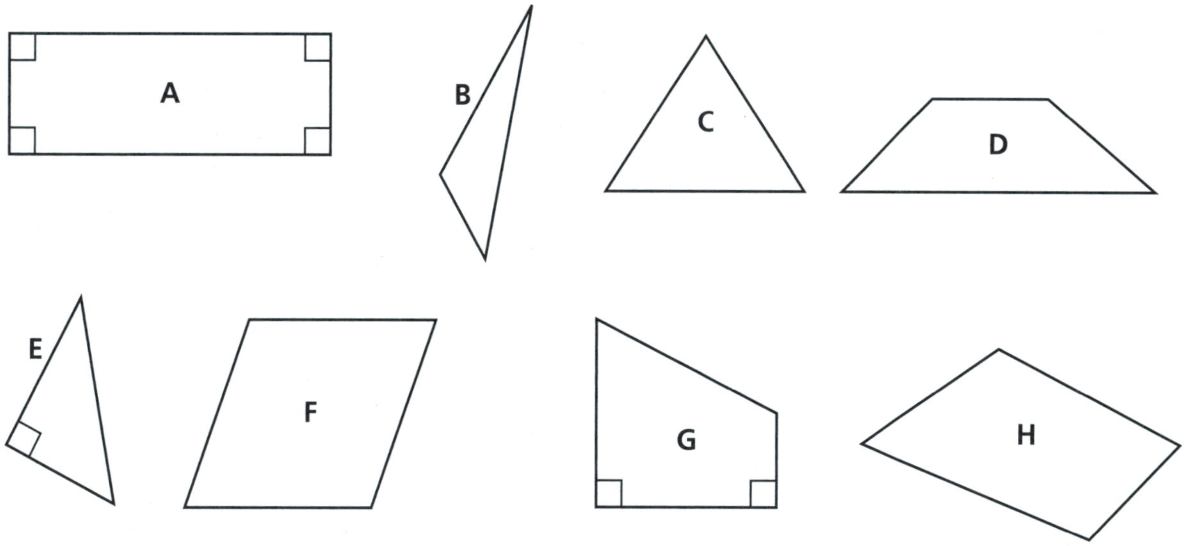

1. ¿Qué figuras tienen uno o más ángulos agudos?

   ____

2. ¿Qué figuras tienen uno o más ángulos rectos?

   ____

3. ¿Qué figuras tienen uno o más ángulos obtusos?

   ____

4. ¿Qué figuras tienen tanto ángulos agudos como rectos?

   ____

5. ¿Qué figuras tienen tanto ángulos agudos como obtusos?

   ____

Clasificar polígonos de acuerdo a sus lados

Usa estos polígonos para los Ejercicios 6 a 10.

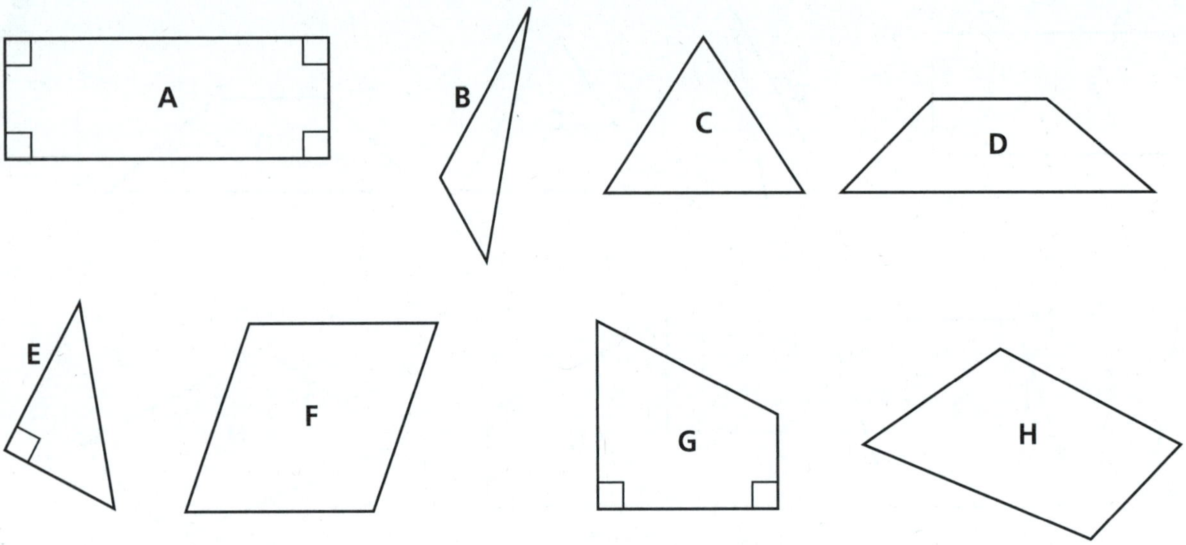

6. ¿Qué figuras tienen lados perpendiculares?

____

7. ¿Qué figuras tienen exactamente un par de lados paralelos opuestos?

____

8. ¿Qué figuras tienen dos pares de lados paralelos opuestos?

____

9. ¿Qué figuras tienen tanto lados paralelos como perpendiculares?

____

10. ¿Qué figuras no tienen lados paralelos ni perpendiculares?

____

Comprobar la comprensión

Da ejemplos de maneras de clasificar triángulos y cuadriláteros.

Nombre ______________________________

Tarjetas para clasificar polígonos

Recorta a lo largo de las líneas discontinuas.

A

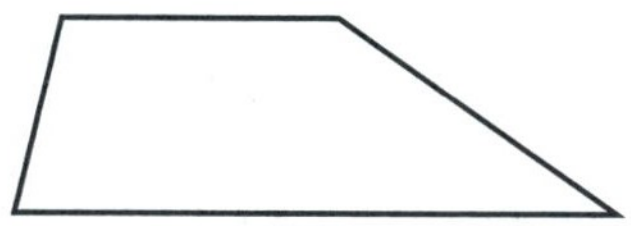

B

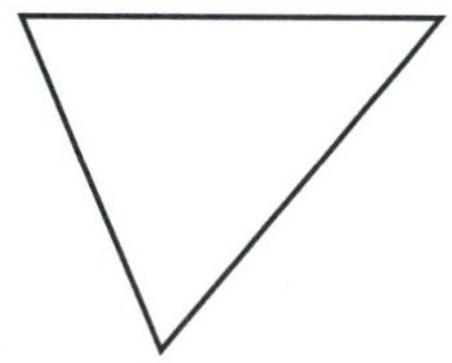

C

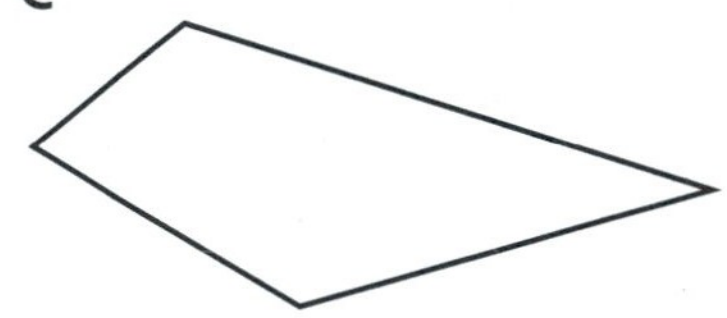

D

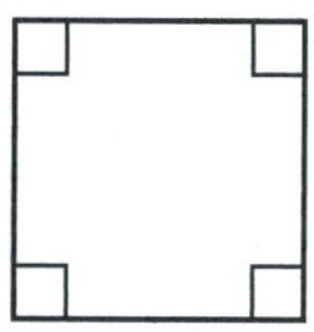

E

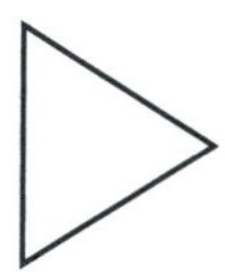

F

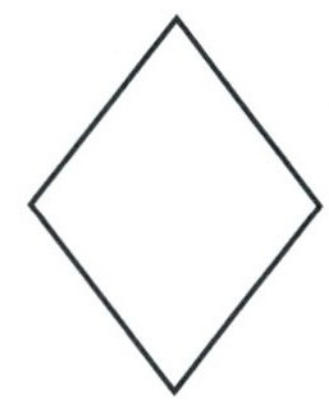

G

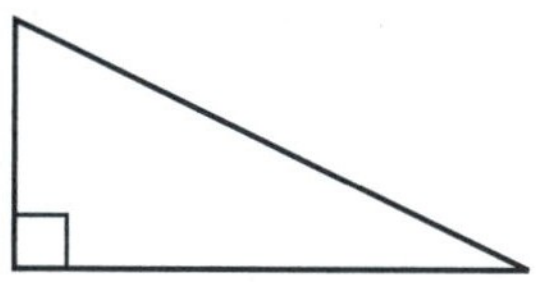

H

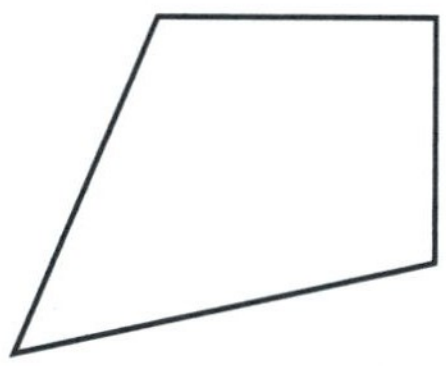

I

J

K

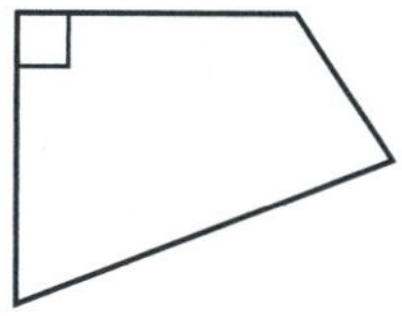

L

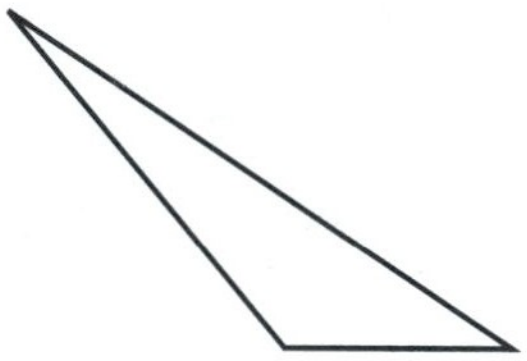

M

N

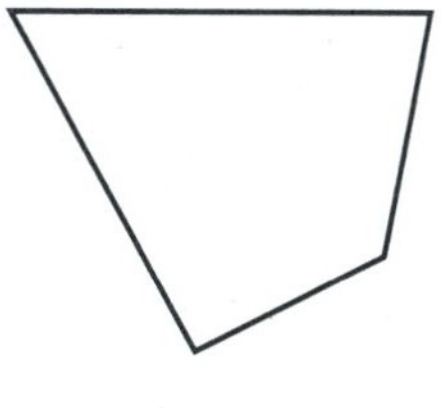

O

Nombre ______________________________

VOCABULARIO
simetría lineal
eje de simetría

Identificar figuras con simetría lineal

Una figura plana tiene **simetría lineal** si se puede plegar por una línea de manera que las dos mitades coincidan exactamente. La línea por la que se pliega se llama **eje de simetría**.

¿Esta figura tiene simetría lineal? Escribe *sí* o *no*.

1. 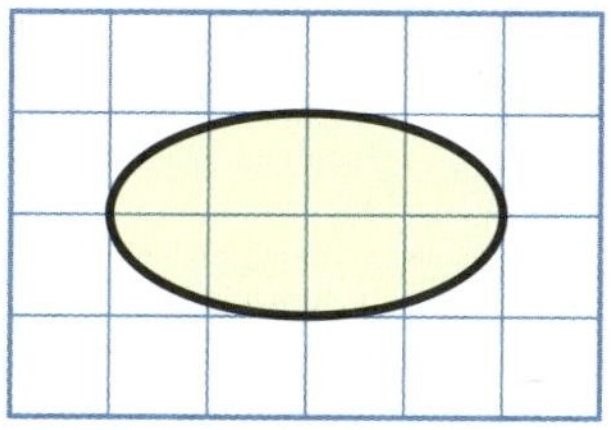

____

2. 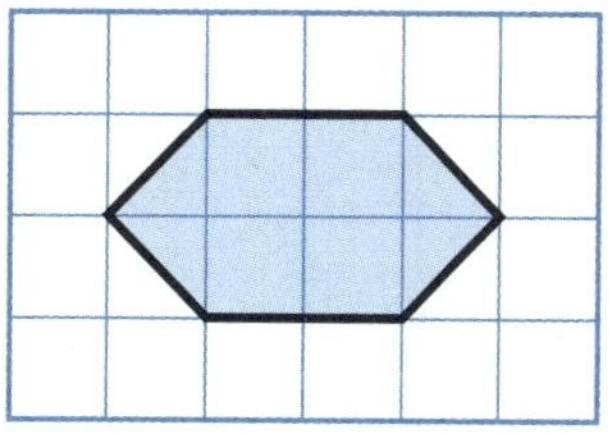

____

3. 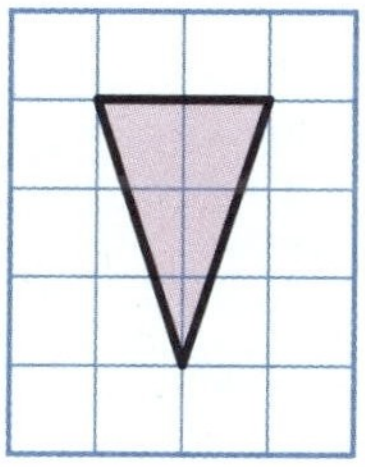

____

4. 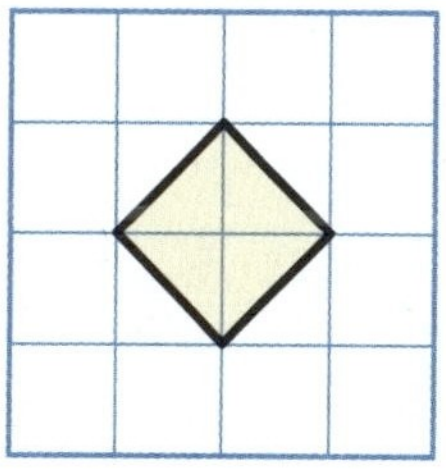

____

5. 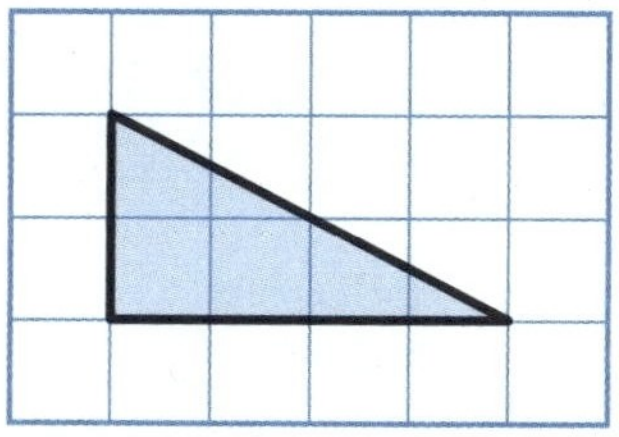

____

6. 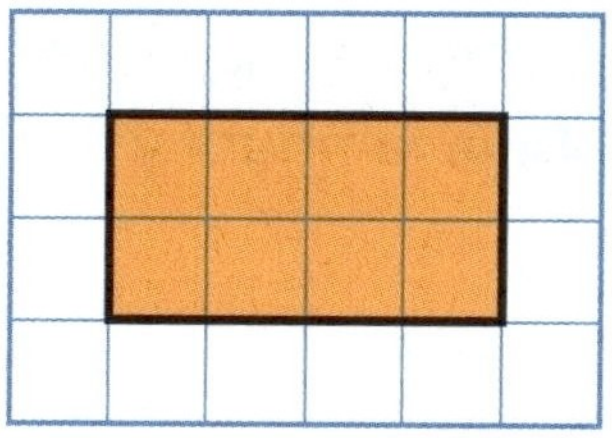

____

Dibujar ejes de simetría

Un eje de simetría divide una figura o diseño en dos partes iguales.

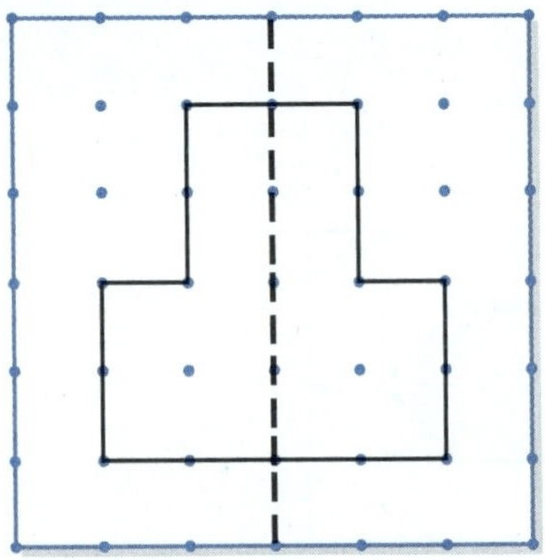

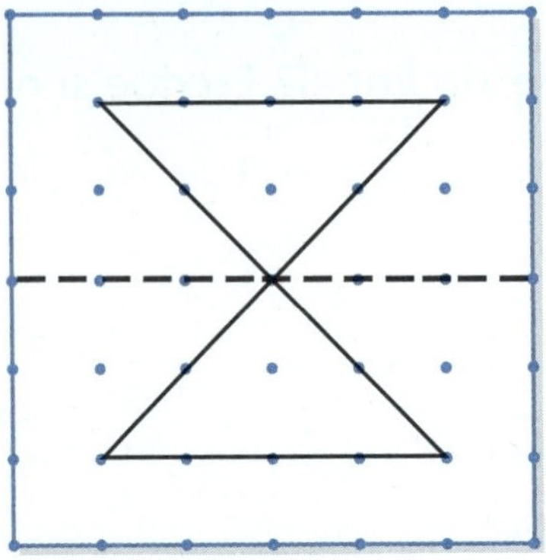

Dibuja el eje de simetría en la figura o diseño.

7 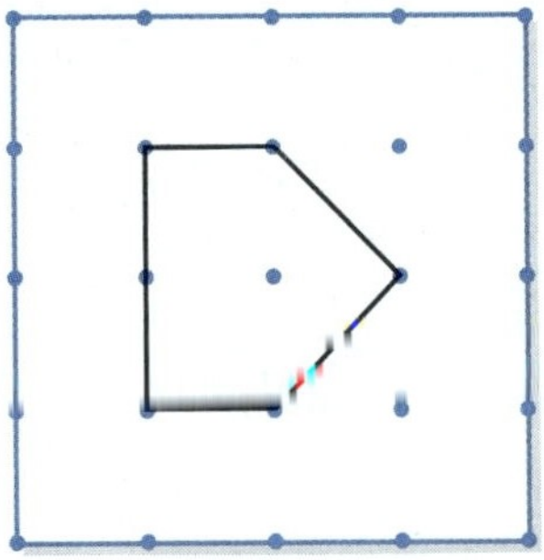

8 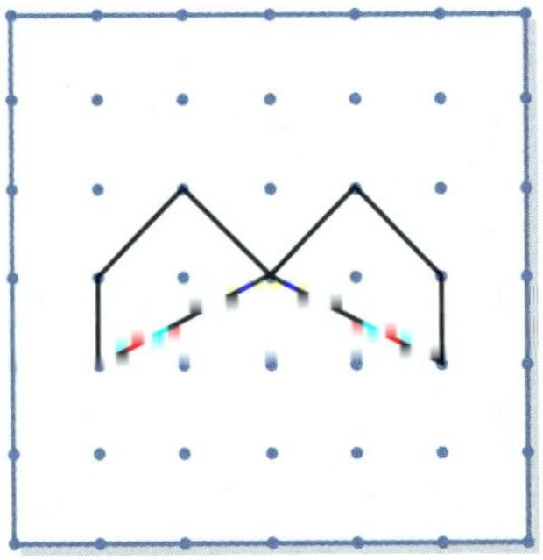

9 ¿Qué figuras en los Ejercicios 1 a 6 tienen más de un eje de simetría?

____

10 Escoge una de las figuras de tu respuesta al Ejercicio 9. Dibuja la figura y todos sus ejes de simetría.

Nombre ______________________

¿Cuál es el error?

Queridos estudiantes de matemáticas,

Dibujé la diagonal de este rectángulo como un eje de simetría.

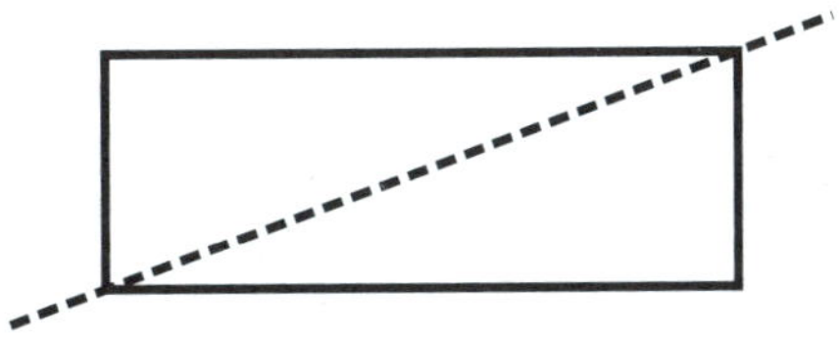

Mi amigo me dijo que cometí un error. ¿Pueden ayudarme a hallar mi error?

Tu amigo,
Pingüino Confundido

11 Escribe una respuesta para el Pingüino Confundido.

Dibuja la otra mitad

Dibuja la otra mitad de cada figura para crear una figura o diseño entero con simetría lineal.

12 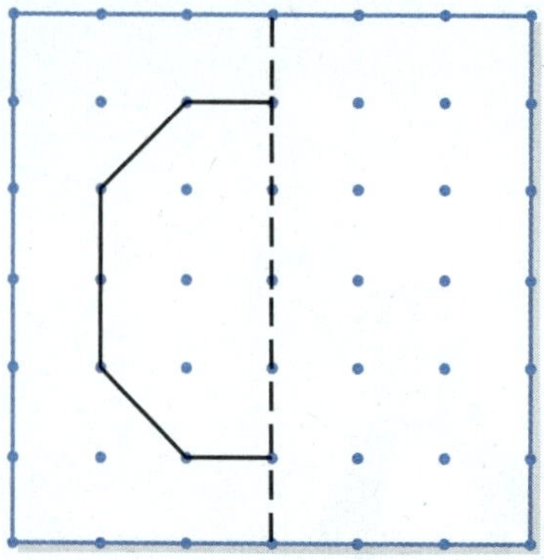

13 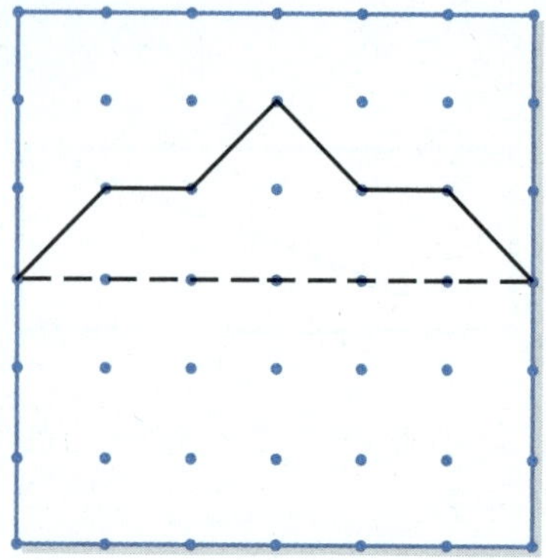

14 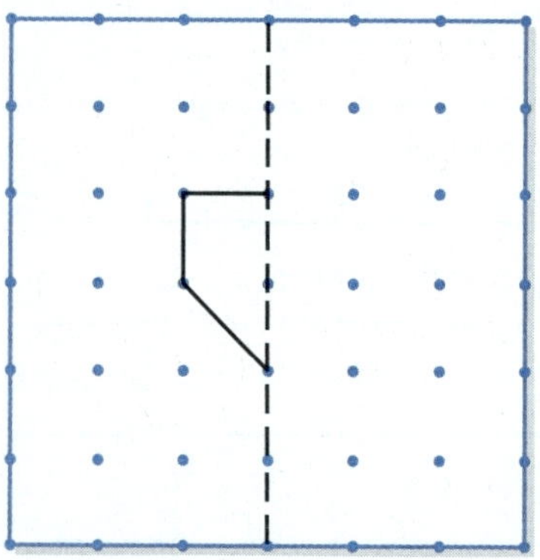

15 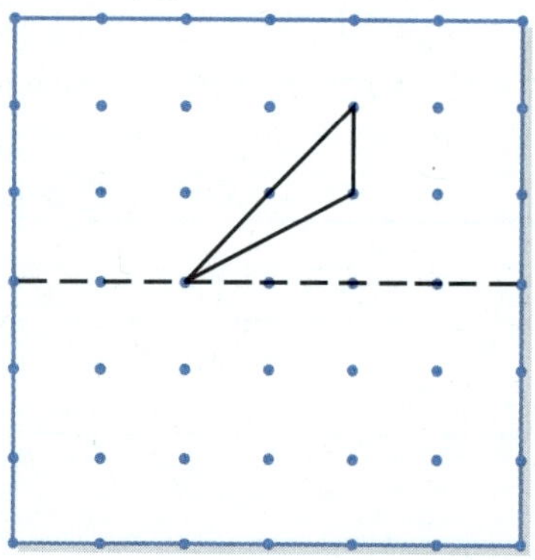

16 Copia una de tus respuestas a los Ejercicios 12 a 15 en una hoja aparte. Recorta el diseño y luego pliégalo por el eje de simetría. Revisa que las dos mitades del diseño coincidan exactamente.

Comprobar la comprensión

¿Cuál de tus figuras completadas en los Ejercicios 12 a 15 tienen más de un eje de simetría? ____________________

Nombre ______________________________

Matemáticas y banderas del mundo

República Checa

Suiza

Sudáfrica

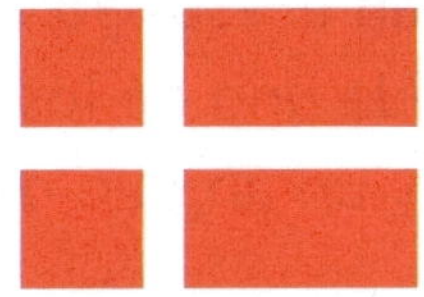
Dinamarca

Kuwait

Sudán

Guyana

Paraguay

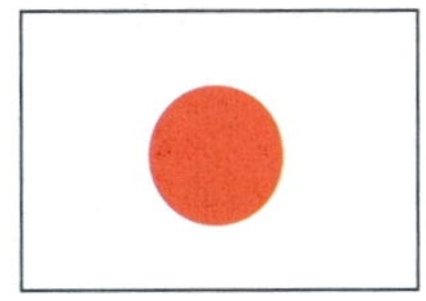
Japón

India

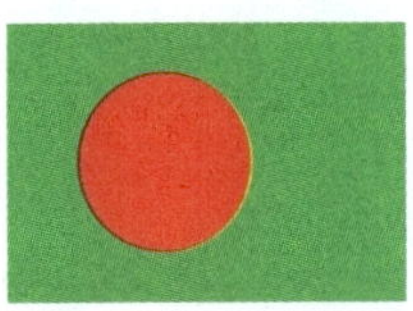
Bangladesh

Jamaica

Trinidad y Tobago

Estados Unidos de América

Laos

Las banderas se usan de muchas maneras distintas. Algunos equipos deportivos generan un espíritu de equipo con sus banderas. Las banderas se pueden usar para comenzar una carrera o para decorar una casa. Los estados y países representan sus comunidades con sus banderas. Cada bandera tiene diseños y colores diferentes.

Contesta las preguntas con los diseños de las banderas.

1. ¿Qué tipos de cuadriláteros aparecen en la bandera de Kuwait?

____

2. ¿Cuántos diseños no tienen rectas paralelas? Nombra las banderas.

____

3. ¿Cuántos diseños tienen rectas perpendiculares? Nombra las banderas.

____

4. ¿Qué diseños tienen al menos dos ejes de simetría?

____

Diseños de banderas

Diseña tu propia bandera en el espacio a continuación. Tu diseño de bandera debe incluir cada uno de los siguientes: un triángulo, un par de rectas paralelas y un ángulo de 30°.

5 ¿Qué tipo de triángulo dibujaste en tu bandera? Explica cómo los lados del triángulo te ayudaron a clasificar el triángulo.

6 Compara el diseño de tu bandera con el de un compañero. ¿En qué se parecen los dos diseños? ¿En qué se diferencian? ¿Qué figuras usaste que no usó tu compañero?

Prueba rápida 4 de la Unidad 8

Nombre ______________________ Fecha ______________

Observa las figuras.

1. Encierra en un círculo la figura con ángulos obtusos.

2. Encierra en un círculo el que parezca tener un ángulo recto.

3. Encierra en un círculo la figura que parezca tener lados perpendiculares.

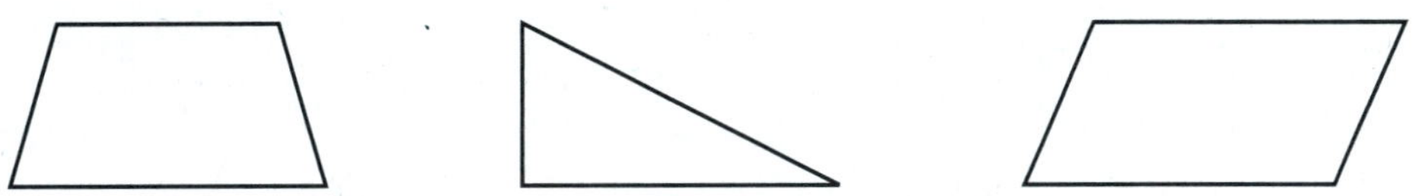

4. ¿Tiene la figura simetría lineal?

____

5. ¿Tiene la figura simetría lineal?

____

Comprobar el conocimiento 27

Nombre ____________________ Fecha ____________

Camino al conocimiento

Suma o resta.

1. $\begin{array}{r} 352 \\ +\ 337 \\ \hline \end{array}$

2. $\begin{array}{r} 673 \\ -\ 460 \\ \hline \end{array}$

3. $\begin{array}{r} 6{,}330 \\ -\ 4{,}218 \\ \hline \end{array}$

4. $\begin{array}{r} 722 \\ -\ 518 \\ \hline \end{array}$

5. $\begin{array}{r} 387{,}599 \\ +\ 472{,}850 \\ \hline \end{array}$

6. $\begin{array}{r} 81{,}275 \\ +\ 28{,}952 \\ \hline \end{array}$

7. $\begin{array}{r} 5{,}923 \\ +\ 6{,}057 \\ \hline \end{array}$

8. $\begin{array}{r} 8{,}312 \\ +\ 974 \\ \hline \end{array}$

9. $\begin{array}{r} 529 \\ +\ 355 \\ \hline \end{array}$

10. $\begin{array}{r} 40{,}507 \\ -\ 23{,}316 \\ \hline \end{array}$

11. $\begin{array}{r} 78{,}342 \\ -\ 5{,}761 \\ \hline \end{array}$

12. $\begin{array}{r} 34{,}809 \\ +\ 7{,}181 \\ \hline \end{array}$

13. $\begin{array}{r} 6{,}537 \\ -\ 3{,}215 \\ \hline \end{array}$

14. $\begin{array}{r} 349{,}744 \\ -\ 84{,}589 \\ \hline \end{array}$

15. $\begin{array}{r} 800{,}000 \\ -\ 526{,}783 \\ \hline \end{array}$

Nombre ______________________________

VOCABULARIO
rotación

Comentar las rotaciones

Una **rotación** es un giro. Un número de grados (°) y una dirección (en el sentido de las manecillas del reloj o en el sentido contrario a las manecillas del reloj) describen un giro.

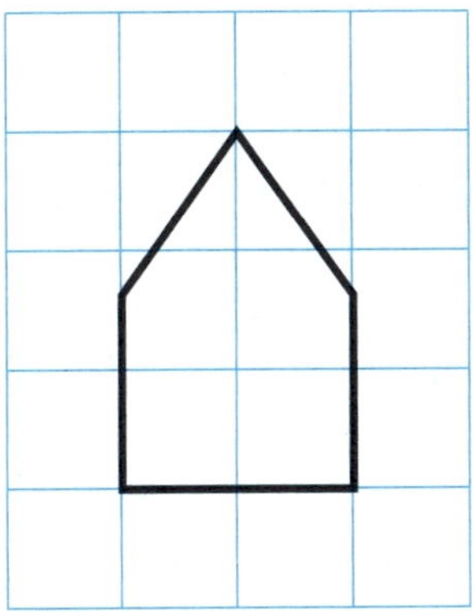

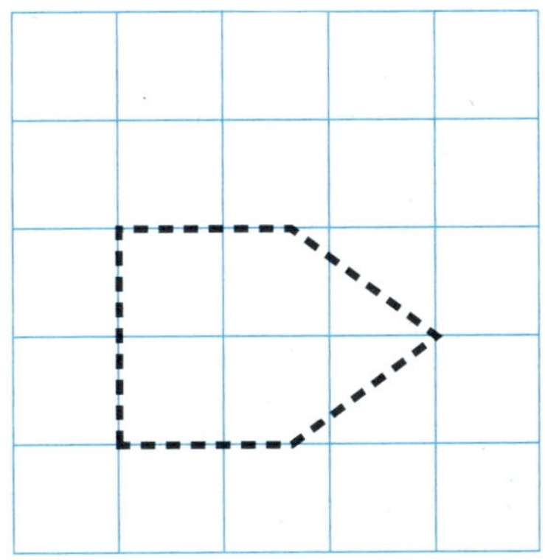

La figura se rotó 90° en el sentido de las manecillas del reloj.

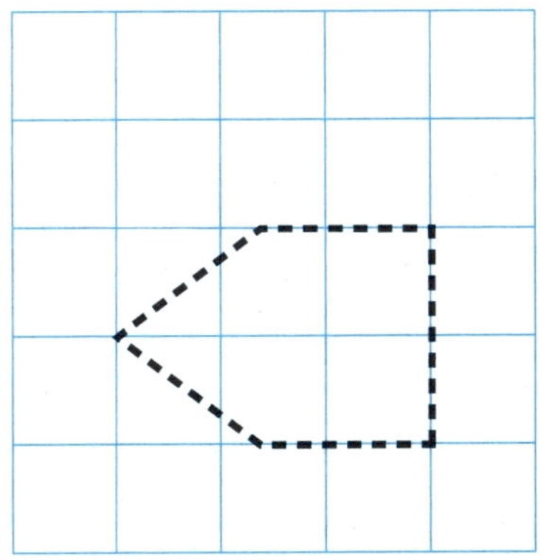

La figura se rotó 90° en el sentido contrario a las manecillas del reloj.

Dibujar rotaciones

Recorta las figuras en la página 454A. Usa los recortes para mostrar la rotación.

1. Dibuja una rotación de 90° en el sentido de las manecillas del reloj.

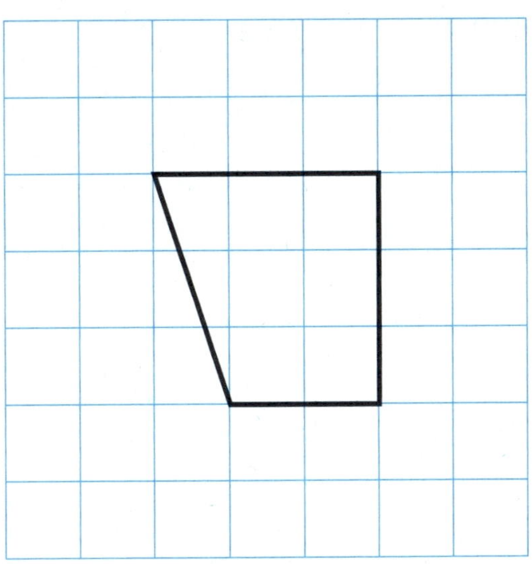

Dibujar rotaciones (continuación)

Usa los recortes para mostrar cada rotación.

2. Dibuja una rotación de 90° en el sentido contrario a las manecillas del reloj.

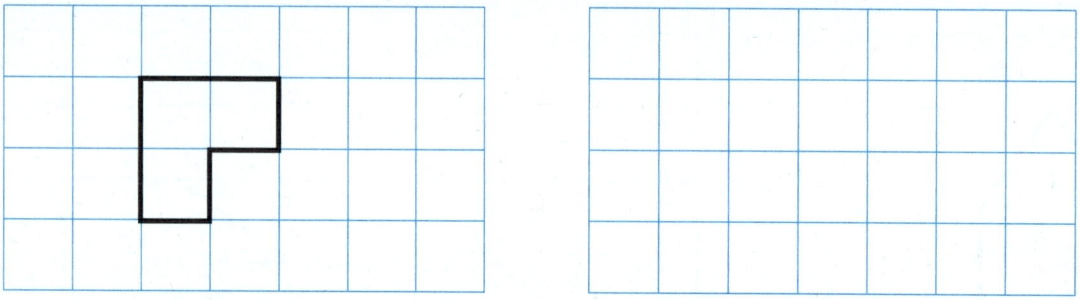

3. Dibuja una rotación de 90° en el sentido de las manecillas del reloj.

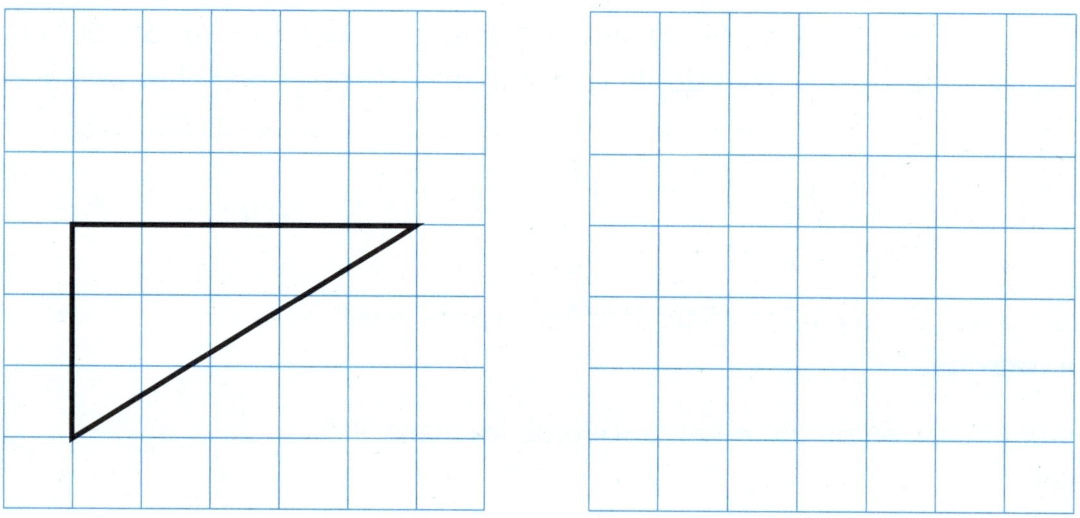

4. Dibuja una rotación de 90° en el sentido contrario a las manecillas del reloj.

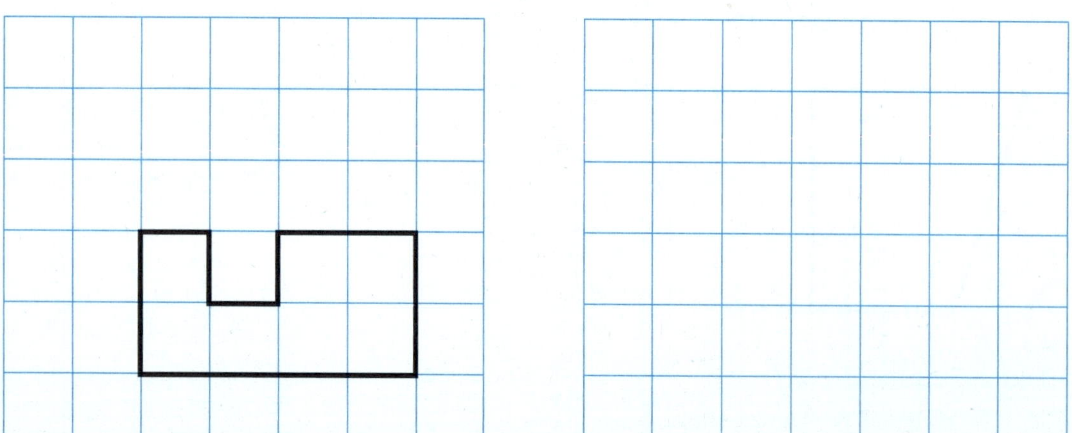

Nombre ____

Comentar las reflexiones

VOCABULARIO
reflexión

Puedes reflejar o voltear una figura a través de una recta. La recta se llama eje de reflexión.

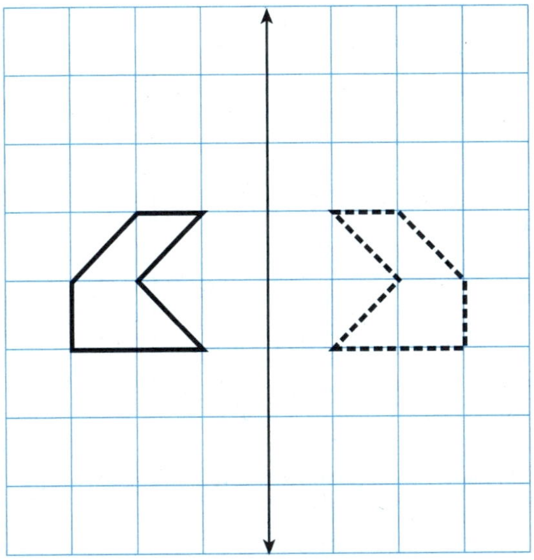

La figura de la izquierda se reflejó sobre una recta vertical.

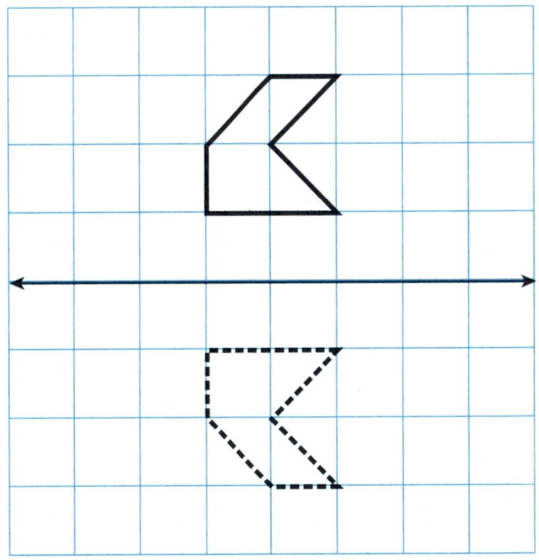

La figura de arriba se reflejó sobre una recta horizontal.

5 ¿Qué notaste sobre la recta en cada dibujo anterior?

____

____

Dibujar reflexiones

Usa los recortes de la página 454A para mostrar la reflexión.

6 Dibuja una reflexión sobre la recta.

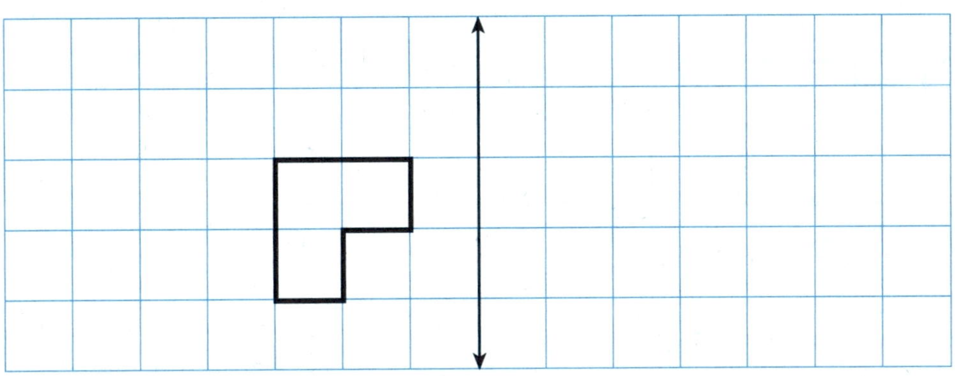

Dibujar reflexiones

Usa los recortes para mostrar cada reflexión.

7 Dibuja una reflexión sobre la recta.

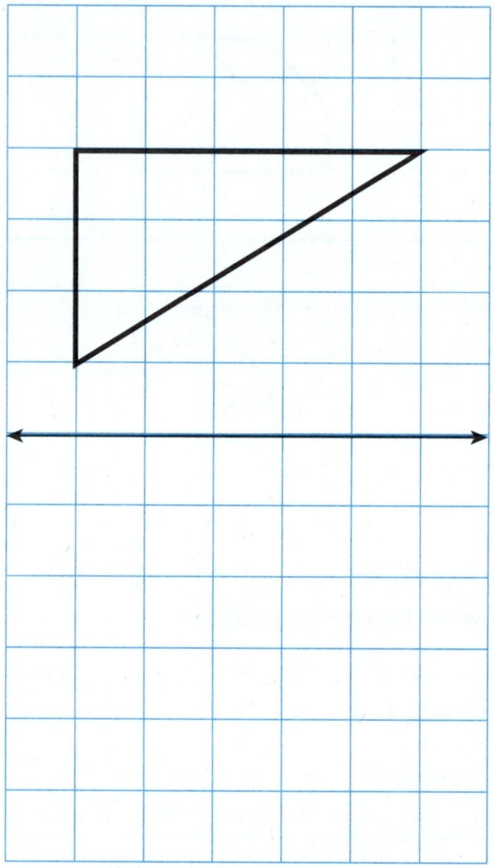

8 Dibuja una reflexión sobre la recta.

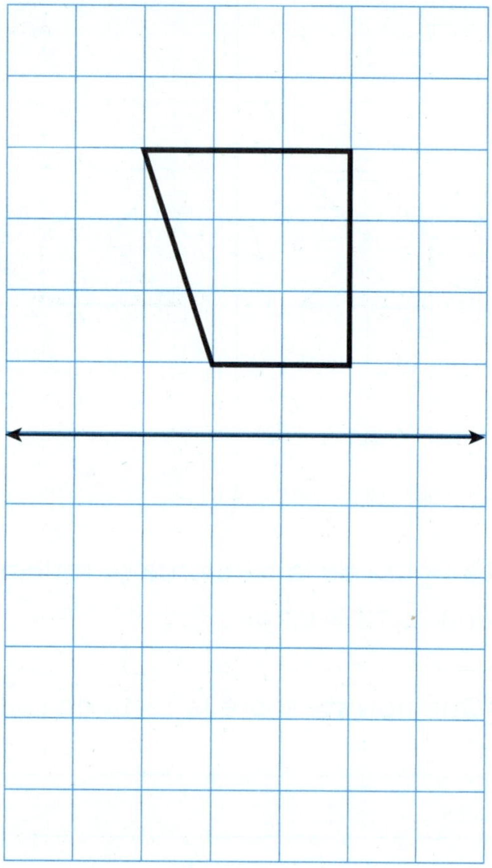

9 Dibuja una reflexión sobre la recta.

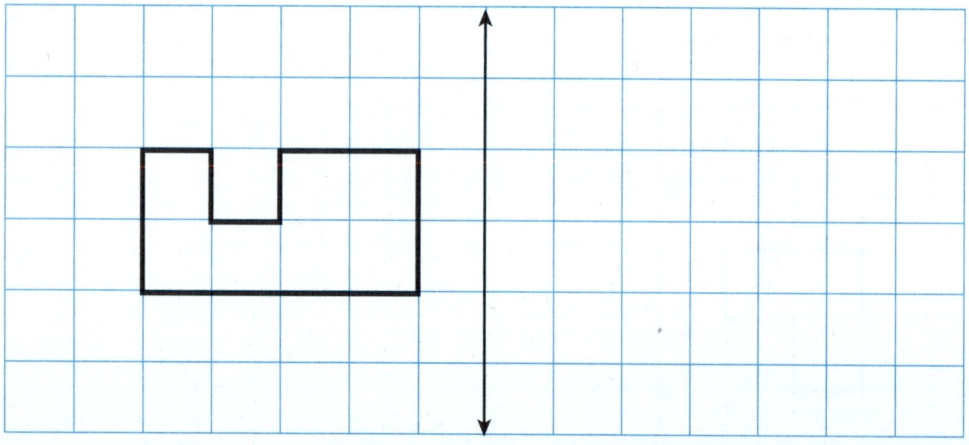

Nombre ______________________________

VOCABULARIO
traslación

Comentar las traslaciones

Una **traslación** es un desplazamiento. Cuando una figura es trasladada, cada uno de sus puntos se mueve la misma distancia en la misma dirección.

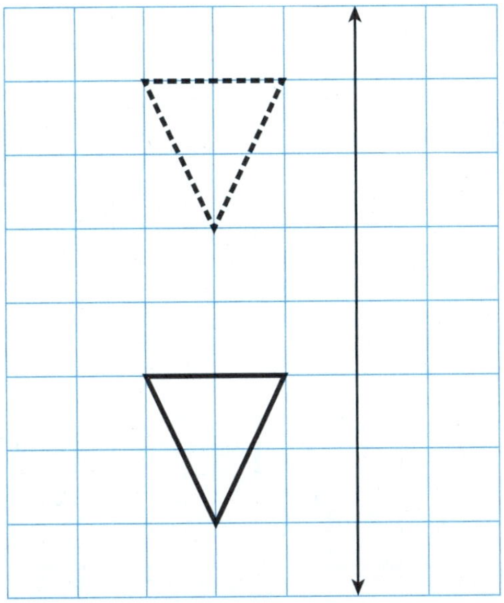

La figura de abajo se trasladó hacia arriba a lo largo de la recta.

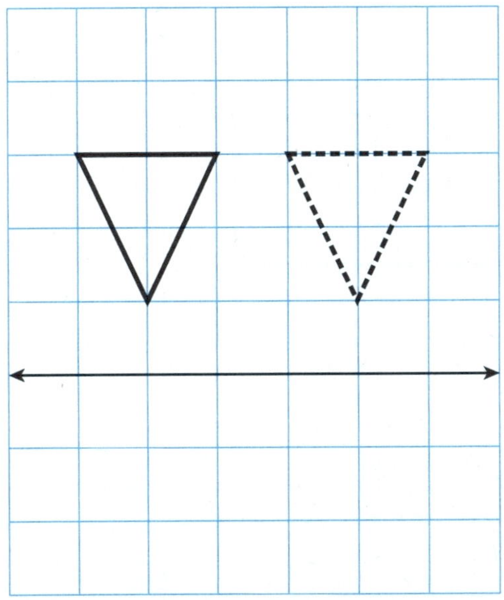

La figura de la izquierda se trasladó hacia la derecha a lo largo de la recta.

Dibujar traslaciones

Usa los recortes de la página 454A para mostrar la traslación.

10 Dibuja una traslación sobre la recta.

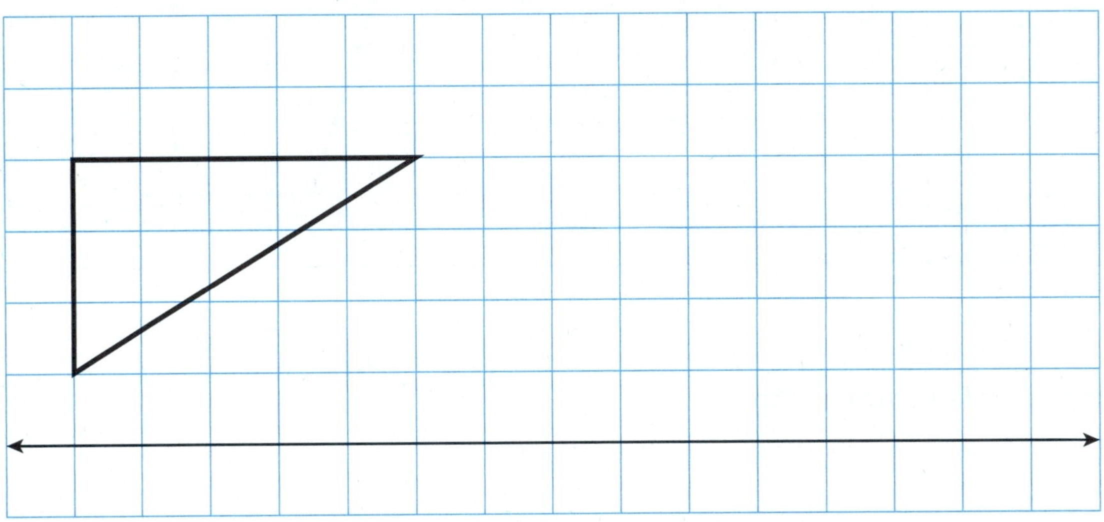

Dibujar traslaciones (continuación)

Usa los recortes para mostrar cada traslación.

11 Dibuja una traslación sobre la recta.

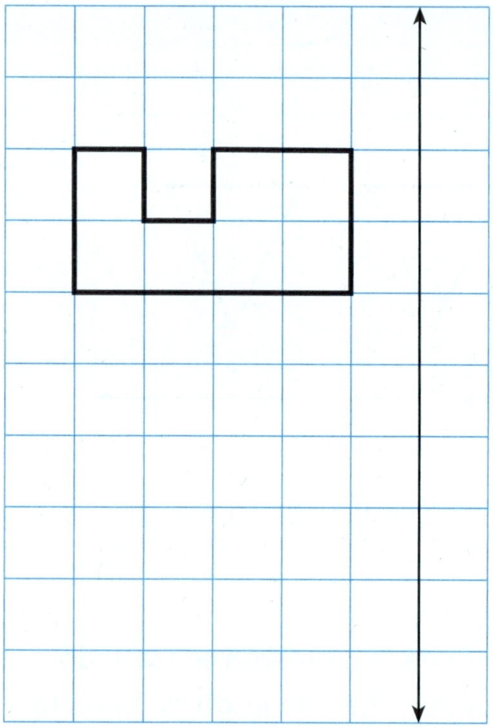

12 Dibuja una traslación sobre la recta.

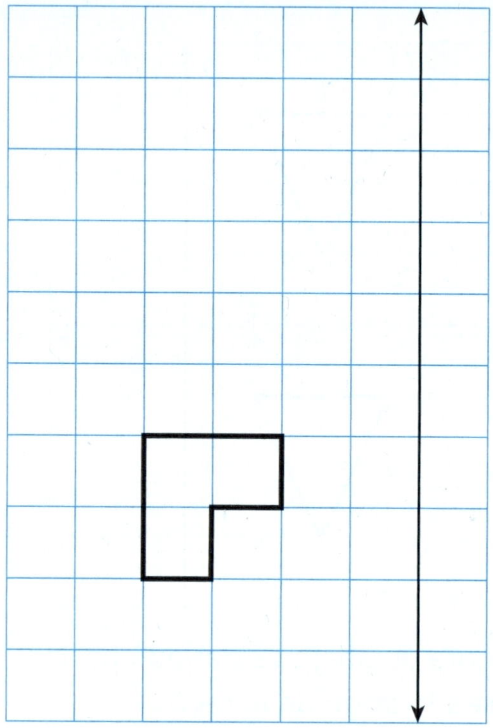

13 Dibuja una traslación sobre la recta.

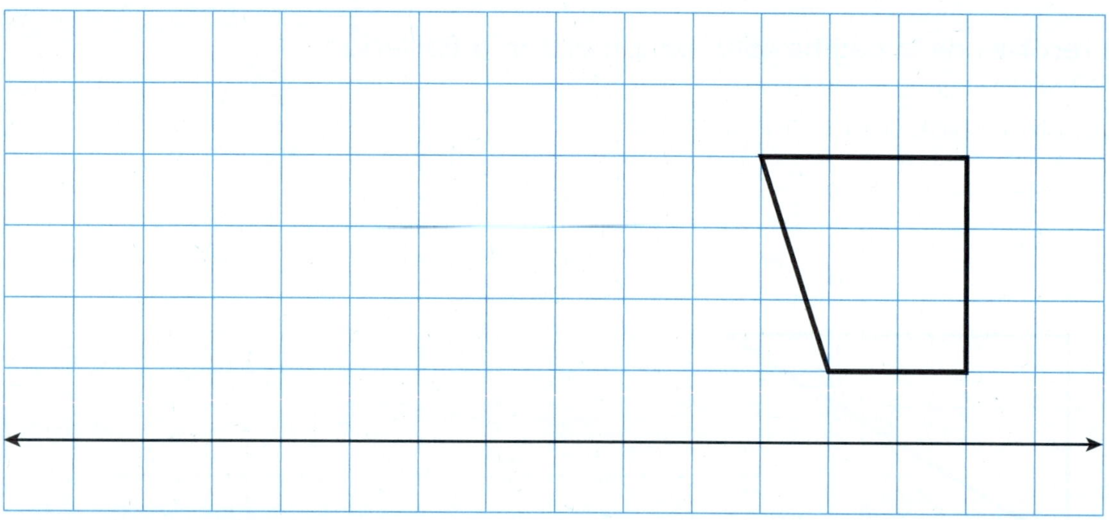

Comprobar la comprensión

Explica cómo están relacionadas una reflexión y un eje de simetría.

Nombre ______

Recortar

Recorta cada figura.

Nombre ______________________________

VOCABULARIO
congruente

Identificar figuras congruentes

Las figuras **congruentes** tienen el mismo tamaño y forma.

Las figuras A y B son congruentes. Tienen el mismo tamaño y forma.

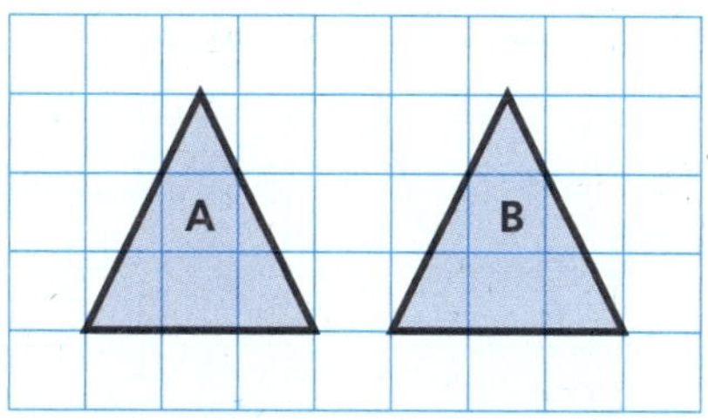

Las figuras C y D son congruentes. Una figura está girada, pero tienen el mismo tamaño y forma.

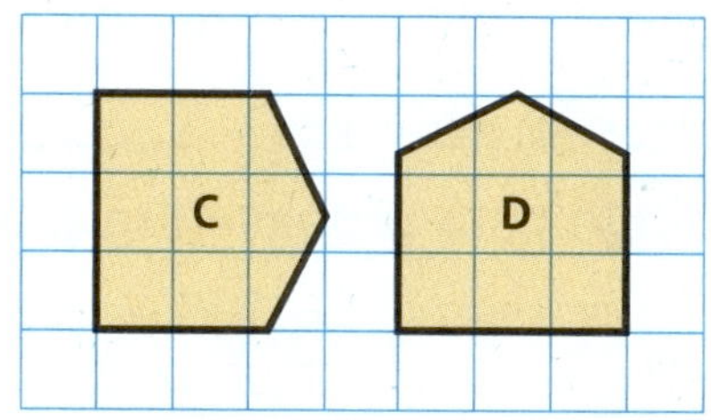

Las figuras E y F no son congruentes. No tienen el mismo tamaño.

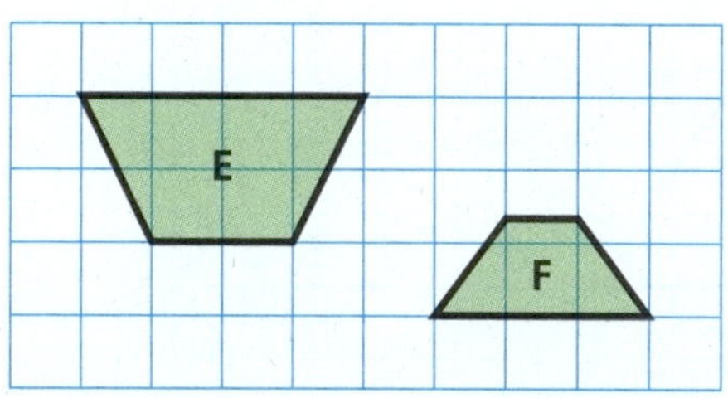

Las figuras G y H no son congruentes. No tienen la misma forma.

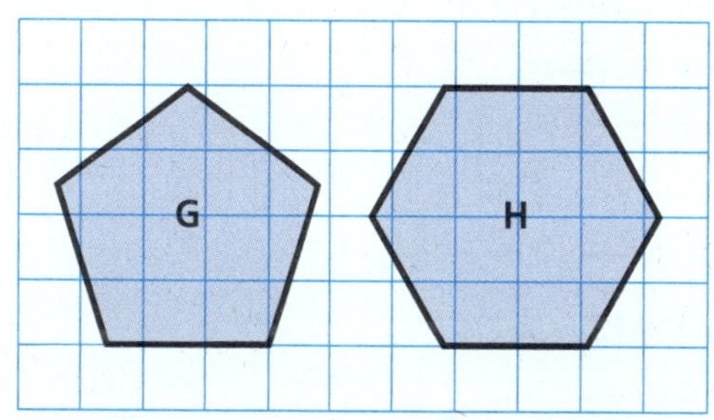

En cada fila, encierra en un círculo todas las figuras que parezcan congruentes.

1. 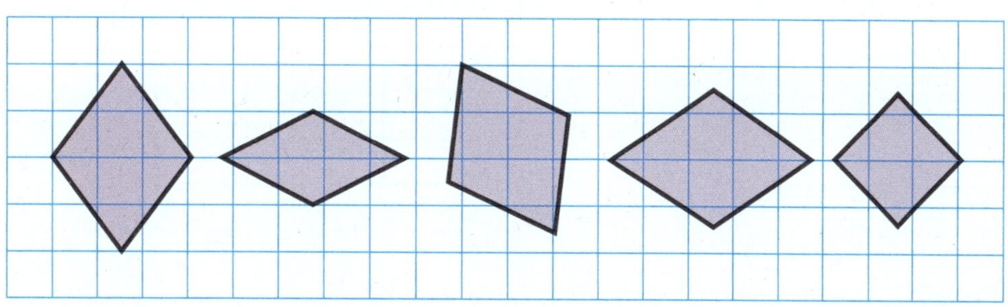

2. 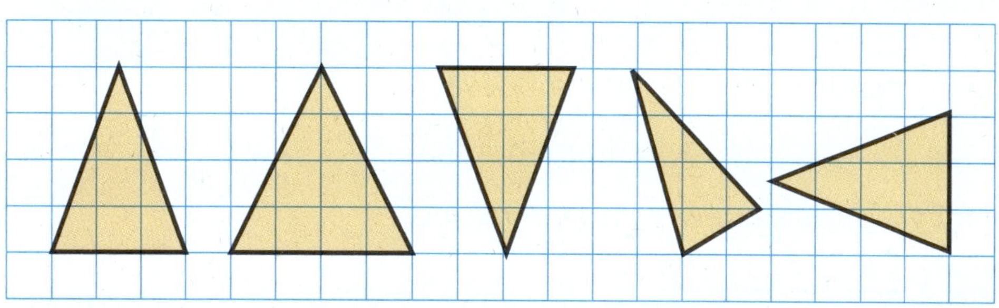

Transformación y congruencia

VOCABULARIO
transformación

Has explorado tres **transformaciones** o cambios en la posición de una figura.

¿Producirán siempre la rotación, reflexión o traslación una figura congruente a la figura original?

3 ¿Producirá una figura congruente la reflexión de la figura sobre la recta? ________
Haz un dibujo para probar tu respuesta.

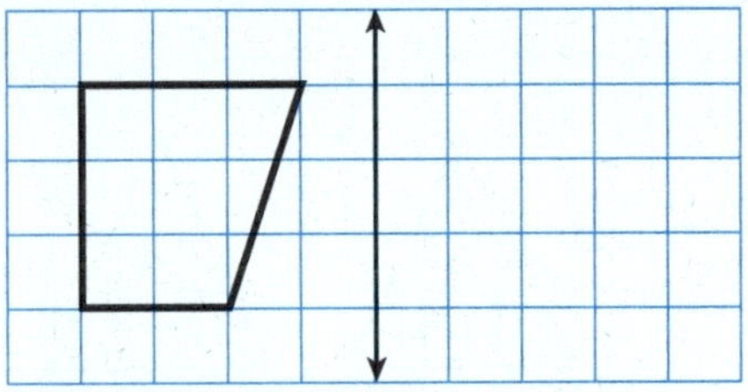

Dibuja una figura congruente usando la transformación dada.

4 Reflexión

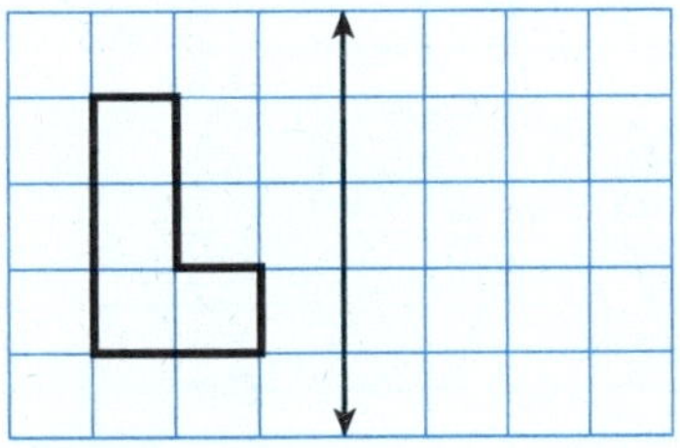

5 Rotación de 90° en el sentido de las manecillas del reloj

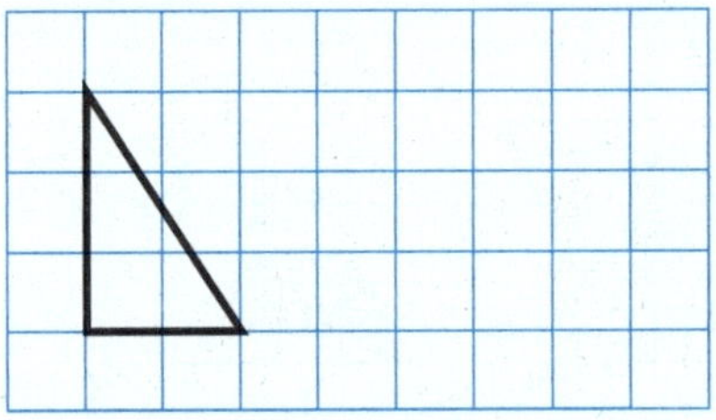

6 Traslación

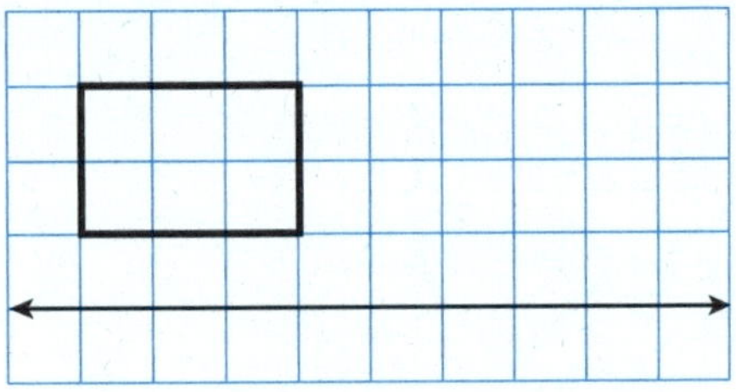

7 Rotación de 90° en el sentido contrario a las manecillas del reloj

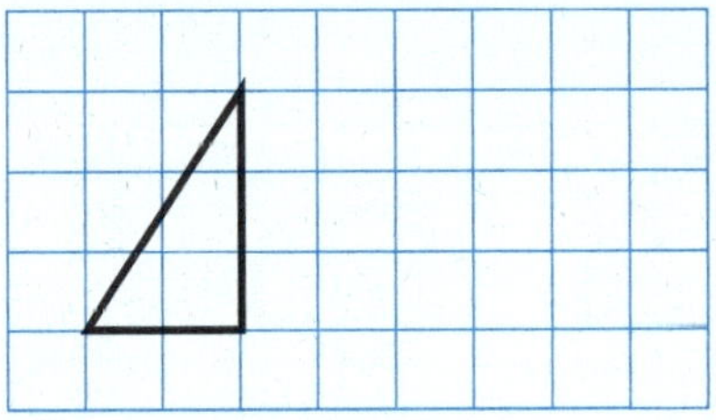

Comprobar la comprensión

Completa.

Si giras, inviertes o desplazas una figura, la nueva figura será ______________ a la figura original.

La figura original y la figura nueva serán del mismo ______________ y ______________.

Prueba rápida 5 de la Unidad 8

Nombre ____________________ **Fecha** ____________

Observa las figuras.

1. Dibuja una reflexión sobre la recta.

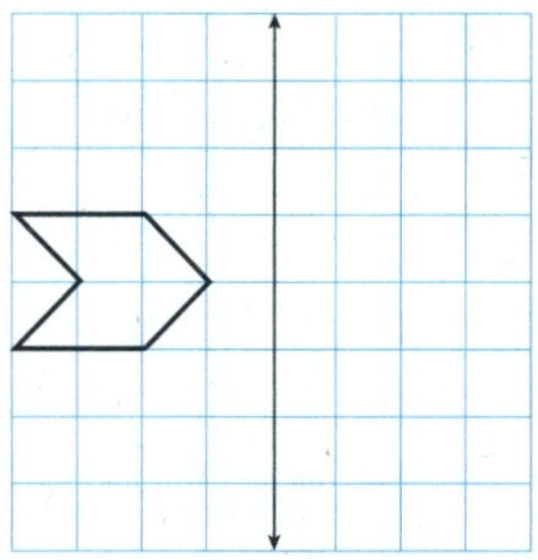

2. Dibuja una traslación a lo largo de la recta.

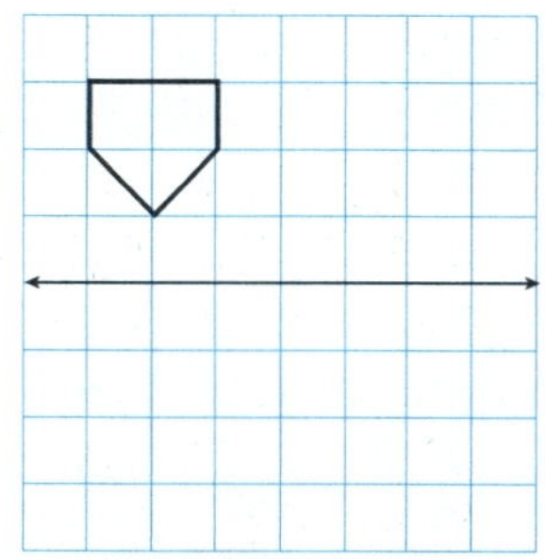

3. Dibuja una rotación de 90° en el sentido de las manecillas del reloj.

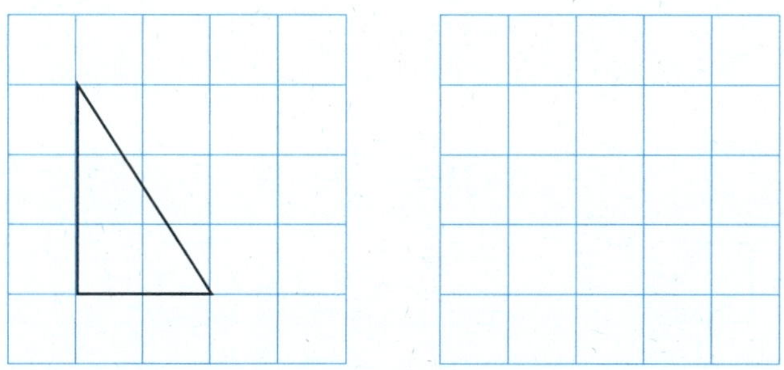

4. Encierra en círculo las figuras que parezcan congruentes.

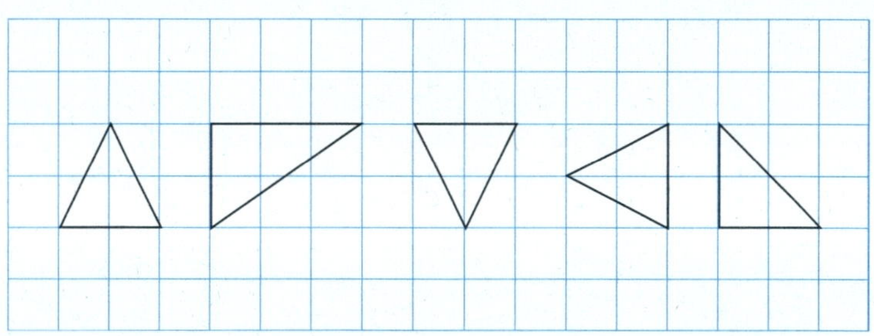

5. Dibuja una figura congruente usando la reflexión.

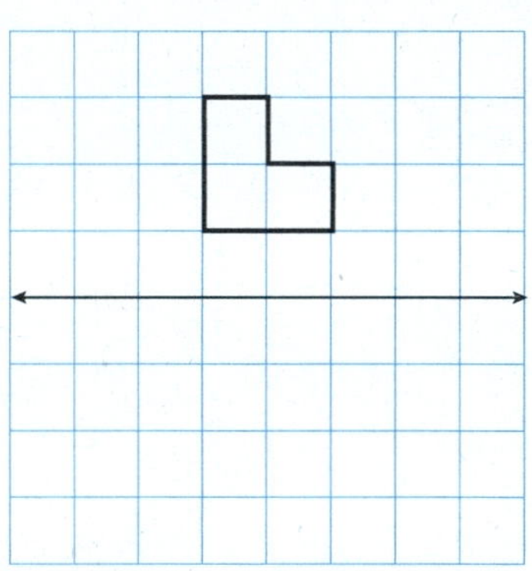

Comprobar el conocimiento 28

Nombre ______________________ Fecha ______________

Camino al conocimiento

Multiplica o divide.

1. $7 \times 0 = \square$
2. $12 \div 2 = \square$
3. $8 \times 3 = \square$
4. $16 \div 4 = \square$
5. $3 \times 7 = \square$
6. $42 \div 6 = \square$
7. $6 \times 8 = \square$
8. $81 \div 9 = \square$
9. $8 \times 7 = \square$
10. $4 \times 1 = \square$
11. $2 \div 1 = \square$
12. $3 \times 2 = \square$
13. $9 \div 3 = \square$
14. $5 \times 6 = \square$
15. $24 \div 4 = \square$

Nombre ______________________ Fecha ____________

1 Dibuja y rotula el segmento *FG*.

2 Usa un transportador para medir el ángulo.

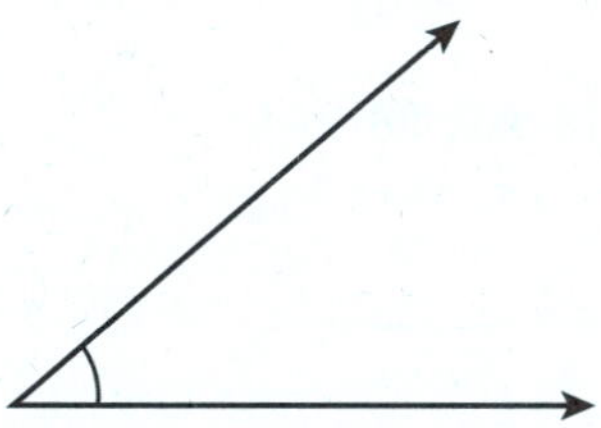

El ángulo mide ____________.

3 Elige la figura que tiene al menos un par de rectas paralelas. Marca todas las que correspondan.

Ⓐ Ⓑ Ⓒ Ⓓ

4 Usa las figuras. Elige si el enunciado es Verdadero o Falso en los Ejercicios del 4a al 4d.

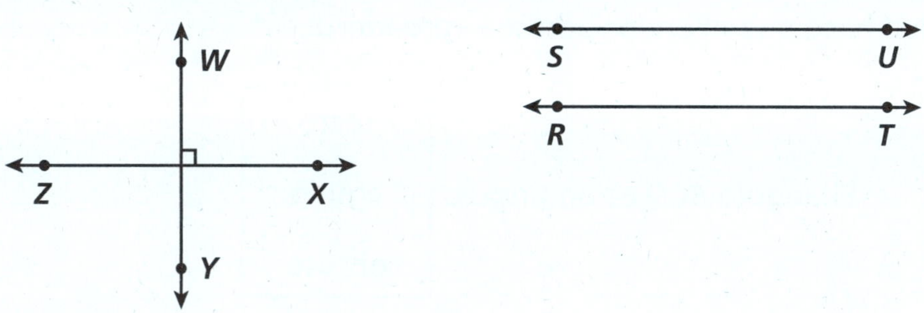

4a. $\overleftrightarrow{SU}$ y $\overleftrightarrow{RT}$ son rectas secantes.	○ Verdadero	○ Falso
4b. $\overleftrightarrow{SU}$ y $\overleftrightarrow{RT}$ son rectas paralelas.	○ Verdadero	○ Falso
4c. $\overleftrightarrow{ZX}$ y $\overleftrightarrow{WY}$ son rectas perpendiculares.	○ Verdadero	○ Falso
4d. Una recta trazada a través de los puntos *R* y *U* es perpendicular a $\overleftrightarrow{RT}$.	○ Verdadero	○ Falso

Nombre ______________________ Fecha ______________________

5 El siguiente mapa muestra una sección del pueblo de Fátima.

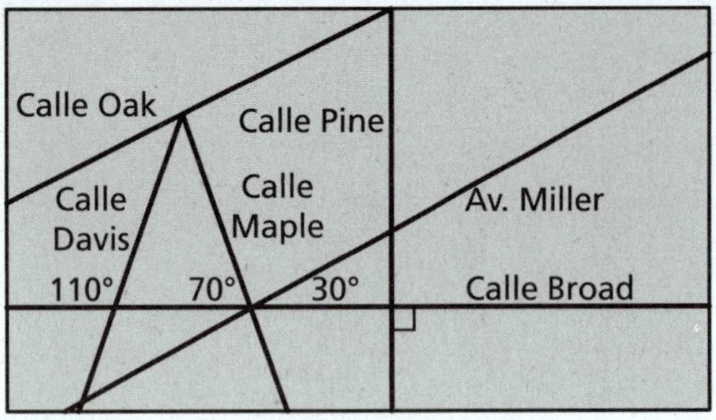

Parte A Fátima camina por la calle Oak y Gabe camina por la Av. Miller. ¿Podrían encontrarse Fátima y Gabe? Si es así, ¿dónde?

Parte B ¿Qué calle es perpendicular a la calle Broad? Explica cómo lo sabes.

6 Elige la palabra que hace que el enunciado sea verdadero.

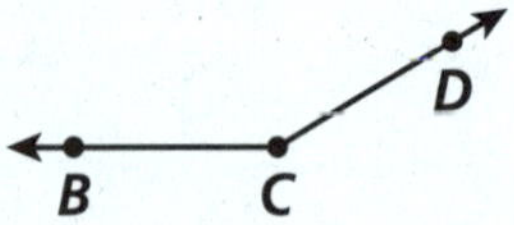

El ángulo *BCD* es un ángulo [recto / agudo / obtuso].

7 Dibuja todos los ejes de simetría de la figura.

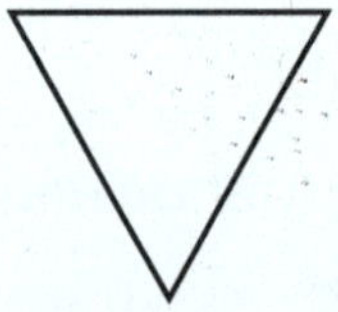

Nombre ______________________ Fecha ______________

8 El engranaje en un reloj gira en el sentido de las manecillas del reloj, en secciones de un grado, un total de 300 veces.

El engranaje ha girado un total de ☐ grados.

9 Lucy diseña una cuadrícula para hacer una colcha, para lo cual midió uno de los ángulos. Usa los números y símbolos en las casillas para escribir y resolver una ecuación para calcular la medida del ángulo desconocido

40°	70°	110°	180°	+	−

Ecuación: ☐ ☐ ☐ = ?

Solución: ? = ☐

10 Luke dibuja una figura que tiene exactamente 2 ángulos agudos. En los Ejercicios 10a al 10d, elige Sí o No para indicar si la figura podría ser la que Luke dibuja.

10a.  ○ Sí ○ No

10b.  ○ Sí ○ No

10c.  ○ Sí ○ No

10d. 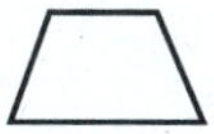 ○ Sí ○ No

11 El triángulo *QRS* puede clasificarse

como un triángulo [acutángulo / rectángulo / obtusángulo].

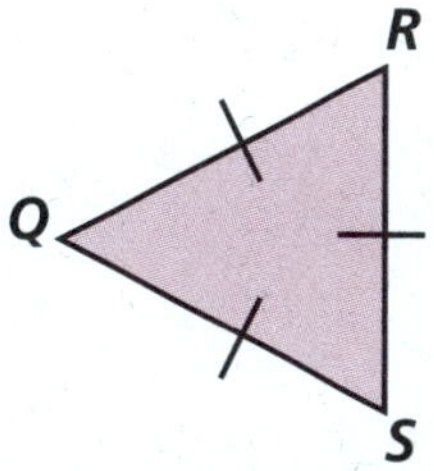

Nombre Fecha

12 Dibuja una figura congruente usando la traslación.

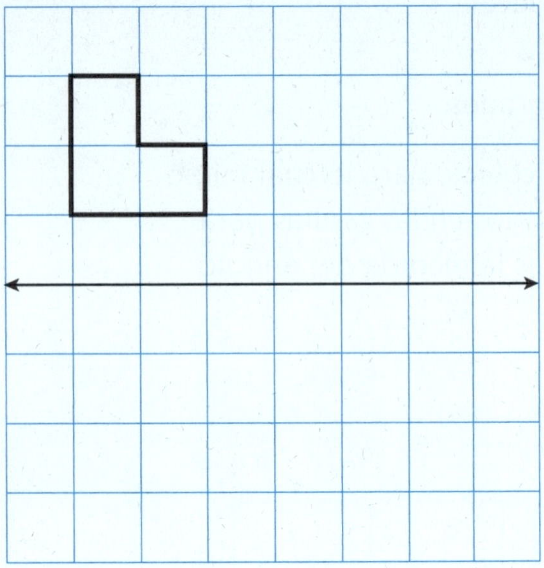

13 Un letrero tiene dos pares de lados paralelos y dos pares de lados iguales. Nombra un tipo de cuadrilátero que podría ser el letrero.

14 El círculo representa todos los estudiantes de una clase. Cada sección representa a los estudiantes que eligieron cierto color como su favorito. Se dan las medidas de los ángulos de algunas secciones.

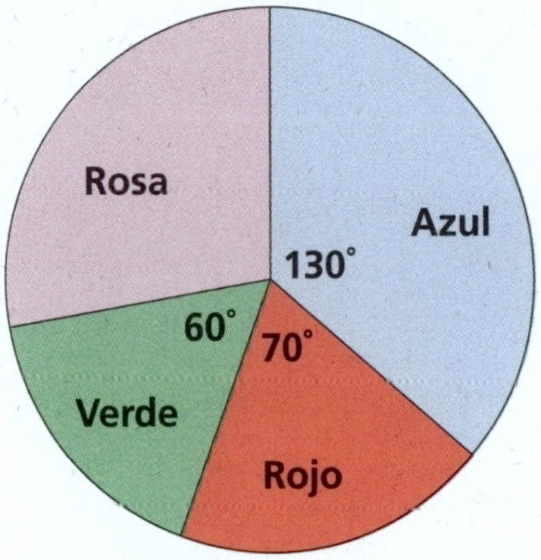

Parte A

¿Cuál es la suma de las medidas de los ángulos de las secciones de azul, rojo y verde?

Parte B

Explica cómo calcular la medida del ángulo de la sección del rosa. Luego calcula la medida.

Nombre Fecha

15 Dibuja una diagonal en la figura para formar dos triángulos obtusángulos.

16 ¿Tiene la figura un eje de simetría? Explica.

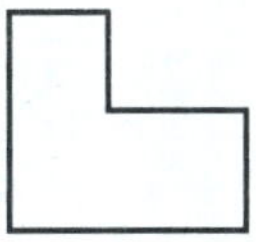

17 Una rueda de Chicago gira 35° antes de parar. Gira otros 85° antes de volverse a parar.

Parte A

¿Cuál es la medida total del ángulo que hace la rueda de Chicago?

Parte B

¿Cuántas veces más tendrá que repetir el patrón para girar 360°? Explica tu razonamiento.

Nombre Fecha

18 Las calles Cross, West y Carmichael forman un triángulo.

¿Cómo se puede clasificar el triángulo? Marca todas las que correspondan.

- ○ escaleno
- ○ isósceles
- ○ equilátero
- ○ agudo
- ○ recto
- ○ obtuso

19 Un escenario tiene cuatro lados con exactamente un par de lados paralelos.

Marjorie dice que la forma del escenario es un cuadrilátero y un rectángulo. ¿Estás de acuerdo? Explica.

20 ¿Cuánto mide el ángulo desconocido en este patrón?

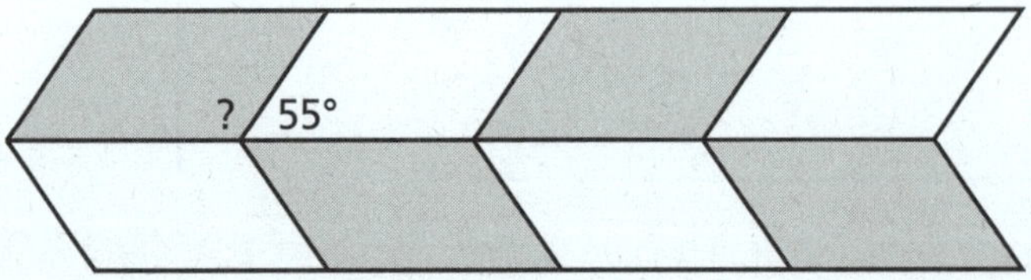

Tarea de rendimiento de la Unidad 8

Nombre ______________________ Fecha ____________

Descubre un código secreto

Meredith inventó un código secreto usando las letras que rotuló en estos polígonos. Usa lo que sabes acerca de los polígonos para resolver cada problema.

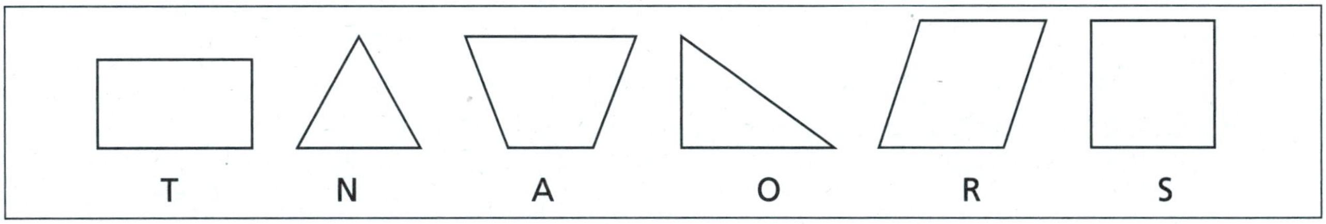

1. Haz una palabra usando las letras de todos los polígonos que no son cuadriláteros.

____

2. Haz una palabra usando las letras de todos los polígonos que tienen lados paralelos.

____

____

3. Haz una palabra usando las letras de todos los polígonos que tienen lados perpendiculares.

____

____

4. Haz una palabra usando las letras de todos los polígonos que tienen ángulos agudos.

____

____

5. Meredith quiere usar las letras de tres polígonos para escribir las siglas "ARN". Escribe una descripción de los polígonos que puede usar.

____

____

____

 Nombre _______________ Fecha _______________

6 Meredith piensa que puede usar todos los polígonos para escribir "nostra" usando la descripción "Todos los polígonos que tienen al menos dos lados de la misma longitud". ¿Tiene razón? Si no tiene razón, ¿qué figura o figuras no corresponden con la descripción?

---

7 Meredith quiere escribir la palabra "rea", pero necesita una figura nueva para representar la letra E. Dibuja un polígono para E. Luego describe los atributos de los polígonos cuyas letras deletreen "rea".

---

8 ¿Puedes escribir una descripción para los atributos de los polígonos cuyas letras deletreen la palabra "tan"? Explica por qué si o por qué no.

---

9 Explica en qué se parecen y en qué se diferencian los polígonos *T* y *R*.

---

10 Escribe tu descripción para los polígonos cuyas letras deletrean la palabra de tu elección. Asegúrate de que los atributos que elijas para tu descripción estén compartidos por todas las letras de tu palabra y no estén compartidos con ninguna letra que no esté en tu palabra.

Ejemplos de unidades métricas

Longitud

1 kilómetro (km)	1 hectómetro (hm)	1 decámetro (dam)	1 metro (m)
aproximadamente la distancia que podrías caminar en 12 minutos 1 km = 1,000 m 	aproximadamente la longitud de un campo de fútbol americano 1 hm = 100 m 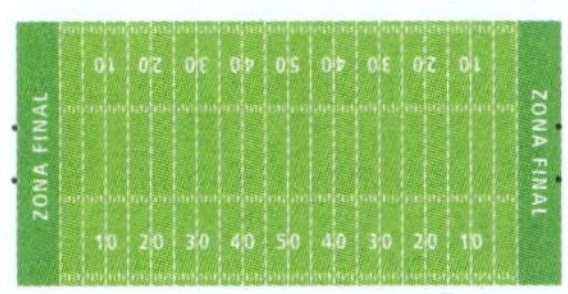	aproximadamente la longitud de un autobús escolar 1 dam = 10 m 	aproximadamente la distancia desde el piso hasta el pomo de la puerta 

1 decímetro (dm)	1 centímetro (cm)	1 milímetro (mm)
aproximadamente la longitud de un crayón nuevo 10 dm = 1 m 	aproximadamente el ancho de tu dedo 100 cm = 1 m 	aproximadamente el grosor de una moneda de 10¢ 1,000 mm = 1 m 

Unidades métricas

Ejemplos de unidades métricas

Volumen líquido

1 kilolitro (kL)

Este cubo contiene un kilolitro de líquido.

1 kL = 1,000 L

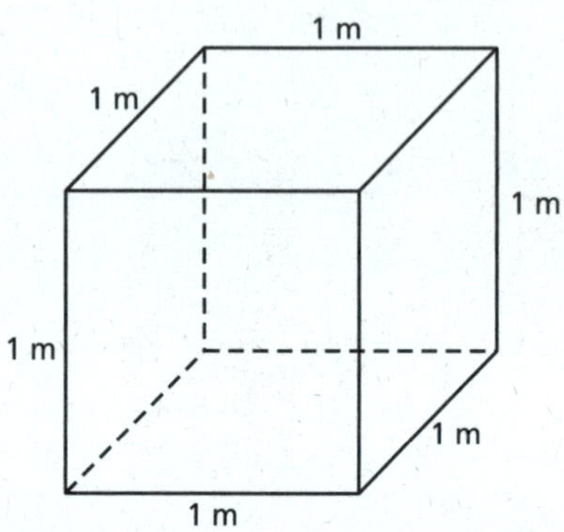

1 litro (L)

Este cubo contiene 1 litro de líquido.

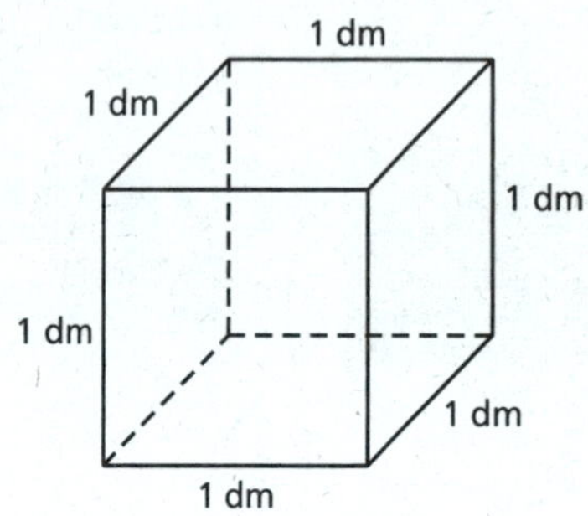

1 mililitro (mL)

Este cubo contiene 1 mililitro de líquido.

1,000 mL = 1 L

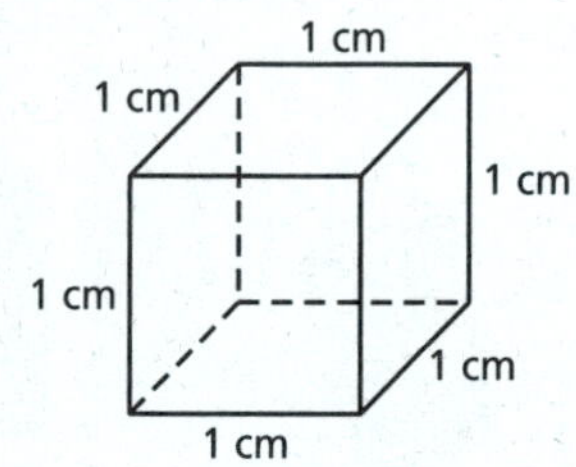

Masa

1 kilogramo (kg)

La masa de 5 plátanos es de aproximadamente 1 kilogramo.

1 kg = 1,000 g

1 gramo (g)

La masa de un clip es de aproximadamente 1 gramo.

1 miligramo (mg)

La masa de una pisca de sal es de aproximadamente 1 miligramo.

1,000 mg = 1 g

Ejemplo de unidades usuales

Longitud

1 pulgada (pulg)

El diámetro de una moneda de 25¢ es de aproximadamente 1 pulgada.

1 pie

La longitud de tu libro de matemáticas es de aproximadamente **1 pie.**

1 pie = 12 pulg

1 yarda (yd)

La longitud de una guitarra es de aproximadamente 1 yarda.

1 yd = 3 pies

1 milla (mi)

Puedes caminar 1 milla en aproximadamente 20 minutos.

1 mi = 5,280 pies
= 1,760 yd

Volumen líquido

1 taza (tz)

1 tz = 8 onzas fluidas

1 pinta (pt)

1 pt = 2 tz

1 cuarto (ct)

1 ct = 2 pt
= 4 t

medio galón ($\frac{1}{2}$ gal)

$\frac{1}{2}$ gal = 2 ct

1 galón (gal)

1 gal = 4 ct

Unidades usuales

Ejemplos de unidades usuales		
Peso		
1 onza (oz)	**1 libra (lb)**	**1 ton (T)**
Una rebanada de pan pesa alrededor de 1 onza. 	Un paquete de mantequilla pesa 1 libra. 1 lb = 16 oz  	Un carro pequeño pesa aproximadamente 1 ton. 1 T = 2,000 lb 

Tabla de medidas

Métrica	Usuales
Longitud/Área	
1,000 milímetros (mm) = 1 metro (m) 100 centímetros (cm) = 1 metro 10 decímetros (dm) = 1 metro 1 decámetro (dam) = 10 metros 1 hectómetro (hm) = 100 metros 1 kilómetro (km) = 1,000 metros	1 pie = 12 pulgadas (pulg) 1 yarda (yd) = 36 pulgadas 1 yarda = 3 pies 1 milla (mi) = 5,280 pies 1 milla = 1,760 yardas
Volumen líquido	
1,000 mililitros (mL) = 1 litro (L) 100 centilitros (cL) = 1 litro 10 decilitros (dL) = 1 litro 1 decalitro (daL) = 10 litros 1 hectolitro (hL) = 100 litros 1 kilolitro (kL) = 1,000 litros	6 cucharaditas (cdt) = 1 onza fluida (oz fl) 2 cucharadas (cda) = 1 onza fluida (oz fl) 1 taza (tz) = 8 onzas fluidas 1 pinta (pt) = 2 tazas 1 cuarto (ct) = 2 pintas 1 galón (gal) = 4 cuartos
Masa	**Peso**
1,000 miligramos (mg) = 1 gramo (g) 100 centigramos (cg) = 1 gramo 10 decigramos (dg) = 1 gramo 1 decagramo (dag) = 10 gramos 1 hectogramo (hg) = 100 gramos 1 kilogramo (kg) = 1,000 gramos 1 tonelada métrica = 1,000 kilogramos	1 libra (lb) = 16 onzas 1 tonelada (T) = 2,000 libras

Tabla de unidades de tiempo

Tiempo	
1 minuto (min) = 60 segundos (seg)	1 año = 365 días
1 hora (hr) = 60 minutos	1 año bisiesto = 366 días
1 día = 24 horas	1 década = 10 años
1 semana = 7 días	1 siglo = 100 años
1 mes es aproximadamente 30 días	1 milenio = 1,000 años
1 año = 12 meses o aproximadamente 52 semanas	

Tabla de fórmulas

Perímetro

Polígono

P = suma de las longitudes de los lados

Rectángulo

$P = 2(l + a)$ o $P = 2l + 2a$

Cuadrado

$P = 4l$

Área

Rectángulo

$A = la$ o $A = bh$

Cuadrado

$A = l \cdot l$

Propiedades de las operaciones

Propiedad asociativa de la suma	
$(a + b) + c = a + (b + c)$	$(2 + 5) + 3 = 2 + (5 + 3)$
Propiedad conmutativa de la suma	
$a + b = b + a$	$4 + 6 = 6 + 4$
Propiedad de identidad de la suma del 0	
$a + 0 = 0 + a = a$	$3 + 0 = 0 + 3 = 3$
Propiedad asociativa de la multiplicación	
$(a \cdot b) \cdot c = a \cdot (b \cdot c)$	$(3 \cdot 5) \cdot 7 = 3 \cdot (5 \cdot 7)$
Propiedad conmutativa de la multiplicación	
$a \cdot b = b \cdot a$	$6 \cdot 3 = 3 \cdot 6$
Propiedad de identidad de la multiplicación del 1	
$a \cdot 1 = 1 \cdot a = a$	$8 \cdot 1 = 1 \cdot 8 = 8$
Propiedad distributiva de la multiplicación sobre la suma	
$a \cdot (b + c) = (a \cdot b) + (a \cdot c)$	$2 \cdot (4 + 3) = (2 \cdot 4) + (2 \cdot 3)$

Tipos de problemas de suma y resta

	Resultado desconocido	Cambio desconocido	Inicio desconocido
Sumar a	Un vaso contenía $\frac{3}{4}$ de taza de jugo de naranja. Luego se agregó $\frac{1}{4}$ de taza de jugo de piña. ¿Cuánto jugo hay en el vaso ahora? *Ecuación de la situación y la solución:* [1] $\frac{3}{4} + \frac{1}{4} = c$	Un vaso contenía $\frac{3}{4}$ de taza de jugo de naranja. Luego se agregó un poco de jugo de piña. Ahora el vaso contiene 1 taza de jugo. ¿Cuánto jugo de piña se agregó? *Ecuación de la situación:* $\frac{3}{4} + c = 1$ *Ecuación de la solución:* $c = 1 - \frac{3}{4}$	Un vaso contenía un poco de jugo de naranja. Luego se agregó $\frac{1}{4}$ de taza de jugo de piña. Ahora el vaso contiene 1 taza de jugo. ¿Cuánto jugo había en el vaso al comienzo? *Ecuación de la situación:* $c + \frac{1}{4} = 1$ *Ecuación de la solución:* $c = 1 - \frac{1}{4}$
Restar de	Micah tenía una cinta $\frac{5}{6}$ de yarda de longitud. Cortó un trozo de $\frac{1}{6}$ de yarda de longitud. ¿Cuál es la longitud de la cinta que queda? *Ecuación de la situación y la solución:* $\frac{5}{6} - \frac{1}{6} = r$	Micah tenía una cinta de $\frac{5}{6}$ de yarda de longitud. Cortó un trozo. Ahora la cinta mide $\frac{4}{6}$ de yarda. ¿Cuál es la longitud del trozo que cortó? *Ecuación de la situación:* $\frac{5}{6} - r = \frac{4}{6}$ *Ecuación de la solución:* $r = \frac{5}{6} - \frac{4}{6}$	Micah tenía una cinta. Cortó un trozo de $\frac{1}{6}$ de yarda de longitud. Ahora la cinta mide $\frac{4}{6}$ de yarda. ¿Cuál es la longitud de la cinta que tenía al principio? *Ecuación de la situación:* $r - \frac{1}{6} = \frac{4}{6}$ *Ecuación de la solución:* $r = \frac{4}{6} + \frac{1}{6}$

[1]Una ecuación de la situación representa la estructura (acción) de un problema. La ecuación de la solución muestra la operación que se usa para hallar la respuesta.

Tipos de problemas de suma y resta (continuación)

Juntar/Separar

Total desconocido

Un panadero mezcla $1\frac{2}{3}$ tazas de harina blanca y $\frac{2}{3}$ de taza de harina de trigo. ¿Cuánta harina hay en total?

Dibujo matemático:[1]

Ecuación de la situación y la solución:

$1\frac{2}{3} + \frac{2}{3} = f$

Sumando desconocido

De $2\frac{1}{3}$ tazas de harina que usa un panadero, $1\frac{2}{3}$ tazas es harina blanca. El resto es harina de trigo. ¿Cuánta harina de trigo usa el panadero?

Dibujo matemático:

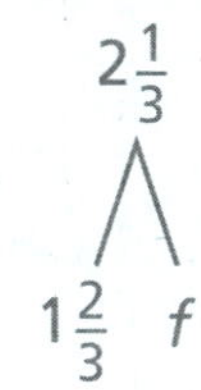

Ecuación de la situación:

$2\frac{1}{3} = 1\frac{2}{3} + f$

Ecuación de la solución:

$f = 2\frac{1}{3} - 1\frac{2}{3}$

Otro sumando desconocido

Un panadero usa $2\frac{1}{3}$ tazas de harina. Un poco es harina blanca y $\frac{2}{3}$ de taza es harina de trigo. ¿Cuánta harina blanca usa el panadero?

Dibujo matemático:

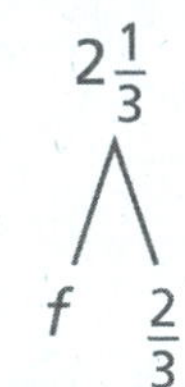

Ecuación de la situación:

$2\frac{1}{3} = f + \frac{2}{3}$

Ecuación de la solución:

$f = 2\frac{1}{3} - \frac{2}{3}$

Ambos sumandos desconocidos es una extensión productiva de esta situación básica, especialmente para calcular dos fracciones con una suma de 1. Estas situaciones de separación se pueden usar para mostrar todas las descomposiciones de un número dado. Las ecuaciones asociadas, que tienen el total a la izquierda del signo igual, ayudan a los estudiantes a entender que el signo = no siempre significa *forma* o *resulta en*, pero siempre significa que *es el mismo número que*.

Ambos sumandos desconocidos

Un panadero hace diferentes tipos de pan usando solo la medida de un $\frac{1}{4}$ de taza. ¿Qué diferentes mezclas se pueden hacer con harina blanca y harina de trigo para un total de 1 taza?

Dibujo matemático:

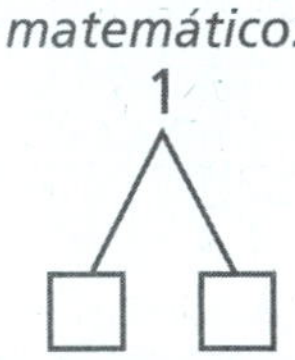

Ecuación de la situación:

$1 = \square + \square$

[1]Estos dibujos matemáticos se llaman Montañas matemáticas en los grados 1 a 3 y dibujos de separar el número en los grados 4 y 5.

Tipos de problemas de suma y resta (continuación)

	Diferencia desconocida	Valor mayor desconocido	Valor menor desconocido
Comparación Aditiva[1]	En un zoológico, un rinoceronte hembra pesa $1\frac{3}{5}$ toneladas. El rinoceronte macho pesa $2\frac{2}{5}$ toneladas. ¿Cuánto más pesa el rinoceronte macho que la hembra? En un zoológico, un rinoceronte hembra pesa $1\frac{3}{5}$ toneladas. El rinoceronte macho pesa $2\frac{2}{5}$ toneladas. ¿Cuánto menos pesa el rinoceronte hembra que el macho? *Dibujo matemático:* 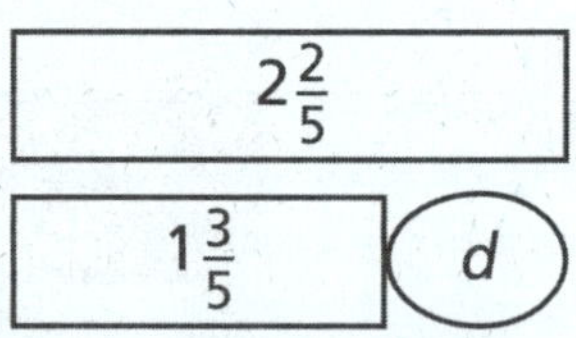 *Ecuación de la situación:* $1\frac{3}{5} + d = 2\frac{2}{5}$ o $d = 2\frac{2}{5} - 1\frac{3}{5}$ *Ecuación de la solución:* $d = 2\frac{2}{5} - 1\frac{3}{5}$	**Lenguaje guía** En un zoológico, un rinoceronte hembra pesa $1\frac{3}{5}$ toneladas. El rinoceronte macho pesa $\frac{4}{5}$ de tonelada más que la hembra. ¿Cuánto pesa el rinoceronte macho? **Lenguaje engañoso** En un zoológico, un rinoceronte hembra pesa $1\frac{3}{5}$ toneladas. El rinoceronte hembra pesa $\frac{4}{5}$ de tonelada menos que el macho. ¿Cuánto pesa el rinoceronte macho? *Dibujo matemático:* 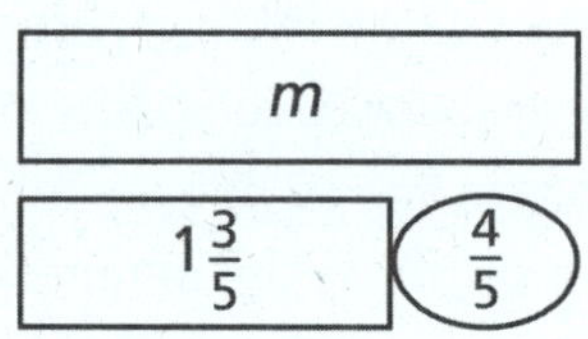 *Ecuación de la situación y la solución:* $1\frac{3}{5} + \frac{4}{5} = m$	**Lenguaje guía** En un zoológico, el rinoceronte macho pesa $2\frac{2}{5}$ toneladas. El rinoceronte hembra pesa $\frac{4}{5}$ de tonelada menos que el macho. ¿Cuánto pesa el rinoceronte hembra? **Lenguaje engañoso** En un zoológico, el rinoceronte macho pesa $2\frac{2}{5}$ toneladas. El rinoceronte macho pesa $\frac{4}{5}$ de tonelada más que la hembra. ¿Cuánto pesa el rinoceronte hembra? *Dibujo matemático:* 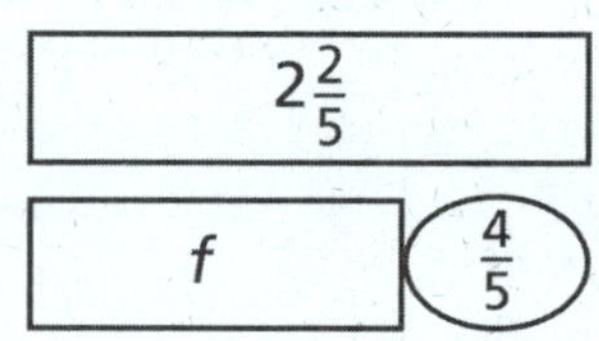 *Ecuación de la situación:* $f + \frac{4}{5} = 2\frac{2}{5}$ o $f = 2\frac{2}{5} - \frac{4}{5}$ *Ecuación de la solución:* $f = 2\frac{2}{5} - \frac{4}{5}$

[1]Un enunciado de comparación siempre se puede decir de dos maneras. Una manera usa *más* y la otra usa *menos*. El lenguaje engañoso sugiere la operación equivocada. Por ejemplo, dice que el *rinoceronte hembra pesa* $\frac{4}{5}$ de tonelada menos *que el macho,* pero tienes que sumar $\frac{4}{5}$ de tonelada al peso de la hembra para obtener el peso del macho.

Tipos de Problemas de multiplicación y división

	Producto desconocido	Tamaño del grupo desconocido	Número de grupos desconocidos
Grupos iguales	Una maestra compró 10 cajas de lápices. En cada caja hay 20 lápices. ¿Cuántos lápices compró la maestra? *Ecuación de la situación y la solución:* $l = 10 \cdot 20$	Una maestra compró 10 cajas de lápices. En total compró 200 lápices. ¿Cuántos lápices hay en cada caja? *Ecuación de la situación:* $10 \cdot n = 200$ *Ecuación de la solución:* $n = 200 \div 10$	Una maestra compró cajas de 20 lápices. En total compró 200 lápices. ¿Cuántas cajas de lápices compró? *Ecuación de la situación:* $c \cdot 20 = 200$ *Ecuación de la solución:* $c = 200 \div 20$

	Producto desconocido	Factor desconocido	Factor desconocido
Matrices[1]	Un teatro tiene 60 filas de 30 asientos cada una. ¿Cuántos asientos hay en el teatro? *Dibujo matemático:* 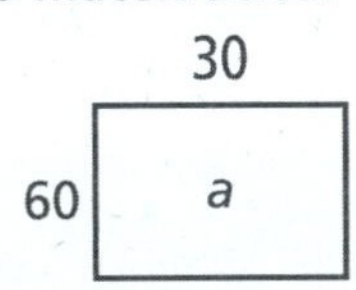 *Ecuación de la situación y la solución:* $a = 60 \cdot 30$	Un teatro tiene 60 filas de igual cantidad de asientos cada una. En total hay 1,800 asientos. ¿Cuántos asientos hay en cada fila? *Dibujo matemático:* 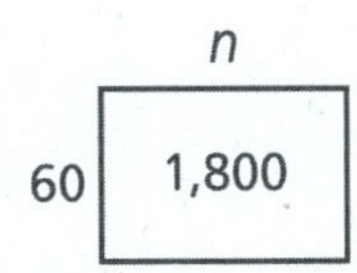 *Ecuación de la situación:* $60 \cdot n = 1{,}800$ *Ecuación de la solución:* $n = 1{,}800 \div 60$	En un teatro hay 1,800 asientos en filas de 30 asientos. ¿Cuántas filas hay? *Dibujo matemático:* 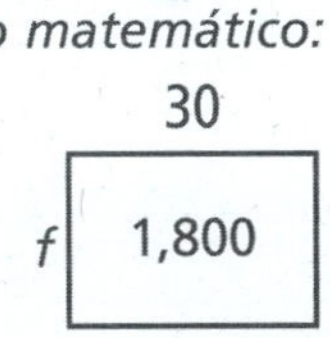 *Ecuación de la situación:* $f \cdot 30 = 1{,}800$ *Ecuación de la solución:* $f = 1{,}800 \div 30$

[1]En los Grados 4 y 5 usamos modelos rectangulares para problemas de matrices y de área porque los números de los problemas son demasiado grandes para representarlos con matrices.

Tipos de Problemas de multiplicación y división (continuación)

	Producto desconocido	Factor desconocido	Factor desconocido
Área	El patio de Sophie mide 80 pies de longitud y 40 pies de ancho. ¿Cuál es el área del patio de Sophie? *Dibujo matemático:* 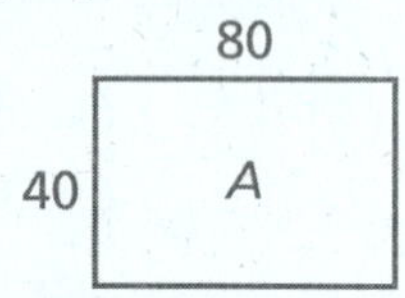 *Ecuación de la situación y la solución:* $A = 80 \cdot 40$	El patio de Sophie tiene un área de 3,200 pies cuadrados. La longitud del patio es de 80 pies. ¿Cuál es el ancho del patio de Sophie? *Dibujo matemático:* 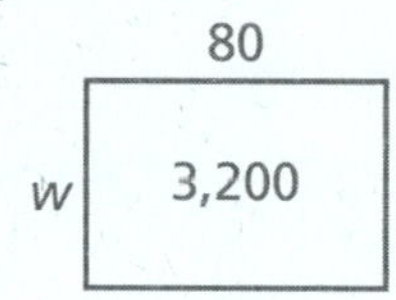 *Ecuación de la situación:* $80 \cdot a = 3{,}200$ *Ecuación de la solución:* $a = 3{,}200 \div 80$	El patio de Sophie tiene un área de 3,200 pies cuadrados. El ancho del patio es de 40 pies. ¿Cuál es la longitud del patio de Sophie? *Dibujo matemático:* 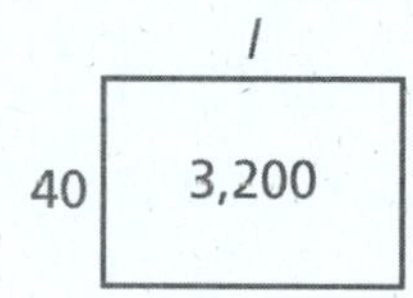 *Ecuación de la situación:* $l \cdot 40 = 3{,}200$ *Ecuación de la solución:* $l = 3{,}200 \div 40$
Comparación multiplicativa	**Multiplicador 1: Valor mayor desconocido** Sam tiene 4 veces más canicas que Brady. Brady tiene 70 canicas. ¿Cuántas canicas tiene Sam? *Dibujo matemático:* 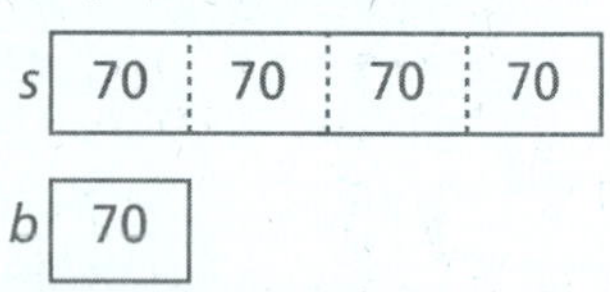 $b = s \div 4$ y $s = 4 \cdot b$ *Ecuación de la situación y la solución:* $s = 4 \cdot 70$	**Multiplicador 1: Valor menor desconocido** Sam tiene 4 veces más canicas que Brady. Sam tiene 280 canicas. ¿Cuántas canicas tiene Brady? *Dibujo matemático:* 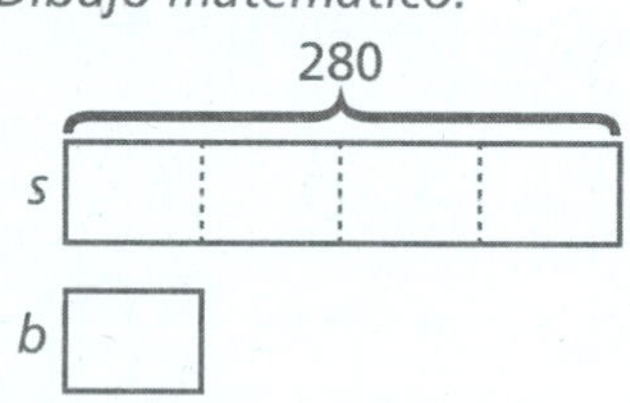 $b = s \div 4$ y $s = 4 \cdot b$ *Ecuación de la situación:* $4 \cdot b = 280$ *Ecuación de la situación y la solución:* $b = 280 \div 4$	**Multiplicador 1: Desconocido** Sam tiene 280 canicas. Brady tiene 70 canicas. ¿Cuántas veces más canicas que Brady tiene Sam? *Dibujo matemático:* 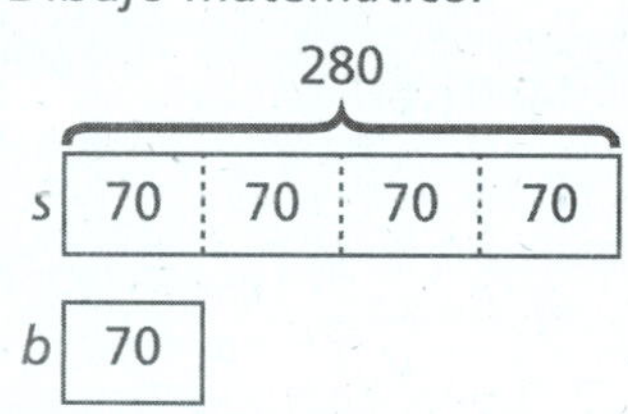 $m \cdot b = s$ *Ecuación de la situación:* $m \cdot 70 = 280$ *Ecuación de la solución:* $m = 280 \div 70$

El poder de las palabras matemáticas

Repaso de Palabras

Trabaja en parejas. Elige una palabra de una unidad actual o una palabra de repaso de una unidad anterior. Completa una de las actividades de la derecha con la palabra. Luego pregunta a tu compañero si quiere corregir algo en tu trabajo o tiene preguntas sobre lo que describiste. Repite la actividad con una palabra que elija tu compañero.

Actividades

- Explica el significado con palabras o gestos.
- Usa la palabra en una oración.
- Nombra otra palabra que se relacione de alguna forma con la palabra y explica la relación.

Crucigrama

Haz un crucigrama similar al ejemplo a continuación. Usa el vocabulario de la unidad. También puedes agregar otras palabras relacionadas. Desafía a tu compañero a resolverlo.

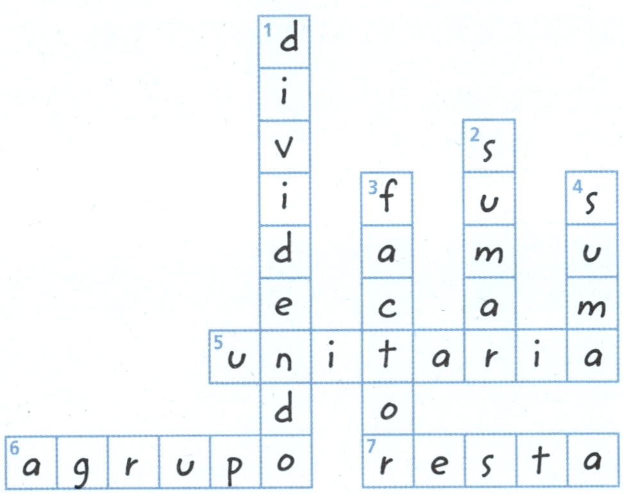

Horizontales

5. Una fracción con 1 como numerador es una fracción ___________.
6. Cuando cambio 10 unidades por 1 decena, yo___________
7. Operación que usas para hallar cuánto mayor es un número que otro.

Verticales

1. El número que se divide en una división.
2. Juntar cantidades.
3. Número que se multiplica por otro en una multiplicación.
4. La ___________ y la resta son operaciones opuestas.

Actividades de vocabulario

Mural de palabras

Pide permiso a tu maestro para comenzar un mural de palabras en tu salón de clases. A medida que aprendes cada lección, escribe las palabras del vocabulario de matemáticas en tarjetas y ponlas en el mural de palabras. Puedes trabajar con un compañero o en grupos pequeños para elegir una palabra y ofrecer la definición.

Red de palabras

Haz una red de palabras para una palabra o palabras que no entiendas en una unidad. Completa la red con palabras o frases relacionadas a la palabra de vocabulario.

Desafío alfabético

Atrévete con este desafío alfabético. Elige 3 letras del abecedario. Piensa en tres palabras de vocabulario para cada letra. Luego escribe la definición o dibuja un ejemplo para cada palabra.

A	E	L
área	ecuación	litro
ángulo	estimar	línea
ancho	equilátero	libra

Concentration

Escribe en tarjetas las palabras de vocabulario y las palabras relacionadas de una unidad. Escribe las definiciones en otro conjunto de tarjetas. Elige entre 3 y 6 pares de palabras y definiciones. Mezcla los dos conjuntos de tarjetas. Luego, pon las tarjetas boca abajo en una mesa. Túrnate con tu compañero para dar vuelta a dos tarjetas. Si una tarjeta es una palabra y la otra es la definición que corresponde a esa palabra, te quedas con las dos tarjetas. Continúen hasta que todas las palabras quedan emparejadas con su definición.

Diario de matemáticas

A medida que aprendes nuevas palabras, escríbelas en tu Diario de matemáticas. Escribe la definición de la palabra e incluye un dibujo o un ejemplo. A medida que aprendes información nueva sobre la palabra, agrega notas a tu definición.

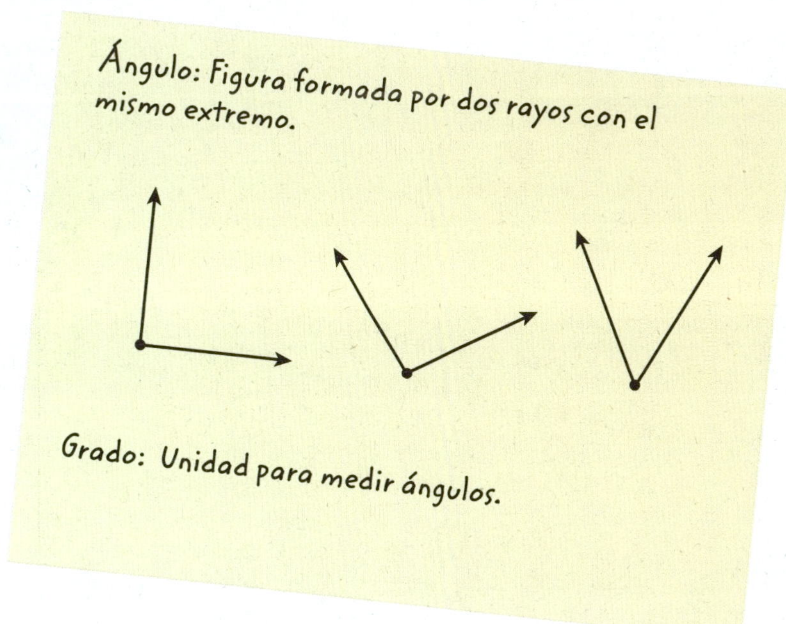

Actividades de vocabulario

¿Cuál es la palabra?

Trabaja con tu compañero para hacer un cartel o un tablero de anuncios con las palabras de una unidad. Escribe las definiciones en un conjunto de tarjetas. Mezcla las tarjetas. Junto con tu compañero, elige la definición en una de las tarjetas. Tu compañero señala la palabra en el cartel y nombra la palabra de vocabulario matemático correspondiente. Intercambien roles y repitan la actividad.

matriz

valor posicional

sumando

operaciones inversas

forma desarrollada

en palabras

forma estándar

dígito

uno de dos o más números que se suman para obtener un total

A

agrupar / grupo
Combinar números para formar nuevas decenas, centenas, millares y así sucesivamente.

ancho
Distancia entre los lados más cortos de un rectángulo.

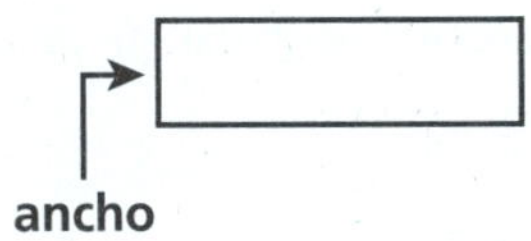

ángulo
Figura formada por dos rayos con el mismo extremo.

ángulo agudo
Ángulo menor que un ángulo recto.

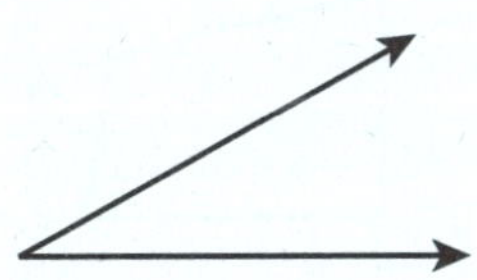

ángulo cóncavo
Ángulo que mide más de 180° y menos de 360°.

ángulo llano
Ángulo que mide 180°.

ángulo obtuso
Ángulo mayor que un ángulo recto y menor que un ángulo llano.

ángulo recto
Ángulo que mide 90°.

área
Número de unidades cuadradas que cubren una figura.

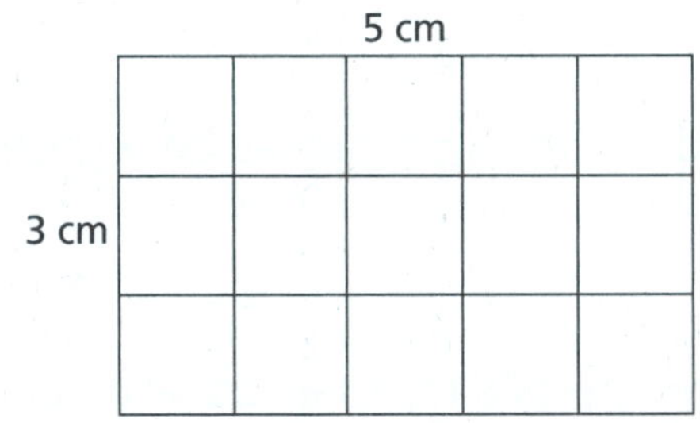

B

barras de comparación*
Barras que representan la cantidad mayor y la menor en una situación de comparación.

Para suma y resta:

Para multiplicación y división:

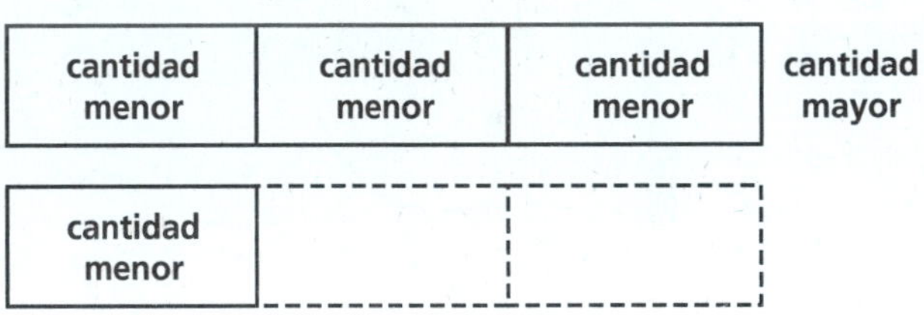

C

centésimo
Fracción unitaria que representa una de una centésima parte, escrito como 0.01 o $\frac{1}{100}$.

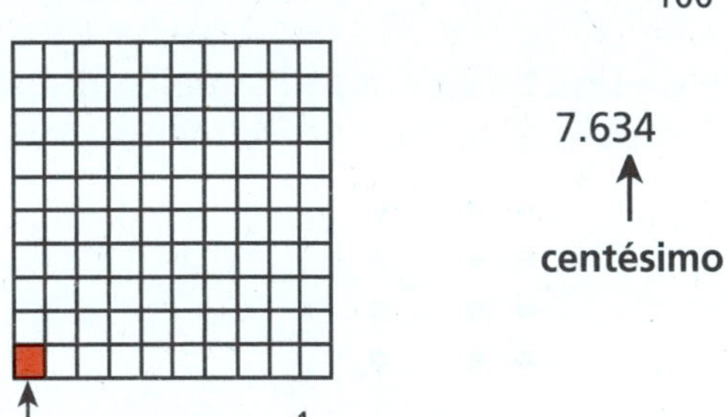

un centésimo = $\frac{1}{100}$ = 0.01

*Término basado en investigaciones escolares y desarrollado para *Expresiones en matemáticas*.

Glosario

centímetro (cm)
Unidad de medida del sistema métrico equivalente a un centésimo de metro.

100 cm = 1 m

centímetro cuadrado (cm^2)
Unidad de área igual al área de un cuadrado con lados que miden un centímetro.

centro
Punto que está a la misma distancia de cada punto en el círculo.

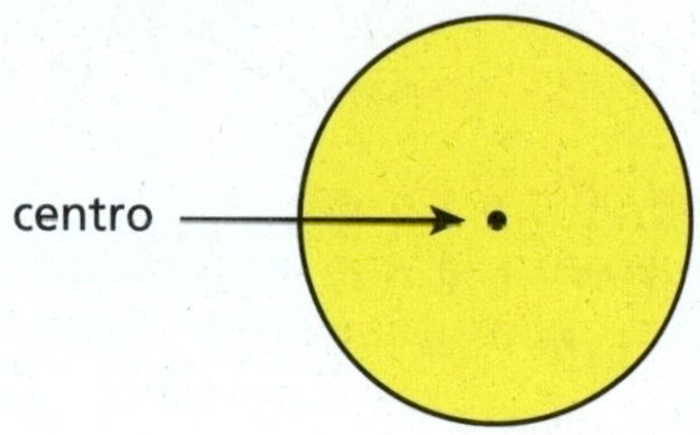

círculo
Figura plana que forma una trayectoria cerrada de manera que todos los puntos en esa trayectoria están a la misma distancia de un punto llamado centro.

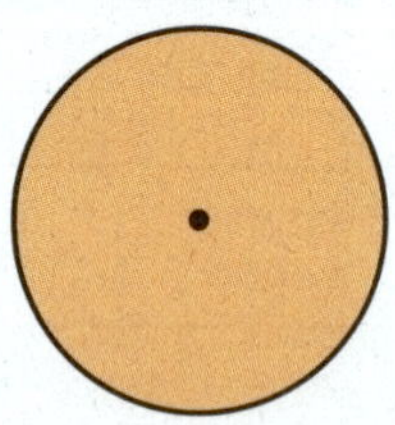

cociente
Respuesta a un problema de división.

Ejemplo:

$9\overline{)63}$ con cociente 7

7 es el cociente.

columna
Parte de una tabla o matriz que contiene elementos dispuestos verticalmente.

cometa
Cuadrilátero con dos pares de lados adyacentes iguales.

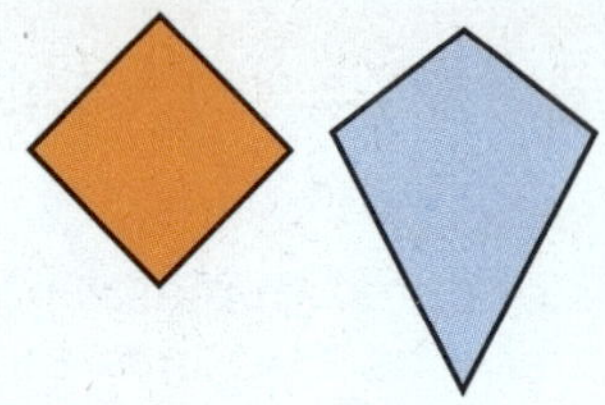

comparar
Describir cantidades entre sí como mayor que, menor que o igual a.

congruente
Figuras que tienen el mismo tamaño y la misma forma.

cuadrado
Rectángulo con 4 lados de igual longitud y 4 ángulos rectos. También es un rombo.

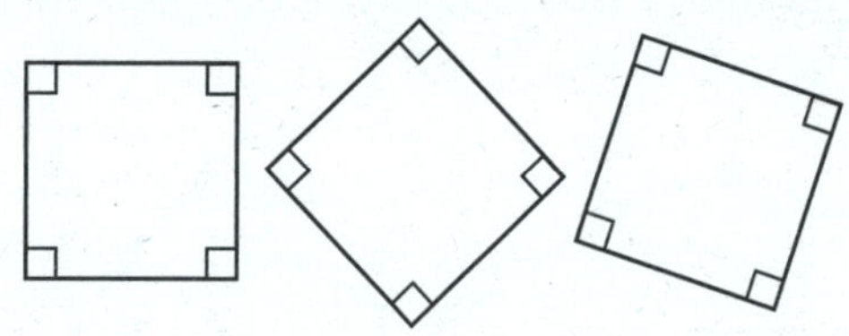

cuadrilátero
Polígono con cuatro lados.

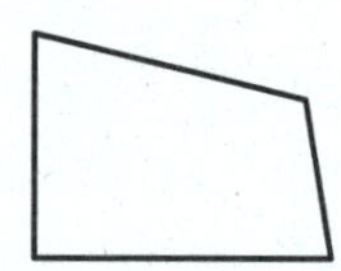

cuarto (ct)
Unidad de volumen líquido del sistema usual de EE.UU. equivalente a 32 onzas fluidas o 4 tazas.

D

datos
Recopilación de información.

decímetro (dm)
Unidad de longitud del sistema métrico equivalente a un décimo de metro.

10 dm = 1 m

decímetro cuadrado (dm^2)
Unidad de área igual al área de un cuadrado con lados que miden un decímetro.

*Término basado en investigaciones escolares y desarrollado para *Expresiones en matemáticas.*

décimo

Fracción unitaria que representa una de diez partes iguales de un entero, escrita como 0.1 o $\frac{1}{10}$.

un décimo = $\frac{1}{10}$ = 0.1

12.34
↑
décimo

denominador

Número debajo de la barra en una fracción. Muestra el número total de partes iguales en el entero.

Ejemplo:

$\frac{3}{4}$ ← **denominador**

denominador común

Múltiplo común de dos o más denominadores.

Ejemplo:

Un denominador común de $\frac{1}{2}$ y $\frac{1}{3}$ es 6 porque 6 es un múltiplo de 2 y 3.

desigualdad

Enunciado que indica que dos expresiones no son iguales.

Ejemplos:

$2 < 5$

$4 + 5 > 12 - 8$

diagonal de un cuadrilátero

Segmento de recta que conecta dos esquinas opuestas (vértices).

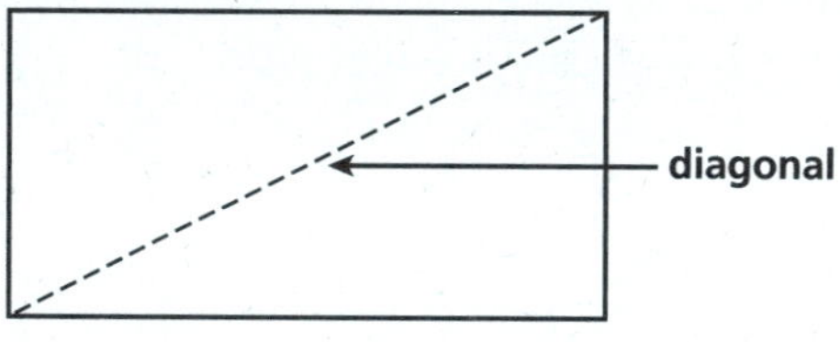

diagrama de puntos

Diagrama que muestra la frecuencia de los datos en una recta numérica.

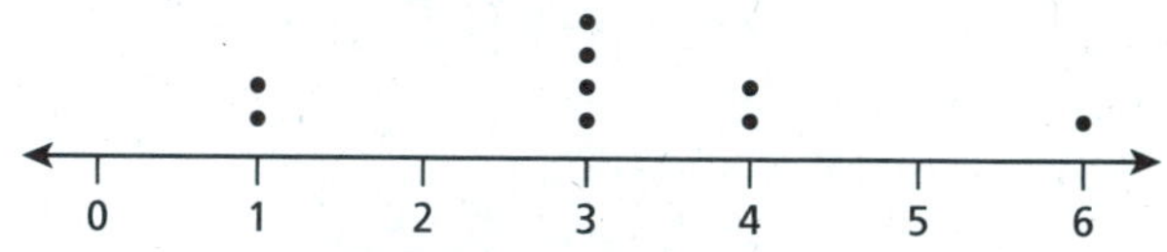

Número de hermanos

diagrama de Venn

Diagrama que usa círculos u otras figuras para mostrar cómo se relacionan los conjuntos. Los elementos que pertenecen a más de un conjunto se muestran en la superposición.

Ejemplo:

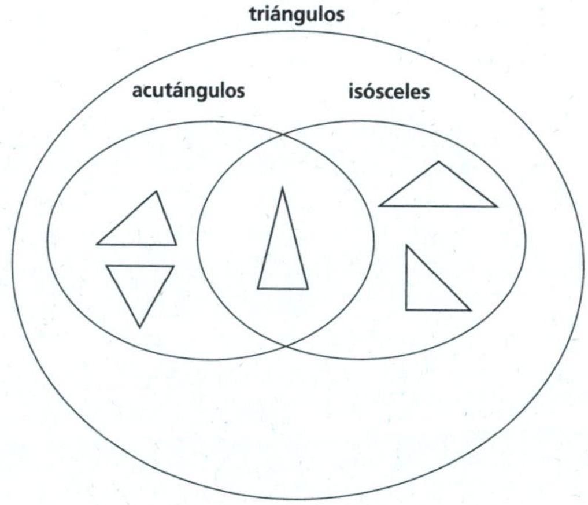

dibujo de separar el número*

Diagrama que muestra dos sumandos y la suma.

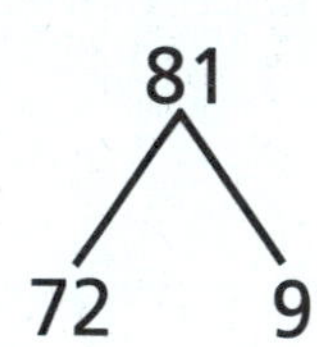

*Término basado en investigaciones escolares y desarrollado para *Expresiones en matemáticas.*

dibujo de valor posicional*
Dibujo que representa un número. Los millares se representan por rectángulos verticales, las centenas se representan por cuadrados, las decenas por rectas verticales y las unidades por círculos pequeños.

Ejemplo:

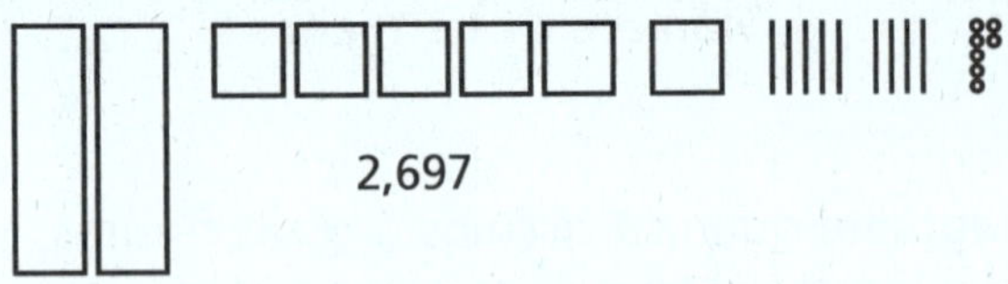

diferencia
Resultado de una resta.

Ejemplo:

$54 - 37 = 17$ ← diferencia

dígito
Cualquiera de los símbolos 0, 1, 2, 3, 4, 5, 6, 7, 8 o 9.

dividendo
Número que se divide en la división.

Ejemplo:

$9\overline{)63}$ con cociente 7

63 es el dividendo.

divisible
Un número es divisible entre otro número si el cociente es un número entero con un residuo de 0.

divisor
Número entre el cual se divide en la división.

Ejemplo:

$9\overline{)63}$ con cociente 7

9 es el divisor.

E

ecuación
Enunciado que indica que dos expresiones son iguales. Tiene un signo de igualdad.

Ejemplos:

$32 + 35 = 67$
$67 = 32 + 34 + 1$
$(7 \times 8) + 1 = 57$

ecuación de la situación*
Ecuación que muestra la estructura de la información en un problema.

Ejemplo:

$35 + n = 40$

ecuación de la solución*
Ecuación que muestra la operación que se puede usar para resolver el problema.

Ejemplo:

$n = 40 - 35$

eje de simetría
Recta sobre la cual se puede doblar una figura de manera que las dos mitades se correspondan exactamente.

estimación / estimar
Número cercano a una cantidad exacta. Calcular aproximadamente o cerca de cuánto.

evaluar una expresión
Sustituir una letra (o símbolo) por un valor y luego simplificar la expresión.

*Término basado en investigaciones escolares y desarrollado para *Expresiones en matemáticas.*

expresión
Número, variable o combinación de números y variables con una o más operaciones.

Ejemplos:

4

$6x$

$6x - 5$

$7 + 4$

extremo
Punto de inicio o final de un segmento de recta o punto inicial de un rayo.

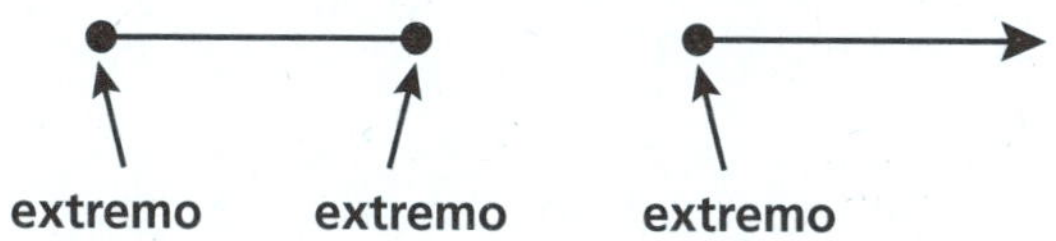

F

factor
Uno de dos o más números que se multiplican para obtener un producto.

Ejemplo:

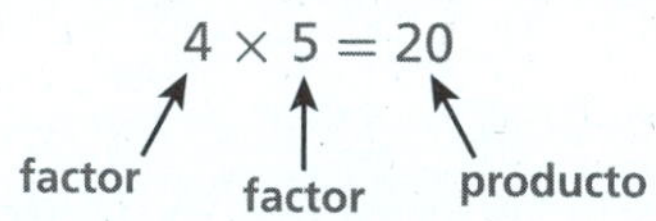

fila
Parte de una tabla o matriz que contiene elementos dispuestos horizontalmente.

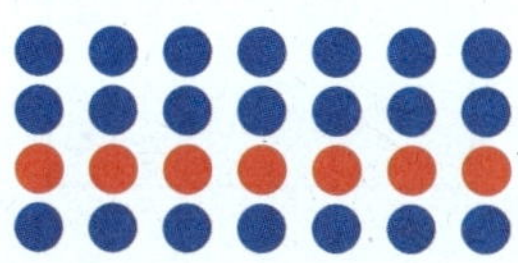

forma desarrollada
Forma de escribir un número que muestra el valor de cada uno de sus dígitos.

Ejemplo:

Forma desarrollada de 835:

$800 + 30 + 5$

8 centenas + 3 decenas + 5 unidades

forma estándar
Forma de un número escrita usando dígitos.

Ejemplo:

2,145

fórmula
Ecuación con letras o símbolos que describe una regla.

La fórmula del área del rectángulo es:

$A = l \times w$

donde A es el área, l es el largo y w es el ancho.

fracción
Número que es la suma de fracciones unitarias. Cada una es una parte igual de un conjunto o parte de un entero.

Ejemplos:

$\frac{3}{4} = \frac{1}{4} + \frac{1}{4} + \frac{1}{4}$

$\frac{5}{4} = \frac{1}{4} + \frac{1}{4} + \frac{1}{4} + \frac{1}{4} + \frac{1}{4}$

fracción unitaria
Fracción cuyo numerador es 1. Muestra una parte igual de un entero.

Ejemplo:

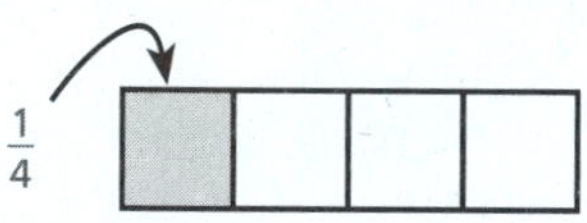

fracciones equivalentes
Dos o más fracciones que representan el mismo número.

Ejemplo:

$\frac{2}{4}$ y $\frac{4}{8}$ son equivalentes porque ambas representan un medio.

función
Relación matemática entre dos conjuntos de números. Cada número en uno de los conjuntos está emparejado exactamente con un número en el otro conjunto. Una función se puede representar en una tabla.

Ejemplo:

La regla para esta función es *Sumar 2.*

Entrada	1	4	5	8	12
Salida	3	6	7	10	14

G

galón (gal)
Unidad de volumen líquido del sistema usual de EE.UU. equivalente a 4 cuartos.

grado (°)
Unidad para medir ángulos.

gráfica circular
Gráfica que usa partes de un círculo para representar datos.

Libros favoritos de ficción

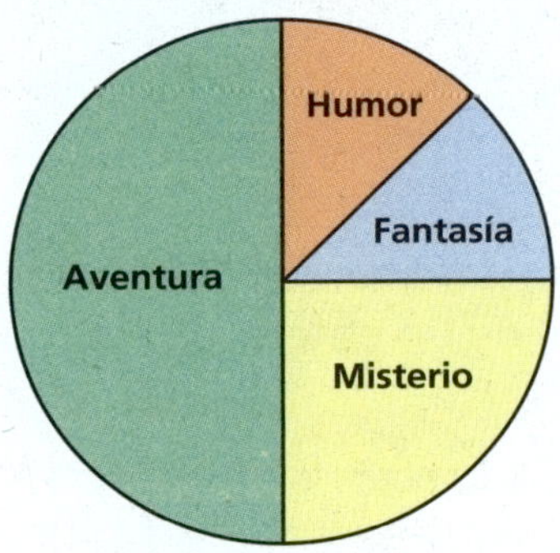

gráfica de barras
Gráfica que usa barras para representar datos. Las barras pueden ser verticales u horizontales.

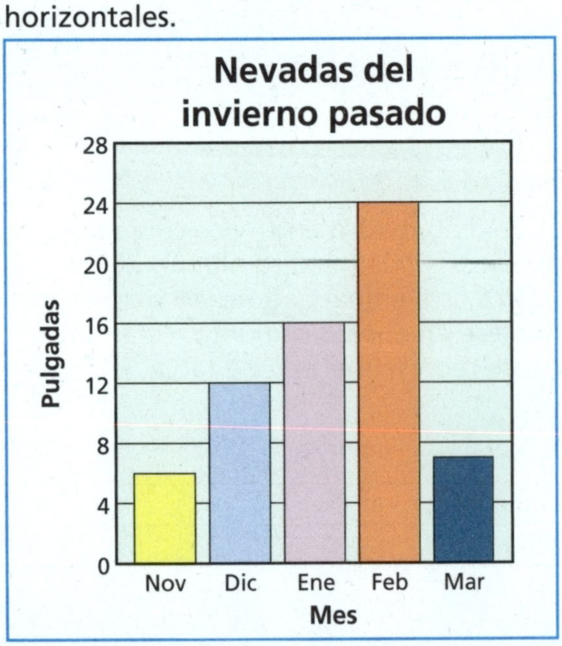

gramo (g)
Unidad básica de masa del sistema métrico.

K

kilogramo (kg)
Unidad de masa del sistema métrico equivalente a mil gramos.

1 kg = 1,000 g

kilolitro (kL)
Unidad de volumen líquido del sistema métrico equivalente a mil litros.

1 kL = 1,000 L

kilómetro (km)
Unidad de longitud del sistema métrico equivalente a 1,000 metros.

1 km = 1,000 m

kilómetro cuadrado (km^2)
Unidad de área igual al área de un cuadrado con lados que miden un kilómetro.

L

lados adyacentes
Dos lados que se unen en un punto.

Ejemplo:

Los lados *a* y *b* son adyacentes.

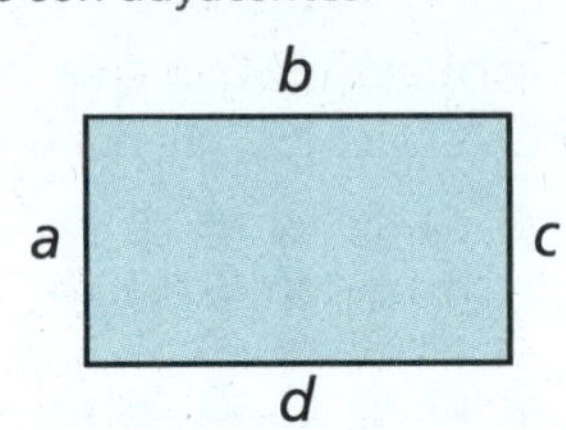

lados opuestos
Lados que están uno frente al otro y que no se unen en ningún punto.

Ejemplo:

Los lados *a* y *c* son opuestos.

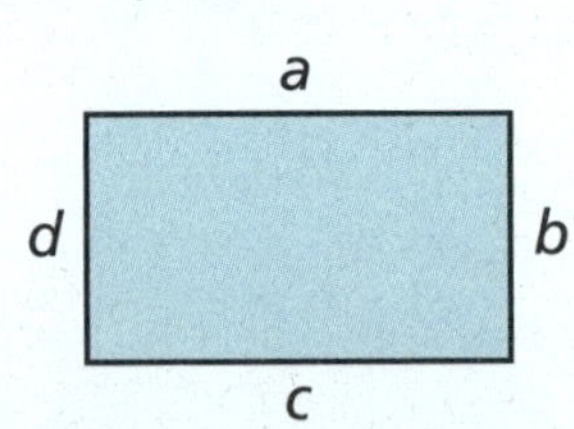

libra (lb)
Unidad de peso del sistema usual de EE.UU.

litro (L)
Unidad básica del volumen líquido del sistema métrico.

1 litro = 1,000 mililitros

longitud
Medida de un segmento de recta o la distancia del lado más largo de un rectángulo.

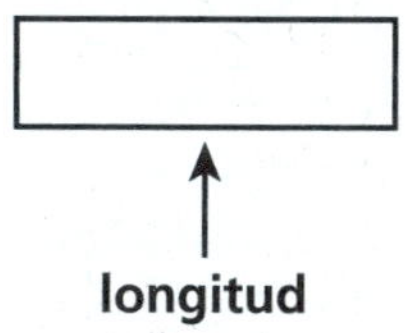

M

masa
Medida de la cantidad de materia en un objeto.

matriz
Arreglo de objetos, símbolos o números en filas y columnas.

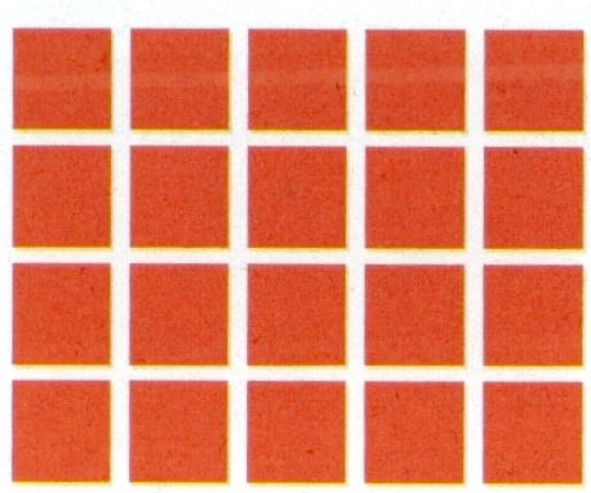

matriz cuadrada
Matriz en la cual el número de filas es igual al número de columnas.

matriz de puntos
Disposición de puntos en filas y columnas.

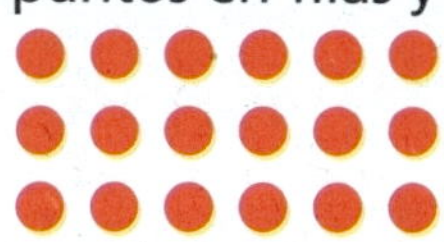

mayor que (>)
Signo que se usa para comparar dos números. El número mayor se escribe primero.

Ejemplo:

$33 > 17$

33 es mayor que 17.

menor que (<)
Signo que se usa para comparar dos números. El número menor se escribe primero.

Ejemplo:

$54 < 78$

54 es menor que 78.

método de dígito por dígito*
Método para resolver un problema de división.

Ejemplo:

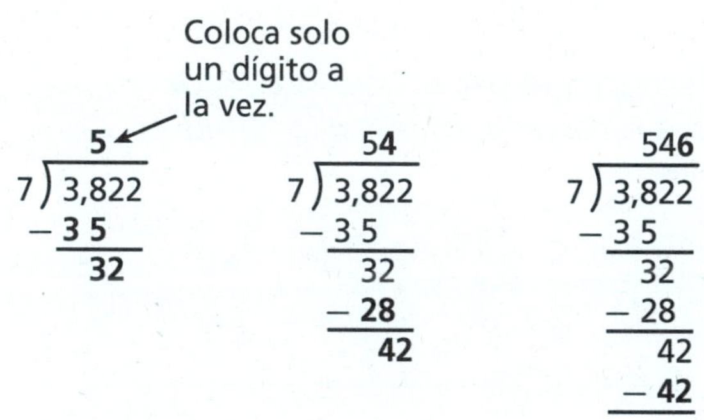

método de notación algebraica*
Estrategia basada en la propiedad distributiva en la cual un factor se descompone para crear expresiones algebraicas más simples y se aplica la propiedad distributiva.

Ejemplo:

$$\begin{aligned} 9 \cdot 28 &= 9 \cdot (20 + 8) \\ &= (9 \cdot 20) + (9 \cdot 8) \\ &= 180 + 72 \\ &= 252 \end{aligned}$$

Glosario

método de notación desarrollada*
Método empleado para resolver problemas de multiplicación y división.

Ejemplos:

43 × 67

$$\begin{array}{rl} 67 &= 60 + 7 \\ \times 43 &= 40 + 3 \\ \hline 40 \times 60 &= 2400 \\ 40 \times 7 &= 280 \\ 3 \times 60 &= 180 \\ 3 \times 7 &= +\ 21 \\ \hline & 2{,}881 \end{array}$$

3,822 ÷ 7

$$\begin{array}{r} 6 \\ 40 \\ 500 \end{array} \Big\} 546$$

$$\begin{array}{r} 7\,\overline{)\,3{,}822} \\ -\ 3\ 500 \\ \hline 322 \\ -\ 280 \\ \hline 42 \\ -\ 42 \\ \hline 0 \end{array}$$

método de valor posicional por secciones*
Método que usa dibujos de rectángulos para resolver problemas de multiplicación o división.

13 × 15

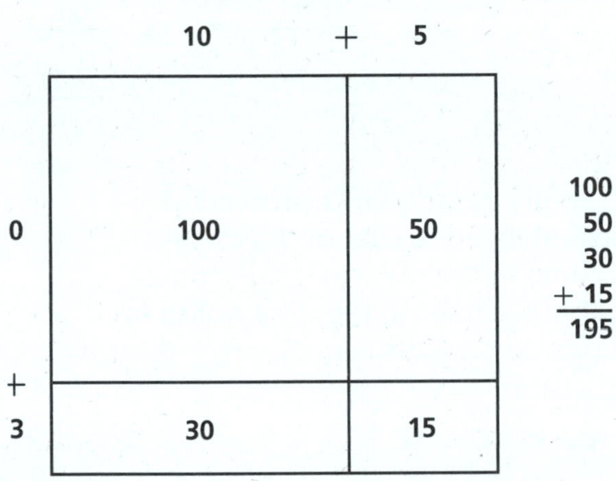

330 ÷ 5

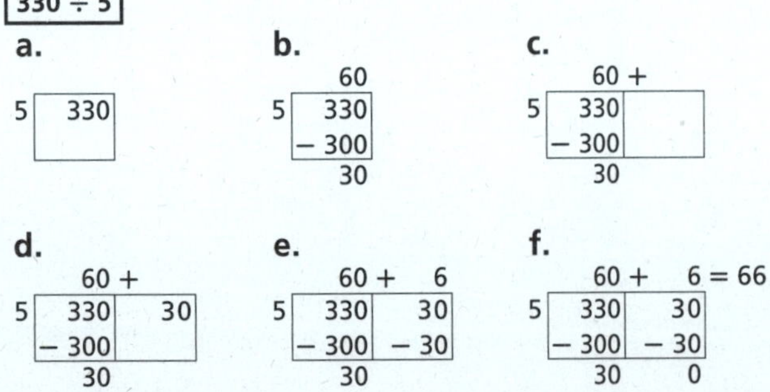

método del atajo*
Estrategia para multiplicar. Es el método más común en la actualidad en Estados Unidos.

Paso 1	Paso 2
$\begin{array}{r} {}^{7} \\ 28 \\ \times\ 9 \\ \hline 2 \end{array}$	$\begin{array}{r} {}^{7} \\ 28 \\ \times\ 9 \\ \hline 252 \end{array}$

metro (m)
Unidad básica de longitud del sistema métrico.

metro cuadrado (m^2)
Unidad de área igual al área de un cuadrado con lados que miden un metro.

milésimo
Fracción unitaria que representa una de mil partes iguales de un entero, escrita como 0.001 o $\frac{1}{1{,}000}$.

miligramo (mg)
Unidad de masa del sistema métrico.

1,000 mg = 1g

mililitro (mL)
Unidad de volumen líquido del sistema métrico.

1,000 mL = 1 L

milímetro (mm)
Unidad de longitud del sistema métrico.

1,000 mm = 1 m

milímetro cuadrado (mm^2)
Unidad de área igual al área de un cuadrado con lados que miden un milímetro.

milla (mi)
Unidad de longitud del sistema usual de EE.UU. equivalente a 5,280 pies.

milla cuadrada (mi^2)
Unidad de área igual al área de un cuadrado con lados que miden una milla.

mínima expresión
Una fracción está en su mínima expresión si no hay un número entero (diferente a 1) que divida exactamente el numerador y el denominador.

Ejemplo:

$\frac{3}{4}$ Esta fracción está en su mínima expresión porque no hay un número que divide exactamente a 3 y a 4.

mínimo común denominador
Mínimo común múltiplo de dos o más denominadores.

Ejemplo:

El mínimo común denominador de $\frac{1}{2}$ y $\frac{1}{3}$ es 6 porque 6 es el múltiplo menor de 2 y 3.

múltiplo
Producto de un número dado y cualquier otro número entero.

Ejemplo:

$4 \times 1 = 4$, entonces 4 es un múltiplo de 4.

$4 \times 2 = 8$, entonces 8 es un múltiplo de 4.

N

numerador
Número encima de la barra en una fracción. Muestra el número de partes iguales.

Ejemplo:

$\frac{3}{4}$ ← numerador $\frac{3}{4} = \frac{1}{4} + \frac{1}{4} + \frac{1}{4}$

numeral
Forma de un número escrito usando palabras en lugar de dígitos.

Ejemplo:

Seiscientos treinta y nueve

número al cuadrado
Producto de un número entero por sí mismo.

Ejemplo:

$3 \times 3 = 9$

↑ número al cuadrado

número compuesto
Número mayor que 1 que tiene más de un par de factores. Ejemplos de números compuestos son 10 y 18. Los pares de factores de 10 son 1 y 10, 2 y 5. Los pares de factores de 18 son 1 y 18, 2 y 9, 3 y 6.

número decimal
Representación de un número usando los números del 0 al 9, en el cual cada dígito tiene un valor 10 veces mayor al dígito a su derecha. Un **punto decimal** separa la parte entera del número a la izquierda de la parte fraccionaria a la derecha.

Ejemplo:

1.23 y 0.3

número mixto
Número que se puede representar por un número entero y una fracción.

Ejemplo:

$4\frac{1}{2} = 4 + \frac{1}{2}$

número primo
Número mayor que 1 que tiene a 1 y a sí mismo como el único par de factores. Ejemplos de números primos son 2, 7 y 13. El único par de factores de 7 es 1 y 7.

números compatibles
Números fáciles de calcular mentalmente.

Ejemplo:

$9\overline{)5,841}$ Algunos números compatibles para el divisor y el dividendo son 9 y 5,400 y 9 y 6,300.

O

onza (oz)
Unidad de peso del sistema usual de EE.UU.

16 onzas = 1 libra

Unidad de volumen líquido del sistema usual de EE.UU. (también conocida como onza fluida).

8 onzas = 1 taza

onzas fluidas (oz fl)
Unidad de volumen líquido del sistema usual de EE.UU.

8 onzas fluidas = 1 taza

operaciones inversas
Operaciones opuestas que se anulan entre sí. La suma y la resta son operaciones inversas. La multiplicación y la división son operaciones inversas.

Ejemplos:

$4 + 6 = 10$ entonces, $10 - 6 = 4$ y $10 - 4 = 6$.

$3 \times 9 = 27$ entonces, $27 \div 9 = 3$ y $27 \div 3 = 9$.

orden de las operaciones
Conjunto de reglas que establecen el orden en el cual se deben realizar las operaciones.

PASO 1: Primero calcular dentro de los paréntesis.

PASO 2: Multiplicar y dividir de izquierda a derecha.

PASO 3: Sumar y restar de izquierda a derecha.

ordenar / orden
Arreglar números del número menor al mayor o del número mayor al menor.

Ejemplos:

Menor a mayor: 453, 526, 571, 802

Mayor a menor: 3,742; 3,608; 3,295

P

par de factores
Un par de factores de un número es un par de números enteros cuyo producto es dicho número.

Ejemplo:

$5 \times 7 = 35$

5 y 7: par de factores; 35: producto

paralelogramo
Cuadrilátero con ambos pares de lados opuestos paralelos.

patrón
Sucesión que se puede describir por una regla.

perímetro
Distancia alrededor de una figura.

pictografía
Gráfica que usa figuras o símbolos para representar datos.

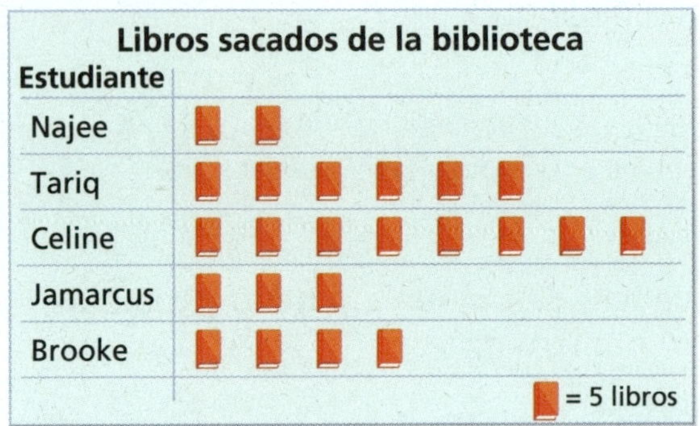

pie
Unidad de longitud del sistema usual de EE.UU. equivalente a 12 pulgadas.

pie cuadrado (pie^2)
Unidad de área igual al área de un cuadrado con lados que miden un pie.

pinta (pt)
Unidad de volumen líquido del sistema usual de EE.UU. equivalente a 16 onzas fluidas.

polígono
Figura plana cerrada con lados formados por segmentos de recta.

prefijo
Letra o grupo de letras colocados antes de una palabra para formar una palabra nueva.

producto
Respuesta a un problema de multiplicación.

Ejemplo:

$9 \times 7 = 63$

63: producto

producto parcial
Producto de las unidades o decenas o centenas y así sucesivamente en la multiplicación de varios dígitos.

Ejemplo:

```
   24
×   9
   36   ←  producto parcial (9 × 4)
  180   ←  producto parcial (9 × 20)
  216
```

propiedad asociativa de la multiplicación
Agrupar los factores de diferentes maneras no altera el producto.

Ejemplo:
$3 \times (5 \times 7) = 105$
$(3 \times 5) \times 7 = 105$

propiedad asociativa de la suma
Agrupar los sumandos de diferentes maneras no altera la suma.

Ejemplo:
$3 + (5 + 7) = 15$
$(3 + 5) + 7 = 15$

propiedad conmutativa de la multiplicación
Cambiar el orden de los factores no altera el producto.

Ejemplo:
$3 \times 8 = 24$
$8 \times 3 = 24$

propiedad conmutativa de la suma
Cambiar el orden de los sumandos no altera la suma.

Ejemplo:
$3 + 8 = 11$
$8 + 3 = 11$

propiedad de identidad de la multiplicación
El producto de 1 y cualquier número es igual a ese número.

Ejemplo:
$10 \times 1 = 10$

propiedad distributiva
Multiplicar una suma por un número o multiplicar cada sumando por el número y sumar los productos da el mismo resultado.

Ejemplo:
$3 \times (2 + 4) = (3 \times 2) + (3 \times 4)$
$3 \times 6 = 6 + 12$
$18 = 18$

pulgada
Unidad de longitud del sistema usual de EE.UU.

pulgada cuadrada (pulg^2)
Unidad de área igual al área de un cuadrado con lados que miden una pulgada.

punto
Ubicación en el plano. Generalmente representado por una marca puntual.

punto decimal
Símbolo que se usa para separar dólares y centavos en cantidades de dinero o para separar unidades y décimos en números decimales.

Ejemplos:

\$8.59   1.2
↑   ↑
punto decimal

R

rayo
Parte de una recta que tiene un extremo y se extiende infinitamente en una dirección.

recta
Trayecto recto que se extiende indefinidamente en direcciones opuestas.

Ejemplo:
recta *AB*

*Término basado en investigaciones escolares y desarrollado para *Expresiones en matemáticas.*

recta numérica
Recta que se extiende infinitamente en cada dirección y muestra los números como series de puntos. La ubicación de cada número representa su distancia del 0.

rectángulo
Paralelogramo con cuatro ángulos rectos.

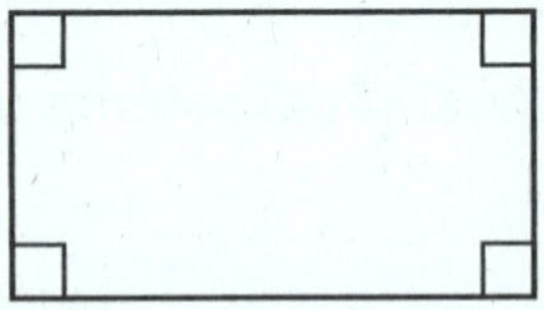

rectas paralelas
Las rectas en el mismo plano que nunca se intersecan son paralelas. Los segmentos y los rayos que forman parte de rectas paralelas, también son paralelos.

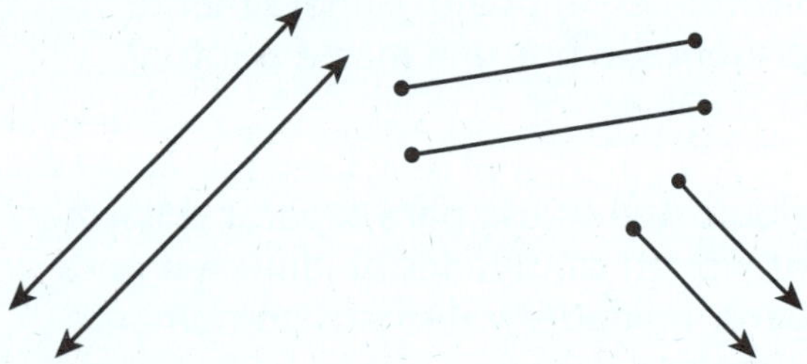

rectas perpendiculares
Las rectas, los segmentos de recta o los rayos son perpendiculares si forman ángulos rectos.

Ejemplo:

Estas dos rectas son perpendiculares.

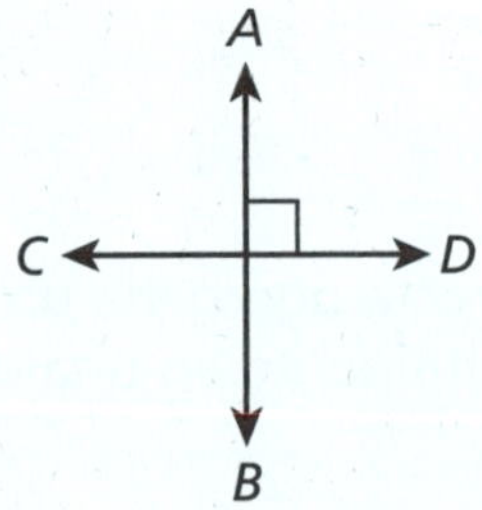

rectas secantes
Rectas que se unen en un punto.

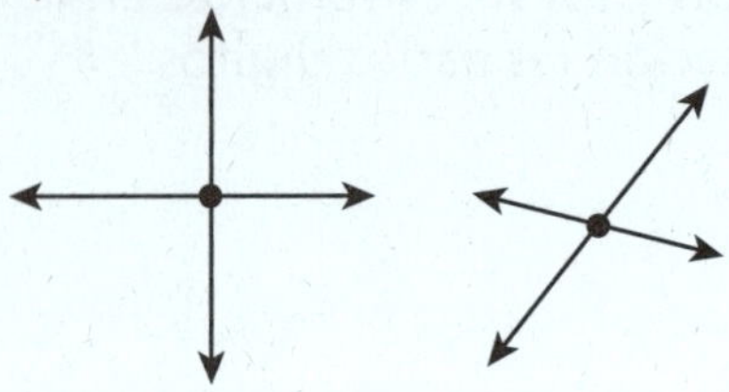

redondear / redondeo
Calcular la decena, centena, millar u otro valor posicional más cercano. La regla general de redondeo es redondear hacia arriba si el siguiente dígito a la derecha es 5 o más y redondear hacia abajo si el siguiente dígito a la derecha es menor que 5.

Ejemplos:

463 redondeado a la decena más cercana es 460.

463 redondeado a la centena más cercana es 500.

reflexión
Inversión de una figura sobre una recta llamada eje de reflexión.

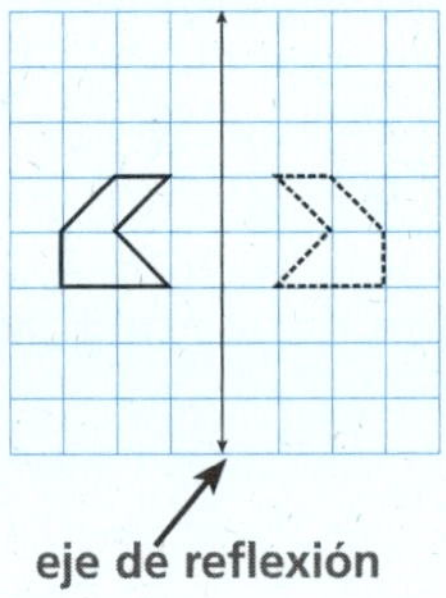

reloj analógico
Reloj con una esfera y manecillas.

reloj digital
Reloj que muestra las horas y los minutos con números.

residuo
Número que sobra después de dividir dos números que no se dividen exactamente.

Ejemplo:

$5\overline{)43}$ El residuo es 3.

rombo
Paralelogramo con lados de igual longitud.

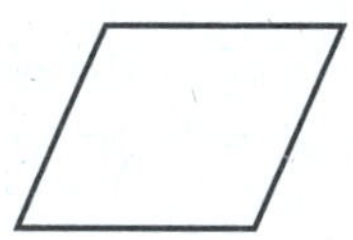

rotación
Giro de una figura en grados (°), tanto en el sentido de las manecillas del reloj o en sentido contrario a las manecillas del reloj.

Ejemplo:

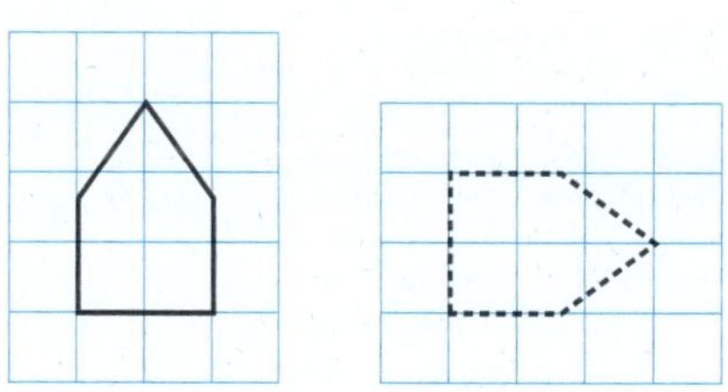

S

segmento
Parte de una recta que tiene dos extremos.

simetría lineal
Una figura tiene simetría lineal si se puede doblar a lo largo de una recta para crear dos mitades que se corresponden exactamente.

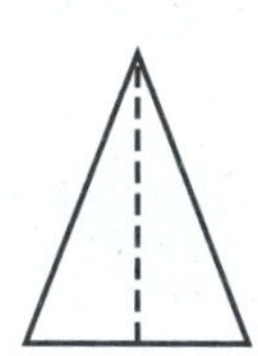

simplificar una expresión
Combinar términos semejantes y realizar operaciones hasta haber combinado todos los términos posibles.

simplificar una fracción
Dividir el numerador y el denominador de una fracción entre el mismo número para crear una fracción equivalente formada por menos, pero mayores fracciones unitarias.

Ejemplo:
$\frac{5}{10} = \frac{5 \div 5}{10 \div 5} = \frac{1}{2}$

sistema métrico
Sistema de medidas en base diez.

situación de comparación*
Situación en la cual dos cantidades se comparan por suma o por multiplicación. Una *situación de comparación de suma* compara preguntando o indicando cuánto más (o cuánto menos) es una cantidad respecto a otra. Una *situación de comparación de multiplicación* compara preguntando o indicando cuántas veces más es una cantidad respecto a otra. La comparación de multiplicación también se puede usar con lenguaje fraccionario. Por ejemplo, se puede decir, "Sally tiene un cuarto de lo que tiene Tom", en lugar de decir "Tom tiene 4 veces tanto como tiene Sally".

sobrestimar
Hacer una estimación que es demasiado grande.

subestimar
Hacer una estimación que es muy pequeña.

suma
Respuesta cuando se suman dos o más sumandos.

Ejemplo:

$53 + 26 = 79$

sumando sumando suma

*Término basado en investigaciones escolares y desarrollado para *Expresiones en matemáticas.*

sumando
Uno de dos o más números que se suman para obtener una suma.

Ejemplo:

7 + 8 = 15

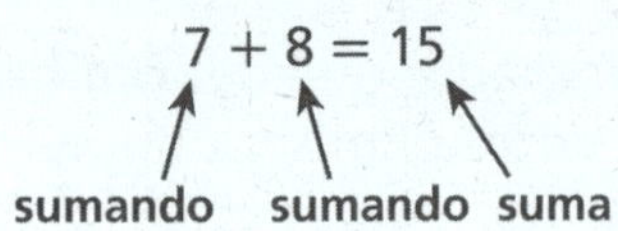

T

tabla
Datos ordenados en filas y columnas.

taza (tz)
Unidad de volumen líquido del sistema usual de EE.UU. equivalente a 8 onzas fluidas.

término
Número, variable, producto o cociente en una expresión o ecuación. Cada término está separado por un signo de operación (+, −).

Ejemplo:

$3n + 5$ tiene dos términos, $3n$ y 5.

tiempo transcurrido
Tiempo que pasa entre el inicio y el final de una actividad.

tonelada
Unidad de peso del sistema usual de EE.UU. equivalente a 2,000 libras.

tonelada
Unidad métrica de masa equivalente a 1,000 kilogramos.

total
Suma; resultado de la suma.

Ejemplo:

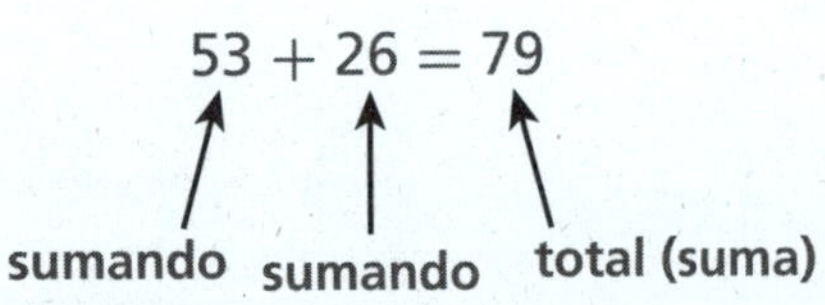

transformación
Cambio en la posición de una figura. Rotaciones, reflexiones y traslaciones son tipos de transformaciones.

transportador
Instrumento semicircular para medir y construir ángulos.

trapecio
Cuadrilátero con exactamente un par de lados paralelos.

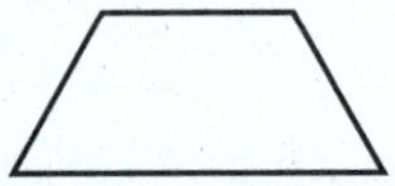

traslación
Desplazamiento de una figura. Cada punto de la figura se mueve la misma distancia en la misma dirección.

Ejemplo:

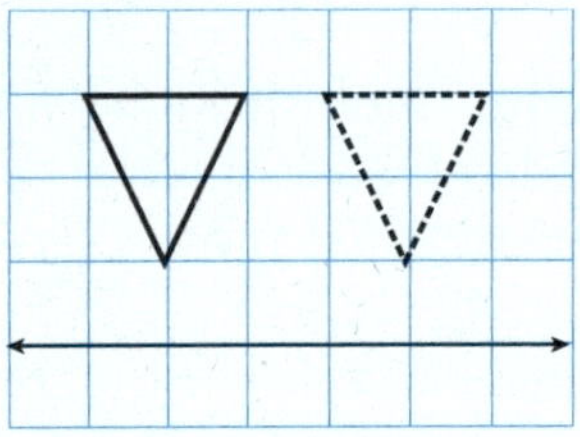

triángulo
Polígono con tres lados.

triángulo acutángulo
Triángulo con tres ángulos agudos.

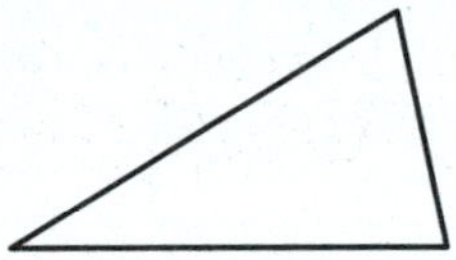

triángulo equilátero
Triángulo con tres lados de igual longitud.

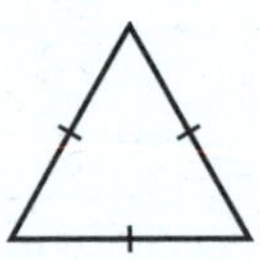

triángulo escaleno
Triángulo sin lados iguales.

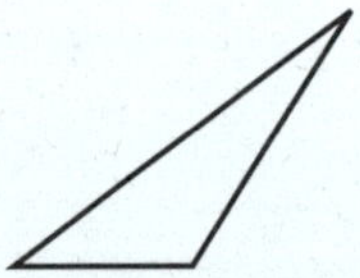

triángulo isósceles
Triángulo con por lo menos dos lados de igual longitud.

triángulo obtusángulo
Triángulo con un ángulo obtuso.

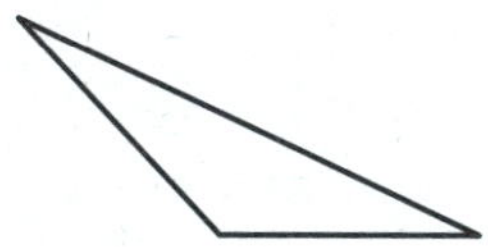

triángulo rectángulo
Triángulo con un ángulo recto.

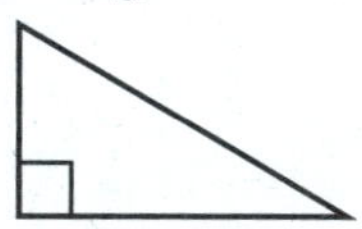

U

unidad
Estándar de medida.

Ejemplos:

Centímetros, libras, pulgadas y así sucesivamente.

unidad cuadrada (unid^2)
Unidad de área igual al área de un cuadrado con lados que miden una unidad.

V

valor posicional
Valor asignado al lugar que ocupa un dígito en un número.

Ejemplo:

235

↑

El 2 está en el lugar de las centenas, por lo tanto, su valor es 200.

variable
Letra o símbolo que representa un número en una expresión algebraica.

vértice de un ángulo
Punto compartido por dos lados de un ángulo.

vértice de un polígono
Punto compartido por dos lados de un polígono.

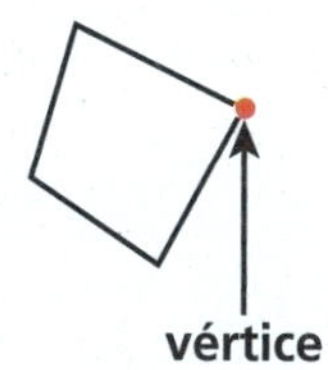

volumen líquido
Medida del espacio que ocupa un líquido.

Y

yarda (yd)
Unidad de longitud del sistema usual de EE.UU. equivalente a 3 pies.

yarda cuadrada (yd^2)
Unidad de área igual al área de un cuadrado con lados que miden una yarda.

4.ARO Operaciones y razonamiento algebraico		
4.ARO.1	Dada una ecuación de multiplicación, como $27 = 3 \times 9$, comprenden cómo expresarla en términos de una situación de comparación (ejemplo: 27 es *3 veces tanto como 9, y 9 veces tanto como 3).* Escriben una ecuación de un enunciado de comparación multiplicativa expresado en palabras.	Unidad 4 Lecciones 4, 5, 6, 12
4.ARO.2	Multiplican o dividen para resolver problemas de multiplicación comparativa; representan el problema mediante un dibujo (o diagrama) y escriben una ecuación con un símbolo para la cantidad desconocida. Comprenden la diferencia entre la comparación multiplicativa y la aditiva.	Unidad 4 Lecciones 4, 5, 6, 12
4.ARO.3	Usan las cuatros operaciones para resolver problemas de varios pasos con números enteros y respuestas de números enteros. Interpretan el residuo de la división. Escriben una ecuación con una letra para la cantidad desconocida, para representar un problema. Usan cálculo mental, números compatibles y estiman para saber si una respuesta es razonable.	Unidad 1 Lecciones 8, 11, 12 Unidad 2 Lecciones 11, 15, 17, 18, 19 Unidad 3 Lecciones 8, 9, 10, 11, 14 Unidad 4 Lecciones 7, 8, 9, 12
4.ARO.4	Dado un número entero entre 1 y 100, hallan todos los pares de *factores* de ese número; entienden que un número entero es un *múltiplo* de sus factores. Dado un número entero entre 1 y 100, saben si en un múltiplo de otro número de un dígito. Saben si un número entre 1 y 100 es *primo* o *compuesto*.	Unidad 4 Lecciones 10, 12
4.ARO.5	Usan números o figuras geométricas para crear un patrón que siga una regla (incluyendo reglas que usen variables, como $y = 3x + 5$). Describen otros elementos del patrón que no sean parte de la regla.	Unidad 1 Lección 17 Unidad 4 Lecciones 10, 11, 12 Unidad 8 Lección 12
4.ARO.6	Crean y usan reglas de entrada y salida donde la suma, resta, multiplicación y división se usan para resolver problemas en diferentes contextos. Anotan las entradas y salidas en un cuadro o tabla.	Unidad 1 Lección 17 Unidad 4 Lección 11
4.ARO.7	Demuestran conocimiento de operaciones de multiplicación y división.	Unidad 1 Lecciones 15, 16, 17, 18

4.PVO Valor posicional y operaciones		
4.PVO.1	Comprenden que el valor de un dígito en un número entero de varios dígitos depende de su posición en el número; saben que cada posición es 10 veces el valor de la posición a su derecha.	Unidad 1 Lecciones 1, 2, 4 Unidad 2 Lecciones 2, 3
4.PVO.2	Usan numerales de base diez, nombres de los números y forma desarrollada para leer y escribir números de varios dígitos. Comparan y ordenan números de varios dígitos mediante el uso de la recta numérica y demuestran comprensión del valor de los dígitos en cada posición; anotan el resultado mediante el uso de los símbolos >, < o =.	Unidad 1 Lecciones 1, 2, 3, 4, 5 Unidad 2 Lecciones 4, 10, 12, 16, 19
4.PVO.3	Redondean números enteros de varios dígitos a cualquier posición mediante el uso del valor posicional.	Unidad 1 Lecciones 3, 5, 8, 11, 14 Unidad 2 Lecciones 5, 17 Unidad 3 Lección 8
4.PVO.4	Demuestran su conocimiento al usar los algoritmos estándares para sumar y restar números enteros de varios dígitos.	Unidad 1 Lecciones 6, 7, 8, 9, 10, 11, 12, 13, 14 Unidad 4 Lecciones 1, 2, 12
4.PVO.5	Usan estrategias del valor posicional y las propiedades de las operaciones para multiplicar número enteros de 1 a 4 dígitos por un número de un dígito; multiplican dos números de dos dígitos. Usan ecuaciones, matrices y/o modelos de área para representar y explicar el cálculo.	Unidad 2 Lecciones 1, 2, 3, 4, 5, 6, 7, 8, 9, 10, 11, 12, 13, 14, 15, 16, 17, 18, 19 Unidad 3 Lección 14 Unidad 4 Lecciones 1, 3, 12
4.PVO.6	Usan estrategias del valor posicional, propiedades de las operaciones, y/o relaciones entre la multiplicación y la división, para dividir dividendos enteros de hasta cuatro dígitos entre divisores de un dígito, o dividendos de hasta tres dígitos entre divisores de dos dígitos, y expresan los cocientes y residuos como números enteros. Usan ecuaciones, matrices y/o modelos de área para representar y explicar el cálculo.	Unidad 3 Lecciones 1, 2, 3, 4, 5, 6, 7, 8, 9, 10, 11, 12, 13, 14 Unidad 4 Lecciones 1, 3, 12

4.FO Fracciones y operaciones

4.FO.1	Usan modelos de fracciones para explicar por qué la fracción $\frac{a}{b}$ es equivalente a la fracción $n \times \frac{a}{n} \times b$; reconocen que aunque las dos fracciones son del mismo tamaño, el número y el tamaño de sus partes son diferentes. Aplican los conceptos para reconocer y crear fracciones equivalentes.	Unidad 7 Lecciones 4, 5, 6, 13
4.FO.2	Comparan y ordenan fracciones (incluyendo números mixtos y fracciones mayores que 1) que tienen diferentes denominadores o numeradores; usan métodos para comparar los denominadores o numeradores comunes que han hallado, o para comparar a una fracción de referencia, como $\frac{1}{4}$. Entienden que para comparar fracciones, el tamaño de los enteros debe ser el mismo. Usan los símbolos $>$, $<$ o $=$ para escribir los resultados y justifican el resultado con un modelo.	Unidad 6 Lecciones 2, 4, 5, 10 Unidad 7 Lecciones 1, 2, 3, 6, 13
4.FO.3	Reconocen que un fracción $\frac{a}{b}$ con un numerador mayor que 1 es la suma de fracciones unitarias.	Unidad 6 Lecciones 1, 2, 4, 6
4.FO.3.a	Reconocen que cuando suman o restan fracciones, las partes del mismo entero pueden ser compartidas o separadas.	Unidad 6 Lecciones 2, 3, 4, 5, 6, 10
4.FO.3.b	Muestran diferentes formas de descomponer una fracción en la suma de fracciones con el mismo denominador; escriben cada resultado con una ecuación. Usan un modelo para justificar la descomposición.	Unidad 6 Lecciones 2, 4, 6, 9
4.FO.3.c	Saben cómo sumar y restar números mixtos con denominadores semejantes. Usan métodos como escribir cada número mixto en forma de fracción equivalente usando las propiedades de las operaciones y la relación entre la suma y la resta.	Unidad 6 Lecciones 5, 6, 9, 10
4.FO.3.d	Suman y restan fracciones con denominadores semejantes para resolver problemas; entienden que los denominadores semejantes hacen referencia al mismo entero. Representan el problema usando modelos de fracciones y ecuaciones.	Unidad 6 Lecciones 3, 4, 6, 10
4.FO.4	Multiplican una fracción por un número entero usando y expandiendo su conocimiento previo de la multiplicación.	Unidad 6 Lecciones 7, 8
4.FO.4.a	Reconocen que la fracción $\frac{a}{b}$ es un múltiplo de una fracción unitaria, $\frac{1}{b}$.	Unidad 6 Lecciones 1, 7, 8
4.FO.4.b	Reconocen que un múltiplo de la fracción $\frac{a}{b}$, también es un múltiplo de $\frac{1}{b}$, usan este conocimiento para multiplicar una fracción por un número entero.	Unidad 6 Lecciones 7, 8, 9
4.FO.4.c	Multiplican una fracción y un número entero para resolver problemas; representan los problemas usando modelos y ecuaciones.	Unidad 6 Lecciones 7, 8, 10

4.FO.5	Hallan una fracción equivalente con un denominador de 100 a una fracción dada con un denominador de 10; usan este método para sumar una fracción con un denominador de 10 y una fracción con un denominador de 100.	Unidad 7 Lección 6
4.FO.6	Escriben una fracción con un denominador de 10, 100 o 1000 en forma decimal.	Unidad 7 Lecciones 8, 9, 10, 11, 13, 14
4.FO.7	Comparan y ordenan decimales mediante la comprensión de su tamaño y el uso del valor posicional. Comprenden que para comparar decimales los números deben hacer referencia al mismo entero. Usan los símbolos $>$, $<$ o $=$ para escribir los resultados y justifican la comparación con un modelo.	Unidad 7 Lecciones 10, 12, 13, 15
4.FO.8	Redondean decimales al décimo más cercano.	Unidad 7 Lección 16

4.MDA Medidas y análisis de datos

4.MDA.1	Comprenden el tamaño relativo de las unidades de medida dentro de un sistema incluyendo el métrico (cm, m, km; g, kg; mL, L), el usual (oz, lb) y el tiempo (s, min, h). Escriben una medida dada en unidades más grandes o más pequeñas dentro del mismo sistema. Usan cuadros de dos columnas para escribir mediciones equivalentes.	Unidad 5 Lecciones 1, 2, 3, 4, 5, 7, 8
4.MDA.2	Resuelven problemas de dinero, tiempo, distancia, volumen líquido y masa mediante el uso de las cuatro operaciones. Resuelven problemas que tienen fracciones simples o decimales, y que requieren volver a escribir una medida expresada en una unidad más grande, en una unidad más pequeña. Hacen un diagrama como una recta numérica para representar mediciones; rotulan la escala de la recta numérica en las unidades dadas.	Unidad 1 Lecciones 6, 13, 14 Unidad 2 Lecciones 4, 6, 10, 11, 18, 19 Unidad 3 Lecciones 8, 14 Unidad 4 Lecciones 7, 8, 12 Unidad 5 Lecciones 1, 2, 3, 4, 5, 7, 8 Unidad 6 Lecciones 3, 6, 7, 8, 9, 10 Unidad 7 Lecciones 10, 11
4.MDA.3	Usan fórmulas del perímetro y el área de rectángulos para resolver problemas de la vida real y otros problemas matemáticos. Calculan las áreas de objetos de la vida real que pueden ser divididos en figuras rectangulares.	Unidad 5 Lecciones 6, 7, 8
4.MDA.4	Representan datos de mediciones dadas en fracciones de una unidad (ejemplo: $\frac{1}{8}, \frac{1}{4}, \frac{1}{2}$) en un diagrama de puntos. Usan los datos del diagrama de puntos para resolver problemas de suma y resta de fracciones.	Unidad 5 Lección 3 Unidad 6 Lección 6 Unidad 7 Lecciones 7, 13
4.MDA.4.a	Usan tablas, gráficas de barras, líneas cronológicas y diagramas de Venn para representar conjuntos de datos.	Unidad 1 Lecciones 3, 14 Unidad 4 Lección 11 Unidad 5 Lecciones 2, 3, 4 ,5 Unidad 8 Lecciones 4, 8
4.MDA.5	Reconocen que los ángulos son figuras geométricas formadas por dos rayos con el mismo extremo. Comprenden los conceptos de las mediciones de los ángulos.	Unidad 8 Lecciones 1, 2, 3

4.MDA.5.a	Comprenden que la medición de los ángulos está basada en la rotación de los rayos con el mismo extremo en el centro de un círculo y la fracción del arco formado por los dos rayos que interceptan el círculo. Reconocen que un ángulo de un grado (una rotación del ángulo de $\frac{1}{360}$ de un círculo) puede ser utilizado para medir ángulos.	Unidad 8 Lecciones 2, 3
4.MDA.5.b	Reconocen que un ángulo que rota a través de *n ángulos de un grado* mide *n grados*.	Unidad 8 Lecciones 2, 3
4.MDA.6	Usan un transportador para medir ángulos en grados de números enteros. Dibujan ángulos de ciertas medidas.	Unidad 8 Lecciones 2, 3, 5
4.MDA.7	Comprenden que un ángulo puede ser separado en partes que no se sobreponen y que la *suma de las medidas de las partes* de un ángulo es la medida de todo el ángulo. Reconocen que las medidas de los ángulos se pueden sumar. Resuelven problemas de suma y resta para calcular la medida de un ángulo desconocido presentado en un diagrama de la vida real y otros contextos matemáticos; usan una ecuación con un símbolo para el ángulo desconocido para representar el problema.	Unidad 8 Lecciones 3, 5, 6

4.GSR Geometría y razonamiento espacial

4.GSR.1	Identifican y trazan puntos, rectas, segmentos, rayos, ángulos (rectos, agudos, obtusos), rectas paralelas, perpendiculares y secantes, y los reconocen en figuras bidimensionales.	Unidad 8 Lecciones 1, 2, 3, 4, 5, 7, 8, 9, 10, 12
4.GSR.2	Clasifican figuras bidimensionales dependiendo si tienen rectas paralelas o perpendiculares, o si tienen ángulos de cierto tamaño. Describen, clasifican y dibujan cuadriláteros, incluyendo cuadrados, rectángulos, trapecios, rombos, paralelogramos y cometas. Identifican triángulos rectángulos y comprenden que forman parte de una categoría específica de triángulos.	Unidad 8 Lecciones 4, 8, 9, 10, 12
4.GSR.3	Reconocen que cuando una figura bidimensional se puede doblar por una línea para formar dos partes idénticas, la línea por donde se dobla se llama *eje de simetría*. Identifican figuras con eje de simetría.	Unidad 8 Lecciones 11, 12
4.GSR.4	Usan la traslación para deslizar figuras.	Unidad 8 Lecciones 13, 14
4.GSR.5	Usan la reflexión para reflejar figuras sobre el eje vertical u horizontal y relacionan las reflexiones a los ejes de simetría.	Unidad 8 Lecciones 13, 14
4.GSR.6	Usan las rotaciones de 90° en sentido de las manecillas del reloj o en sentido contrario.	Unidad 8 Lecciones 13, 14
4.GSR.7	Reconocen que las traslaciones, reflexiones y rotaciones mantienen la congruencia, y las usan para mostrar que dos figuras son congruentes.	Unidad 8 Lecciones 13, 14

MPP1	
Resolución de problemas	Unidad 1 Lecciones 2, 3, 5, 6, 7, 8, 12, 13, 14, 17, 18 Unidad 2 Lecciones 2, 3, 4, 5, 6, 7, 10, 11, 13, 14, 15, 16, 17, 18, 19 Unidad 3 Lecciones 2, 5, 6, 7, 8, 9, 10, 11, 12, 14 Unidad 4 Lecciones 2, 3, 4, 5, 6, 7, 8, 9, 11, 12 Unidad 5 Lecciones 1, 2, 3, 5, 6, 7, 8 Unidad 6 Lecciones 5, 6, 7, 10 Unidad 7 Lecciones 1, 2, 3, 4, 6, 7, 8, 9, 10, 11, 13, 15 Unidad 8 Lecciones 5, 6, 7, 8, 12, 13, 14
MPP2	
Razonamiento abstracto y cuantitativo	Unidad 1 Lecciones 1, 3, 4, 5, 6, 8, 9, 14, 15, 16, 17, 18 Unidad 2 Lecciones 2, 4, 5, 6, 7, 8, 9, 10, 11, 13, 15, 16, 17, 19 Unidad 3 Lecciones 1, 3, 5, 7, 8, 11, 13 Unidad 4 Lecciones 1, 2, 3, 4, 5, 6, 11, 12 Unidad 5 Lecciones 2, 6, 7, 8 Unidad 6 Lecciones 1, 2, 3, 4, 7, 10 Unidad 7 Lecciones 1, 2, 9, 10, 13 Unidad 8 Lecciones 3, 5, 6, 12, 13, 14
MPP3	
Aplicación y evaluación del razonamiento lógico	Unidad 1 Lecciones 1, 2, 3, 4, 5, 6, 7, 8, 9, 10, 11, 12, 13, 14, 15, 16, 18 Unidad 2 Lecciones 1, 2, 3, 4, 5, 6, 7, 8, 9, 10, 11, 12, 13, 14, 15, 16, 17, 18, 19 Unidad 3 Lecciones 1, 2, 3, 4, 5, 6, 7, 8, 9, 10, 11, 12, 13, 14 Unidad 4 Lecciones 1, 2, 3, 4, 5, 6, 7, 8, 9, 10, 11, 12 Unidad 5 Lecciones 1, 2, 3, 4, 5, 6, 7, 8 Unidad 6 Lecciones 1, 2, 3, 4, 5, 6, 7, 8, 9, 10 Unidad 7 Lecciones 1, 2, 3, 4, 5, 6, 7, 8, 9, 10, 11, 12, 13, 14, 15 Unidad 8 Lecciones 1, 2, 3, 4, 5, 6, 7, 8, 9, 10, 11, 12, 13, 14
MPP4	
Modelos matemáticos	Unidad 1 Lecciones 1, 2, 3, 4, 6, 9, 10, 12, 13, 14 Unidad 2 Lecciones 1, 2, 4, 5, 6, 7, 8, 10, 12, 16, 19 Unidad 3 Lecciones 1, 2, 3, 4, 10, 11 Unidad 4 Lecciones 2, 3, 4, 5, 8, 9, 10, 11, 12 Unidad 5 Lecciones 4, 6, 7, 8 Unidad 6 Lecciones 1, 3, 4, 5, 6, 7, 8, 10 Unidad 7 Lecciones 2, 3, 5, 7, 8, 9, 10, 11, 12, 13, 14, 15, 16 Unidad 8 Lecciones 2, 5, 6, 12, 13, 14

MPP5	
Utilización de recursos matemáticos	Unidad 1 Lecciones 1, 2, 3, 4, 6, 9, 14, 15, 16, 17, 18 Unidad 2 Lecciones 1, 4, 5, 6, 8, 10, 11, 12, 16, 19 Unidad 3 Lecciones 3, 4, 10, 11 Unidad 4 Lecciones 2, 10, 11, 12 Unidad 5 Lecciones 1, 4, 5, 6, 7, 8 Unidad 6 Lecciones 1, 2, 3, 4, 8, 9, 10 Unidad 7 Lecciones 1, 2, 4, 5, 9, 10, 11, 12, 13, 14, 15 Unidad 8 Lecciones 1, 2, 4, 5, 7, 8, 9, 10, 11, 12, 13
MPP6	
Utilización de lenguaje matemático exacto	Unidad 1 Lecciones 1, 2, 3, 4, 5, 6, 7, 8, 9, 10, 11, 12, 13, 14, 15, 16, 18 Unidad 2 Lecciones 1, 2, 3, 4, 5, 6, 7, 8, 9, 10, 11, 12, 13, 14, 15, 16, 17, 18, 19 Unidad 3 Lecciones 1, 2, 3, 4, 5, 6, 7, 8, 9, 10, 11, 12, 13, 14 Unidad 4 Lecciones 1, 2, 3, 4, 5, 6, 7, 8, 9, 10, 11, 12, 13, 14 Unidad 5 Lecciones 1, 2, 3, 4, 5, 6, 7, 8 Unidad 6 Lecciones 1, 2, 3, 4, 5, 6, 7, 8, 9, 10 Unidad 7 Lecciones 1, 2, 3, 4, 5, 6, 7, 8, 9, 10, 11, 12, 13, 14, 15, 16 Unidad 8 Lecciones 1, 2, 3, 4, 5, 6, 7, 8, 9, 10, 11, 12, 13, 14
MPP7	
Ver la estructura	Unidad 1 Lecciones 1, 2, 4, 9, 13, 14, 16, 17 Unidad 2 Lecciones 2, 3, 6, 8, 9, 10, 13, 16, 17, 19 Unidad 3 Lecciones 1, 3, 10, 11 Unidad 4 Lecciones 1, 2, 3, 5, 10, 11, 12 Unidad 5 Lecciones 1, 2, 4, 8 Unidad 6 Lecciones 1, 4, 5, 10 Unidad 7 Lecciones 2, 6, 9, 10, 11, 12, 13 Unidad 8 Lecciones 1, 2, 4, 7, 8, 9, 10, 14
MPP8	
Generalización	Unidad 1 Lecciones 3, 4, 5, 6, 7, 10, 11, 14, 16 Unidad 2 Lecciones 1, 2, 3, 5, 7, 8, 15, 17, 19 Unidad 3 Lecciones 1, 3, 5, 6, 11, 13 Unidad 4 Lecciones 1, 2, 10, 11, 12 Unidad 5 Lecciones 1, 4, 6, 8 Unidad 6 Lecciones 2, 7, 9, 10 Unidad 7 Lecciones 1, 3, 6, 8, 10, 11, 13, 14 Unidad 8 Lecciones 1, 3, 4, 9, 10, 11, 12

Índice

A

B

C

G

H

N

O

P

Q

R

U

V

Y

Sé un ilustrador

Ilustrador: Josh Brill

¿Alguna vez has intentado usar figuras para dibujar animales como el lémur en la portada?

En los últimos 10 años, Josh ha usado figuras geométricas para diseñar sus animales. Su objetivo es hacer diseños que sean sencillos y usar color para que sean atractivos.

Añade color a este lémur dibujado por Josh. Luego intenta dibujar un gato o un perro o algún otro animal con las figuras que ves abajo.

Caja de figuras

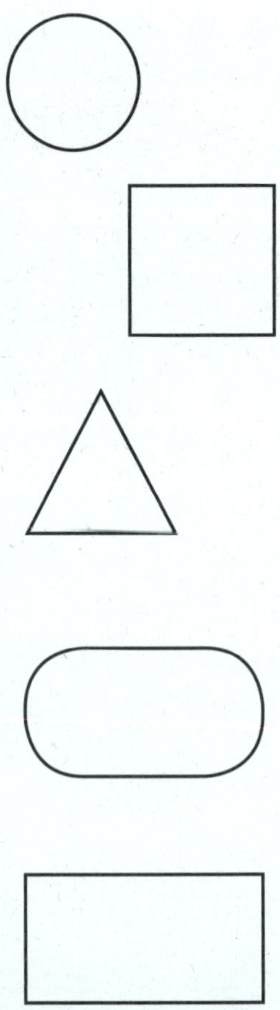